装飾古墳ガイドブック

九州の装飾古墳

柳沢一男［著］

新泉社

はじめに

石室を埋めつくす赤・黒・緑・黄の三角文、騎馬や船の図文、天空の星のようにちりばめられた珠文、得体の知れない怪獣のような図文、謎の直弧文《ちょっこもん》や双脚輪状文《そうきゃくりんじょうもん》、蕨手文《わらびてもん》……。装飾古墳の不思議な図文は人の目を惹きつけ、古代のロマンをかき立てます。それらの写真を大きく掲載した本もたくさん刊行されています。

しかし、古墳の装飾がどの地域で、どんな図文からはじまり、どのように変化・波及し、終息していったのか、そもそも何のために装飾をしたのか、その歴史は案外知られていないように思います。

本書は、考古学研究でわかってきた装飾古墳の歴史をわかりやすく解説しようとするものです。目を引く図文だけでなく、それが描かれた古墳の写真や石室の図版、さらに分布図などをたくさん収録しました。

装飾古墳に表現されたさまざまな図文は、たんなる墓室内の飾りではありません。古墳時代の人びとの死者への想いが表現されたものです。九州の数多くの装飾古墳をとおして、その想いに触れる旅に出てみませんか。

装飾古墳ガイドブック

CONTENTS

CONTENTS

はじめに……3

ようこそ装飾古墳の世界へ

01 装飾古墳とは……10
装飾古墳の分布

02 どこに・どのくらいあるのか……14
装飾のある古墳の種類

03 変遷を三つの時期に分けてみる……18
装飾古墳の出現と展開

先1期の装飾古墳

04 最初に出現した装飾古墳……22
石棺に刻まれた直弧文・円文

05 直弧文・円文の意味するもの……26
直弧文・円文のルーツ

06 家形表現の思いと工人の交流……30
遠く離れた石棺・図文の類似

第1期の装飾古墳

07 装飾古墳の出現……34
小鼠蔵古墳群
大鼠蔵古墳群

08 直弧文・具象文の出現……38
長砂連古墳
大鼠蔵東麓1号墳・広浦古墳

09 同心円文のはじまり……42
ヤンボシ塚古墳
小田良古墳

10 色の塗り分けがはじまる……46
井寺古墳
鴨籠古墳・千金甲1号墳

11 石屋形の登場とその装飾……50
国越古墳
塚坊主古墳

12 装飾古墳の広がりとその背景……54
石人山古墳
千足古墳

13 横口式家形石棺の連鎖……58
浦山古墳
西隈古墳・石之室古墳

14 地下式横穴墓の家屋表現……62
立切54号地下式横穴墓
本庄14号地下式横穴墓

第2期の装飾古墳

15 六世紀前葉の大転換……66
王塚古墳　その1

16 王塚古墳―玄室前面壁画の語り……70
王塚古墳　その2　玄室前面壁画
馬を描いた彩色壁画

17 王塚古墳―玄室奥壁と石屋形の壁画……74
王塚古墳　その3　玄室奥壁と石屋形の壁画

18 王塚古墳―武器・武具の図文……78
王塚古墳　その4　武器・武具の図文

19 王塚古墳―天文図の謎……82
王塚古墳　その5　天文図

20 日岡古墳―石室構造と壁画……86
日岡古墳　その1　石室に広がる壁画

21 日岡古墳―多様な壁画……90
日岡古墳　その2　多様な図版
同心円文・連続三角文・具象文

22 釜尾古墳―石室と壁画……94
釜尾古墳　石屋形の双脚輪状文

23 謎の双脚輪状文……98
双脚輪状文の連鎖

24 双脚輪状文のルーツ……102
双脚輪状文埴輪
岩橋型横穴式石室

25 **謎の天井画**……106
天井画の連鎖

26 **朝鮮半島と九州のつながり**……110
岩戸山古墳
朝鮮半島南部の前方後円墳

27 **叙事的壁画の出現①—田代太田古墳**……114
田代太田古墳

28 **叙事的壁画の出現②—五郎山古墳**……118
五郎山古墳

29 **高句麗系図文の登場①—竹原古墳**……122
竹原古墳

30 **高句麗系図文の登場②—珍敷塚古墳**……126
珍敷塚古墳
鳥船塚古墳

31 **横穴墓の図文装飾**……130
石貫ナギノ8号横穴墓
大村15b横穴墓

第3期の装飾古墳

32 **鯨・イルカ猟を描いた線刻画**……134
第2期につづく彩色図文
鯨・イルカ猟を描いた線刻画

33 **鬼面文を描いた線刻画**……138
蓮ヶ池53号横穴墓
鬼面文とその源流

34 **樹木・木葉・鳥の線刻画**……142
伊美鬼塚古墳
穴ケ葉山1号墳

35 **描かれた船と馬**……146
東殿塚古墳
弁慶ヶ穴古墳・高岩18号横穴墓

まとめに代えて……150

装飾古墳
ガイドブック

九州の装飾古墳

01 装飾古墳とは

古代の人びとは近しい人の死に接すると、復活と再生を願ってさまざまな儀礼や儀式をとりおこなった。それにもかかわらず死が現実として受け入れられると、それぞれの地域の死生観にもとづいて造形された墓地・墓室に死者を埋葬した。洋の東西を問わず、遺骸をおさめる棺や墓室内に各種の図文を彫刻や彩色で描くことがあった。

東アジアでは中国の漢代（紀元前三世紀）以降、あるいは四世紀以降の朝鮮半島の高句麗の有力者の墳墓の墓室内にさまざまな壁画が描かれた。なかでも、中国漢代の画像石墓や墓室にもちこまれた帛画《はくが》*1の主たる画題は、墓主の霊魂の昇仙と仙界での安寧な生活祈願を基調とするほか、生前のさまざまな日常生活や儀礼の場面、さらに天文や辟邪《へきじゃ》（魔よけ）などが主要なモチーフであった。†

日本における古墳墓への本格的な図文装飾は四世紀中葉ごろにはじまる。一口に装飾古墳といっても、横穴式石室や横穴墓《よこあなぼ》あるいは地下式横穴墓の壁面に顔料で図文を表現するほかに、線刻や浮彫《うきぼり》などの彫刻手法による図文表現などじつに多様だ。現在、日本で確認されている装飾古墳は七五〇基ほど。毎年すすめられている発掘調査によって徐々にその数は増加している。一方、列島内の分布状況（**図1**）をみると、意外なほどの偏りに驚く。古墳時代の政治的中枢域であった近畿地方では数が少なく、列島南西端の九州に全体の五割あまりが集中する。その要因は、地域による死生観や埋葬習俗のちがいなのか、今後の検討課題だ。

*1 **帛画**　中国の春秋戦国時代から漢代にかけて、絹布（帛）に描かれた絵をいう。なかでも前漢の馬王堆一号・三号墓の帛画は著明だ。

† 曽布川寛　一九八一『崑崙山への昇仙』中公新書／伊藤清司　一九九八『死者の棲む楽園─古代中国の死生観─』角川選書／林巳奈夫　一九九二『石に刻まれた世界─画像石の語る古代中国の生活と思想─』東方書店

一般的に装飾古墳というと、鮮やかな赤・白・黄・緑・黒・灰色などの顔料で描かれた壁画をイメージするが、その数は約八〇基と意外に少ない。ほかは線刻や浮彫などの彫刻技法で図文が表現されたものと、図文を顔料で塗り分けるものなのである。壁画の文様は、円形や三角形などの幾何学的図文や直弧文《ちょっこもん》や双脚《そうきゃく》輪状文《りんじょうもん》などの抽象的な図文、各種の武器や武具、船・馬・木葉・鳥などの具象的な図文が中心となる。死者の霊魂がおもむくと思念されたであろう他界のすがたや、被葬者の生前の日常生活の場面を描くことは皆無とはいえないがきわめて少ない。これは古代中国や高句麗の墳墓壁画と大きく異なる点といえるだろう。

日本の装飾古墳のなかには、高句麗の古墳壁画と類似する図文が描かれた例（福岡県王塚《おうづか》古墳・竹原《たけはら》古墳・珍敷塚《めずらしづか》古墳）や、中国唐王朝の壁画の影響下に出現した例（奈良県高松塚古墳・キトラ古墳）もある。しかし、高句麗や中国唐王朝の壁画は日本における装飾古墳の出現よりも新しく、日本の装飾古墳の始原に直接的な影響を与えたものではない。

本書では、九州における装飾古墳の概要を述べたうえで、九州に先行して築造された西日本の装飾古墳をとり上げ、装飾図文の意味と連鎖を考えたい。それを受けて、九州での装飾古墳の出現とその後の展開過程をおおよその年代順にたどりつつ、注目される装飾古墳をとり上げながら、古墳時代の人びとの死生観・他界観について考えてみたい。

装飾古墳の分布

図1●日本における装飾古墳の分布

装飾古墳は九州と山陰に多く、近畿や関東にも広がっている。装飾のある横穴墓は宮崎県と関東から東北の海岸部に多い。

図2●九州の装飾古墳の分布

九州内に分布する装飾古墳（横穴墓・地下式横穴墓を含む）の位置を示し、本書でとり上げたものは名称を掲載した。福岡県・熊本県の装飾古墳の詳細な位置は、36頁・68頁の分布図を参照されたい。

02 どこに・どのくらいあるのか

日本列島南西端の九州には、これまで確認された古墳時代の墳墓の数は三万一五〇〇基あまりあり、そのうち墳丘をともなう高塚《たかつか》古墳が約一万七〇〇〇墓、基本的に墳丘を構築しない横穴墓《よこあなぼ》が約一万三〇〇〇基と地下式横穴墓が約一五〇〇基（数値は概数）ある。そのうち棺や墓室の内部を彫刻や彩色で各種の図文を施した装飾古墳は約三五一基が知られている（表1）。古墳総数のうち、装飾古墳が占める割合は約一・一パーセントにすぎない。

墳丘をともなう高塚古墳のうち装飾古墳は一七八基、その内訳は前方後円墳が二一基、直径二五メートル以上の大形円墳は三〇基あまり、他の一二七基は中小の円墳である。これを埋葬施設ごとに分けると、刳抜《くりぬ》き式石棺二基、組合せ式石棺一九基（図1）、横穴式石室（図2）一五七基となる。さらに、横穴式石室の場合、装飾図文の施された部位で区分すると、石障《せきしょう》*1一六基、石屋形《いしやがた》*2一〇基（図3）、壁面一三一基である。

横穴墓はおもに軟質の岩石を基盤とする丘陵裾の斜面や崖面を掘削し、遺骸を安置する玄室《げんしつ》を設けた埋葬施設である（図4）。この墓制は地下式横穴墓（図5）を母胎に、五世紀後～末葉に福岡県北東部から大分県北部で成立し、その後、熊本・宮崎県域に分布域が拡大した。さらに六世紀後半以降には、九州外の列島各地に展開している。

これまで九州で図文装飾が確認された横穴墓は一五二基である。装飾は玄室《げんしつ》の

*1 **石障** 横穴式石室の玄室壁面の下部に扁平に加工した石材をめぐらせたもの。

*2 **石屋形** 横穴式石室の玄室奥壁にそって設置された遺骸安置施設。箱形石棺状の構造で、石室入口側に開口している。

壁面を基本とするが、大分・熊本県域の横穴墓では羨道《せんどう》*3の先端に削り出された飾《かざり》縁《ふち》や羨門《せんもん》外側の崖面に図文を彫刻することもある。

地下式横穴墓は、地表から二メートル程度掘りくぼめた竪坑《たてこう》の底面から横方向に玄室を刳り抜いた横穴系埋葬施設である。九州北部に出現した横穴式石室の影響下に五世紀初頭前後に宮崎県の宮崎平野やえびの盆地で成立した後、一ツ瀬川以南の宮崎県南部から鹿児島県大隅地方にのみ分布域を広げた地域性の顕著な墓制である。横穴墓と同様に墳丘をともなうこともある。図文装飾が確認された地下式横穴墓は二一基、玄室の天井や壁面に線刻・浮彫《うきぼり》や顔料を用いての家形表現が多いが、星宿《せいしゅく》*4を表現した特異なものもある。なお、玄室の天井部の大棟《おおむね》の浮彫表現を装飾に含めることもあるが、本書ではこれらを除いている。

装飾古墳の分布は古墳分布の濃淡とも関連するが、特定地域への集中が顕著である。たとえば、髙塚古墳は福岡県南部の筑後川中流域南岸域に、横穴墓は熊本県北部の菊池平野や中部の熊本平野さらに南部の球磨川を遡った人吉盆地などである。

石棺や石障などへの彫刻系の図文装飾には高度な加工技術をもった石工集団の関与が必要だし、顔料を使用した精緻な図文を描くには専門的な絵師集団の関与が必要である。また、図文の表現方法や図文の配列、また顔料の共通性などからすると、装飾に関わる専門集団のネットワークや、そうした集団を束ねる首長層間の交流などが想定される。

*3 **羨道**　横穴式石室で玄室につうじる道。羨道の入口は羨門という。

*4 **星宿**　むかし中国で定めた星座。

装飾のある古墳の種類

表1●九州の県別装飾古墳数

九州の装飾古墳の数は約351基で、古墳総数約31,500基の1.1%と意外と少ない。

		刳抜き式石棺			組合せ式石棺			横穴式石室									横穴墓			地下式横穴墓		
								石障			石屋形			壁面								
県名	総数	彫	色	＋	彫	色	＋	彫	色	＋	色	彫	＋	色	彫	＋	色	刻	＋	色	彫	＋
福岡	68	1			2			1			1		2	41	4	1	1	13	1			
佐賀	30				2									3	25							
長崎	14														14							
大分	21													8	2		11					
熊本	191			1	14		1	13		2			7	10	12	11	28	44	48			
宮崎	27																	5	1	5	12	4
合計	351	2			19			16			10			131			152			21		

注）彫は彫刻手法の略、色は彩色の略、＋は彫刻に彩色をともなうもの。横口式家形石棺は組合せ式石棺に含める。
埋蔵文化財研究会 2002『装飾古墳の展開―彩色系装飾古墳を中心に―資料集』第51回埋蔵文化財研究会、
熊本県立装飾古墳館 2018「全国の装飾古墳一覧（中間報告）」『熊本県立装飾古墳館研究紀要』第14集を参照。

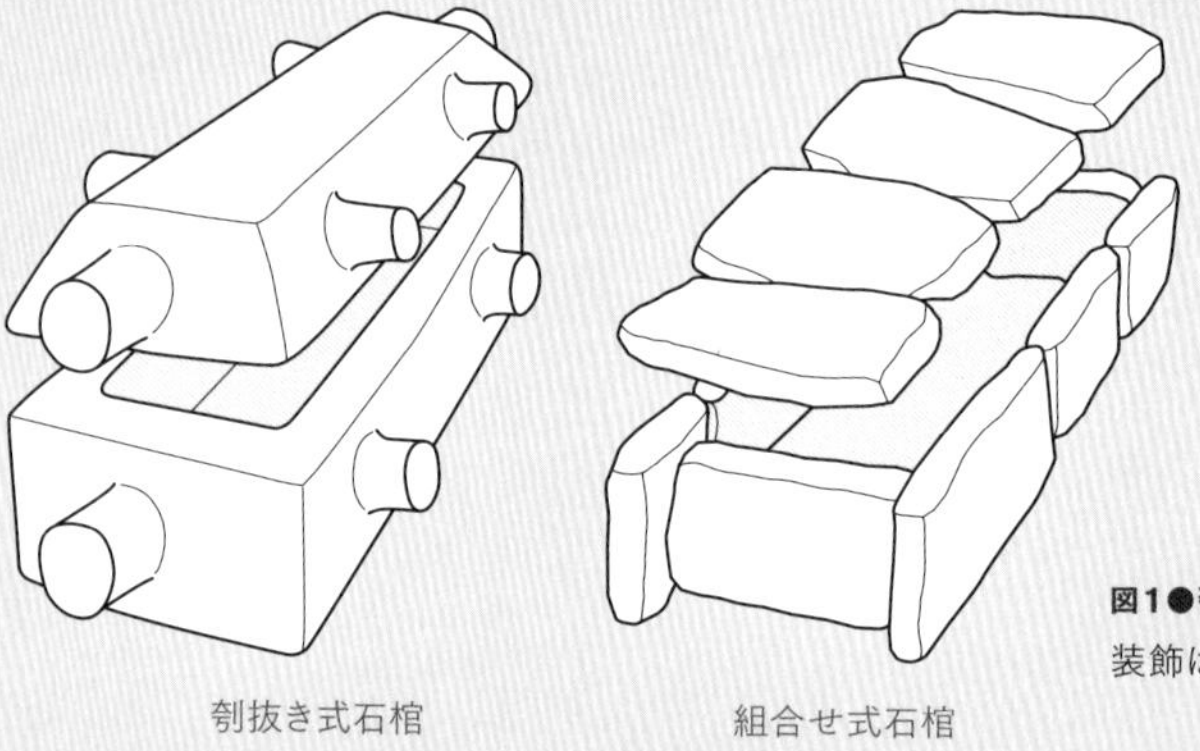

図1●刳抜き式石棺と組合せ式石棺

装飾は石棺自体に線刻・浮彫される。

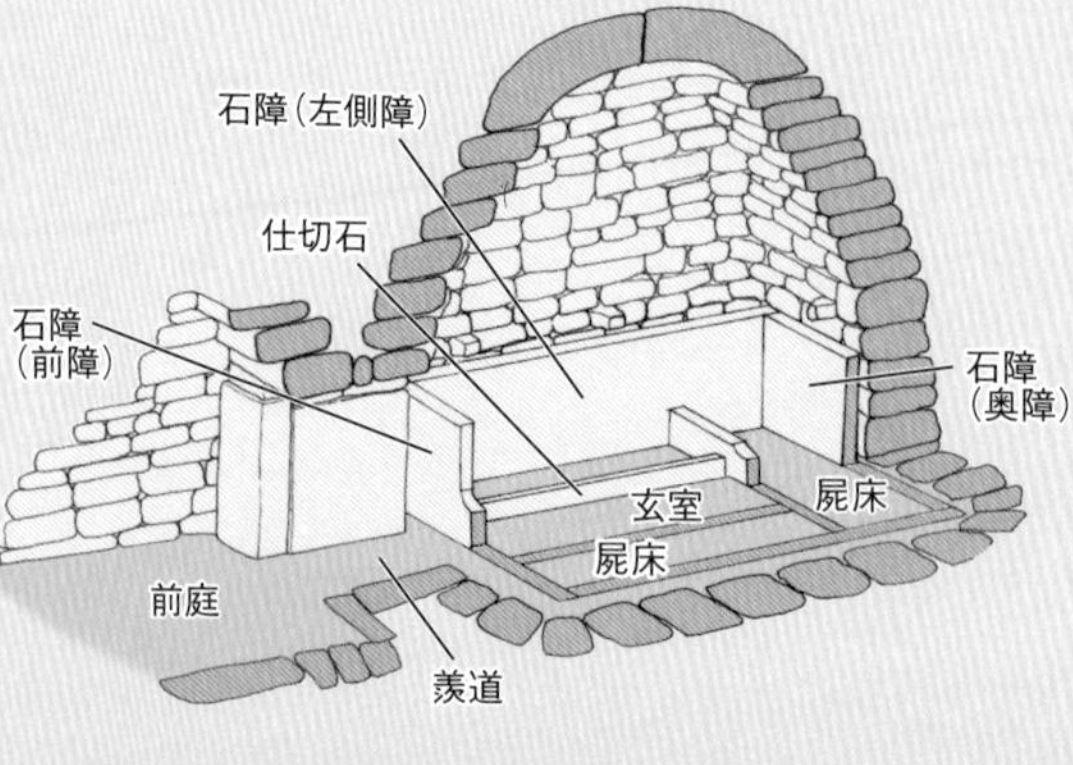

図2●横穴式石室（石障系）の模式図

横穴式石室への装飾は華麗・多彩に展開する。

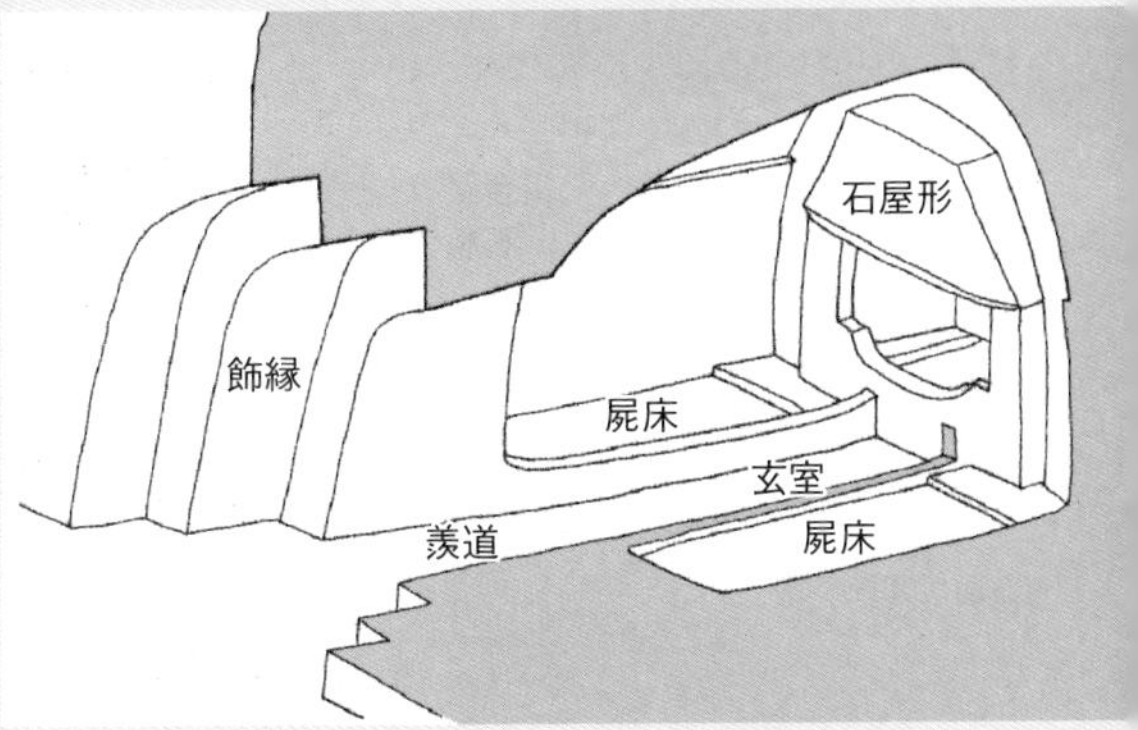

図4●横穴墓の模式図

丘陵の斜面や崖面を横に掘削してつくられる。横穴墓のなかにも横穴式石室の石屋形を模倣したものがある。

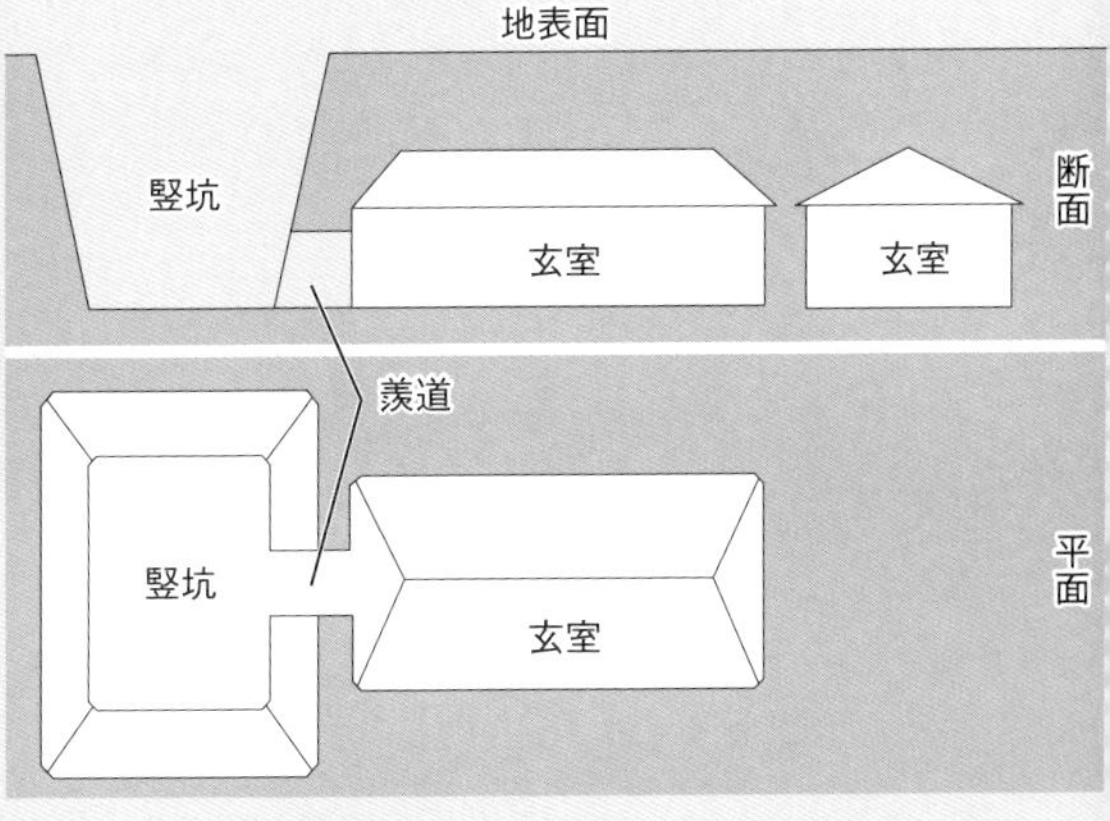

図5●地下式横穴墓の模式図

宮崎県南部から鹿児島県東部にあらわれた地域性の強いもので、宮崎県えびの市の島内地下式横穴墓群、西都原市の西都原地下式横穴墓群が有名。

図3●石障と石屋形

横穴式石室のなかでも石障（写真上）と石屋形（写真下）には特異な装飾がほどこされた。
上：千足古墳（岡山県岡山市）
下：大坊古墳（熊本県玉名市）

03 変遷を三つの時期に分けてみる

現状で九州最古の装飾古墳は、熊本県南部の八代市小鼠蔵《こそぞう》一号墳（直径十数メートルの円墳）である。割石積みの横穴式石室の石障《せきしょう》内石棺の小口壁に直径七センチの円文一個を陰刻したシンプルな装飾だ（07項の図4参照）。築造年代の手がかりは特殊な石室構造で、現在の研究水準からいえば五世紀初頭ごろとみられる。

その後、二世紀にわたって九州各地で装飾古墳がつくられた。その変遷を、装飾がほどこされた埋葬施設と装飾図文の種類や表現方法を基準に大きく三期に区分しておきたい（表1）。

第1期は、熊本県南部での装飾古墳のはじまりから、図文装飾部位が一気に拡大する六世紀前葉までのあいだである。この間、装飾古墳が築造された地域は、熊本県域と福岡・佐賀県の一部、地下式横穴墓《よこあなぼ》が営まれた宮崎県域にすぎない。

熊本県域の古墳は、階層性と地域性を反映して多様な埋葬施設が築造されている。上位層の古墳は竪穴式石槨《せっかく》におさめられた刳抜《くりぬ》き式石棺や横穴式石室、中位層が横穴式石室、下位層では小形の組合せ式箱形石棺を用いることが多い。装飾図文をほどこす埋葬施設は横穴式石室が主流だが、中小の箱形石棺やまれに刳抜き式石棺もある。ただし五世紀前葉から後葉にかけて、佐賀県と福岡県南部の妻入り式横口式家形石棺を埋葬施設とした首長墓にかぎって図文装飾をほどこす特異な広域拡散もある。五世紀末葉以後、石棺への装飾は急速に衰退し、装飾古墳はほぼ横穴式石室に限定され、石障にかわって石屋形《いしやがた》が主となる。

第2期は、六世紀前葉から顔料による装飾が衰退する六世紀末葉までのあいだである。石屋形への図文装飾が限定的となり、横穴式石室では装飾図文の描かれる部位が石室壁面に拡大し、あわせて物語風の壁画も登場する。装飾古墳の分布域は福岡・大分・佐賀・長崎県の九州中・北部一円に拡大するが、地域的な濃淡がみられる。また、横穴墓への図文装飾の最盛期で、とくに熊本県域では横穴式石室を上まわる数の装飾横穴墓が築造されている。

図文装飾の壁面拡大の契機となった古墳は、六世紀前葉に築造された福岡県の王《おう》塚《づか》・日岡《ひのおか》古墳、熊本県の釜尾《かまお》古墳などである。なかでも王塚古墳と日岡古墳の壁画は、横穴式石室の壁全面におよぶ特異な例である。また双脚輪状文《そうきゃくりんじょうもん》とよぶ特異な図文や天井石下面への壁画手法などを共有するなどの特異な連鎖が認められる。

第3期は、六世紀末葉ごろから数を減じた彩色壁画にかわって、線刻壁画が盛行する段階である。線刻画を代表する「自由画風線刻画」[†1]は、六世紀後葉ごろからみられる。

以上が、九州における装飾古墳の出現から衰退までのおおよその推移だが、列島全体でみると、九州に先行して装飾古墳が営まれている。数少ないが、この一群を広瀬和雄氏にならって先1期[†2]とよぶことにする。九州に出現した装飾古墳の源流を考えるうえで欠くことができない資料であり、次項でその概略と図文装飾の思惟を考えることにしたい。

†1 森貞次郎 一九九三「自由画風線刻壁画人物像にみる六朝文化類型—装飾古墳雑考—」『考古学雑誌』七九—一

†2 広瀬和雄 二〇〇九「装飾古墳の変遷と意義—霊魂観の成立をめぐって—」『国立歴史民俗博物館研究報告』一五二

装飾古墳の出現と展開

	先1期	1期
時期	４世紀中ごろ～４世紀末	４世紀末・５世紀初頭～６世紀前葉
壁画の施文場所と特徴	刳抜き式石棺の外面	刳抜き式石棺・組合せ式石棺の内外面、横穴式石室の石障・地下式横穴墓の天井面／線刻に加えて彩色画の登場
図文の種類	直弧文風図文・円文・家屋表現の線刻・浮彫	直弧文・円文・三角文・対角線文などの抽象文、甲冑・盾・靫などの具象文
地域	九州外の大阪・福井・岡山	熊本・宮崎・福岡・佐賀

表1●装飾古墳の出現と展開
時期によって装飾を施す部分、図文の種類、地域が変遷する。

1期

図2●鴨籠古墳（熊本県宇城市）の石棺（レプリカ）
刳抜き式家形石棺で、棺蓋に直弧文が刻まれている。

図1●小田良古墳（熊本県宇城市）の石障
円文と盾、靫の図文が刻まれている。

3期	2期
6世紀末葉〜7世紀中葉	6世紀前葉〜6世紀末葉
横穴式石室・横穴墓の壁面／彩色画の衰退、それに代わって線刻画が主流	横穴式石室の壁面・横穴墓壁面と羨道外面（熊本・大分県限定）
新たな具象文（樹木・木葉・鳥・魚・鯨・イルカ・鬼面など）と船の線刻手法の多用	新たな抽象文（蕨手文など）や具象文（双脚輪状文・船・馬）や多様な人物像、高句麗系図文
鹿児島を除く九州各県	鹿児島を除く九州各県

3期

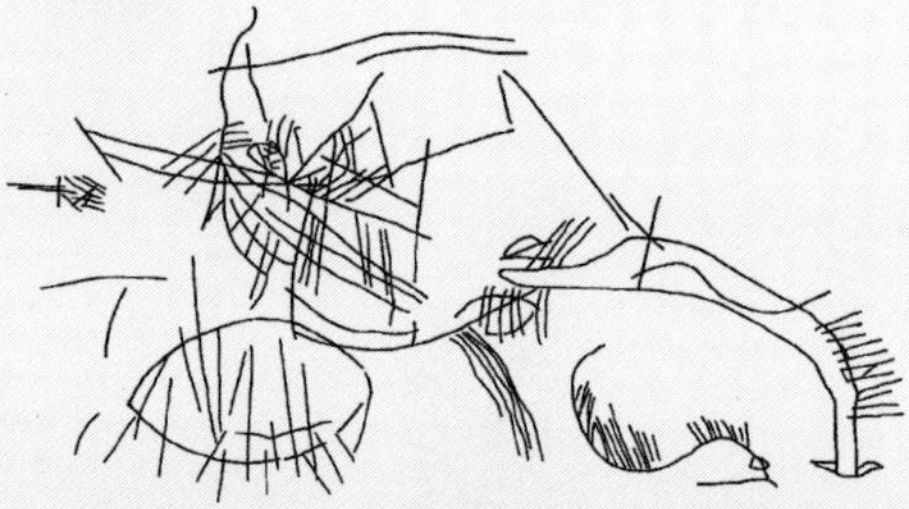

図4●長戸鬼塚古墳（長崎県諫早市）の鯨漁線刻画

1艘の船と頭部が長く尖り細長い胴部に尻尾がT字形の鯨が刻まれている。

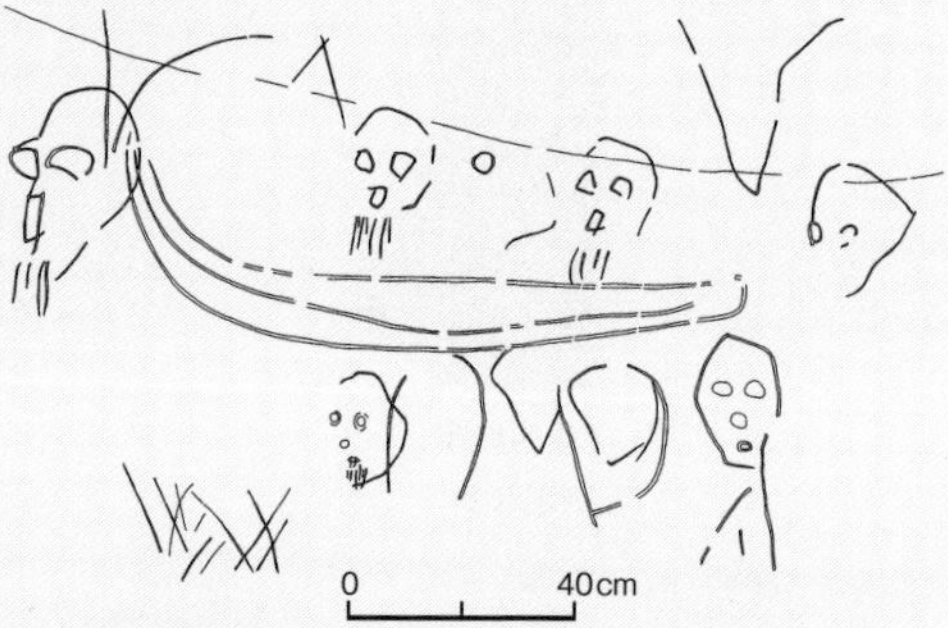

図5●蓮ヶ池53号横穴墓（宮崎市）の船と人物顔面線刻画

船の上下・左右に、口を大きく開け顎髭を表現した多くの人物像が刻まれている。

2期

図3●王塚古墳の横穴式石室（レプリカ）

壁から石屋形など全面に装飾がほどこされている。

04 最初に出現した装飾古墳

日本最古の図文装飾をほどこした古墳は四世紀中ごろに出現した。九州にはこの時期にさかのぼる装飾古墳は認められないが、やや遅れて登場する九州の装飾古墳の図文との関係を考えるうえで重要である。この段階を先述したように先1期とよぼう。

四世紀前葉ごろ、死者の遺骸を安置する埋葬施設の一つとして軟質の石材を加工して刳《くりぬ》抜き式石棺がつくられはじめ、中葉ごろからその外面に各種の図文を浮《うき》彫《ぼり》や線刻で表現する風習がはじまる。これまで、大阪府一、福井県二、岡山県一の四例が知られている。石棺は大きさとていねいな加工技術からみて、有力者の棺として特別につくられたことがわかる。刳抜き式石棺に表現された図文には、直弧文《ちょっこもん》風・円文・家屋文《かおくもん》などの三種が知られている。

直弧文風の図形を表現した石棺

この種の石棺は二例が知られている。一つは大阪府柏原市にある安福寺《あんぷくじ》の境内に置かれた石棺（図1）、もう一つは福井県福井市の山頂《さんちょう》古墳の石棺である（図2）。安福寺の石棺は、寺院のある玉手山《たまてやま》丘陵上に築造された玉手山三号墳の埋葬施設が盗掘された際に持ち出されたと伝えられている。現存するのは割竹形《わりたけがた》石棺の棺蓋で、棺身に接する棺外側を垂直に加工し、そこに直弧文風の文様が線刻されている。[†1] 石棺石材は、香川県で産出する鷲《わし》ノ山石《やまいし》（角閃石安山岩《かくせんせきあんざんがん》）である。

山頂古墳は足羽山《あすわやま》丘陵に築造された古墳で、竪穴式石槨《せっかく》内に安置された刳抜き

†1 梅原末治　一九一四「玉手の一古墳と割竹石棺」『考古学雑誌』五―三

式石棺である。棺身の上部を全周して円弧を重ねる図文と直弧文の一部を複雑に組み合わせた構成である（図3）。石棺の石材は地元の笏谷石《しゃくだにいし》（凝灰岩）である。[†2]

円文を表現した石棺

円文表現の最古例は、福井県福井市の小山谷《おやまだに》古墳の刳抜き式石棺である（図4）。一九〇八年に足羽山の北麓で発見されたもので、近くの古墳が破壊された際に持ち出されたらしい。石棺石材は笏谷石、棺蓋上面を四区に区画し、各区画内に二個ずつの円文を浮彫している。円文の直径は約二〇センチ、その上面は緩い凹面となりその中央に小さな円形突起が表現される。この文様表現はまぎれもなく青銅鏡の外形と鈕《ちゅう》をあらわしている。[†3]

家屋表現と円文が刻出された石棺

岡山県備前市の鶴山丸山《つるやままるやま》古墳の刳抜き式石棺は（図5・6）、一九三二年、偶然の機会に開口した竪穴式石槨内から発見されたもので、石槨内からは青銅鏡三一枚のほか多数の副葬品が出土している。[†4] 石棺の棺身は箱形で、その上を寄棟式の屋根形の棺蓋でおおっている。石棺の石材は香川県の東部に産出する火山石《ひやまいし》（凝灰岩）である。棺蓋の形状はまさに家形そのものだが、さらに注目されるのは棺蓋の長側面の両面に入母屋形の屋根を架した高床もしくは壁建ち建物三棟をならべて浮彫し、そのあいだに各面二個の円文を刻出している点にある（図7）。家形の棺蓋に家屋文を刻出したのはまさに「屋上に屋を重ねる」表現といってよい。

†2 福井県郷土誌懇談会 一九六〇『足羽山の古墳』／福井市 一九九〇「足羽山古墳群」『福井市史』資料編一

†3 高橋健自 一九〇八「越前国足羽郡小山谷発見の石棺につきて」『考古界』七—七

†4 梅原末治 一九三四「備前和気郡鶴山丸山古墳」『近畿地方古墳墓の調査三』（日本古文化研究所報告九）

石棺に刻まれた直弧文・円文

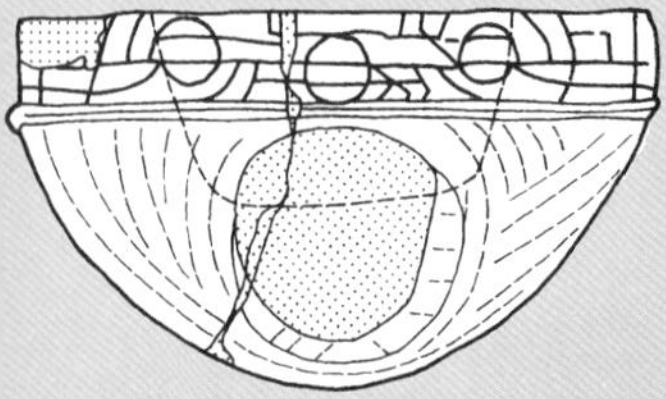

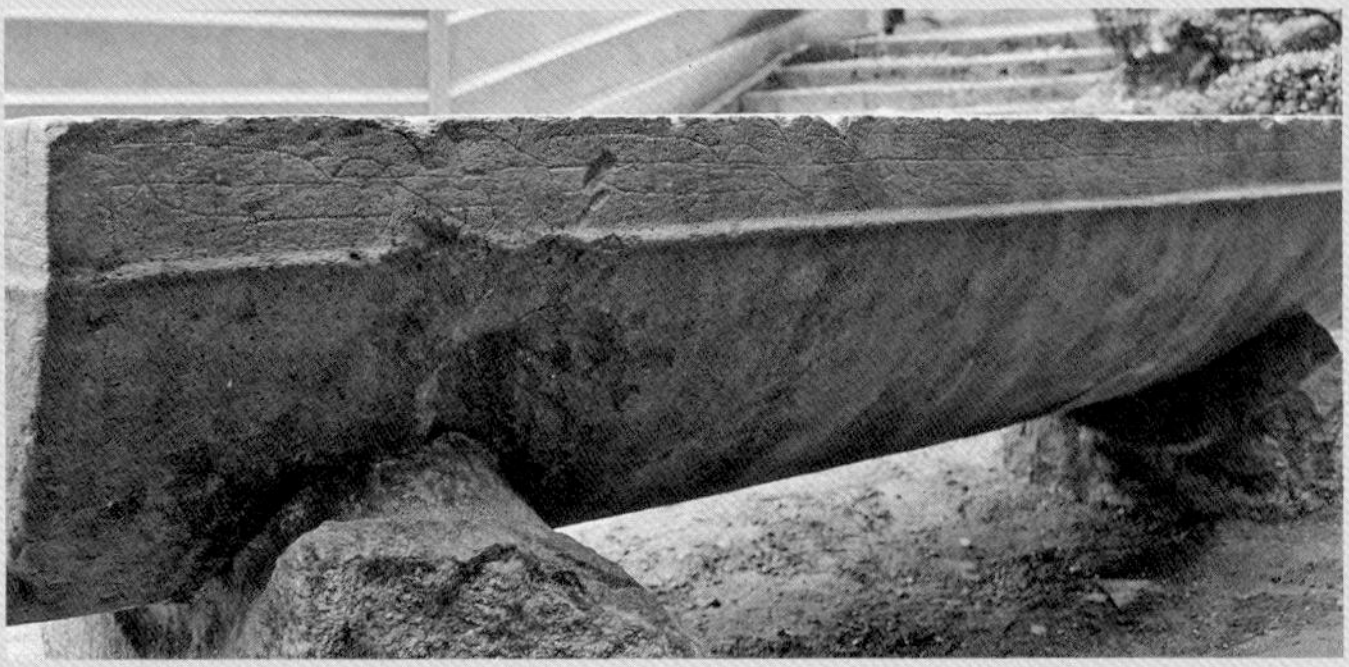

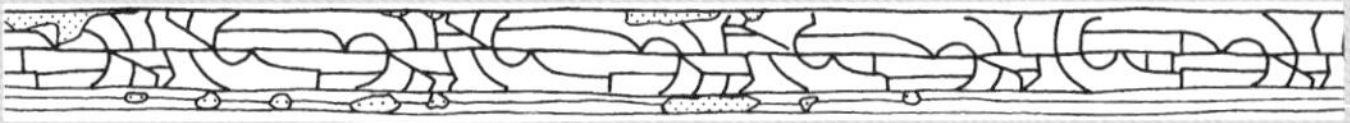

図1●安福寺石棺（大阪府柏原市）

割竹形石棺の縁に直弧文風の線刻画がある。

図2●山頂古墳（福井県福井市）の復元竪穴式石槨

福井市立郷土歴史博物館の展示。舟形石棺の棺身のみ残る。

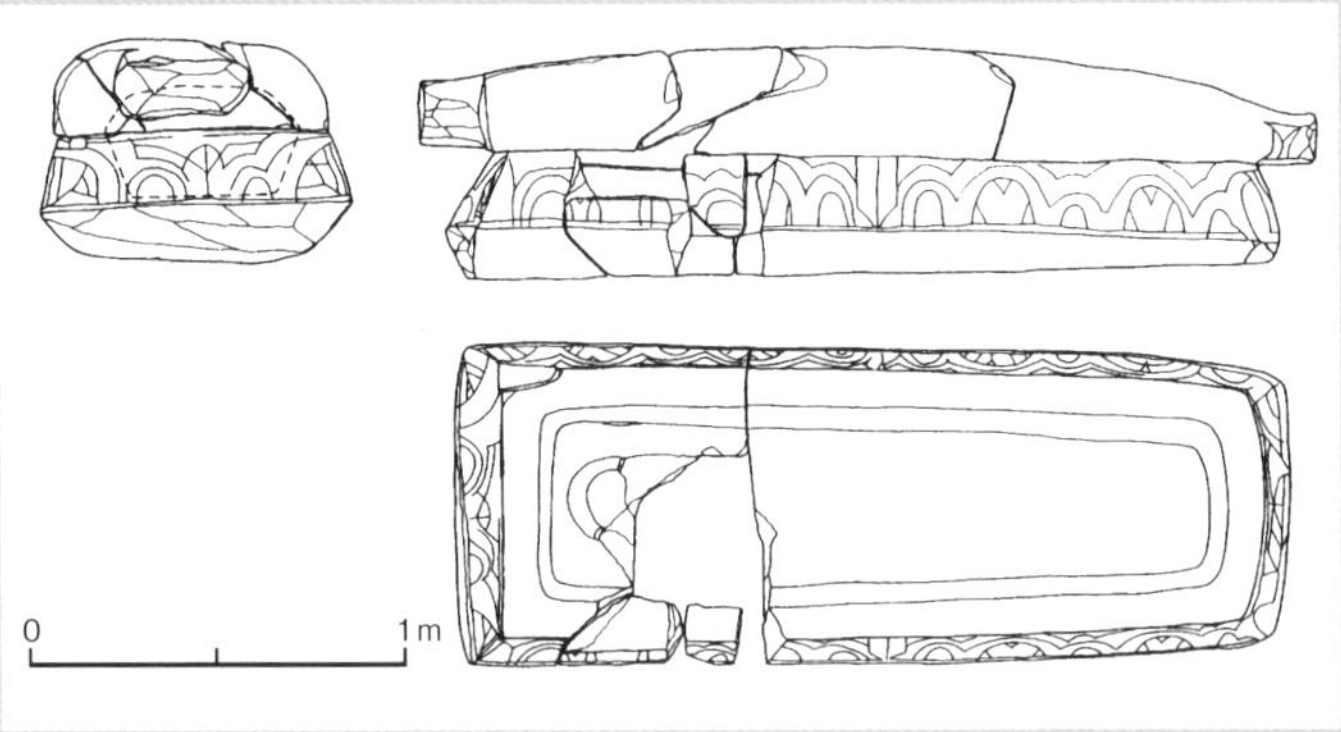

図3●山頂古墳石棺の実測図

円弧を重ねる図文と直弧文の一部を組み合わせた図文をめぐらせている。

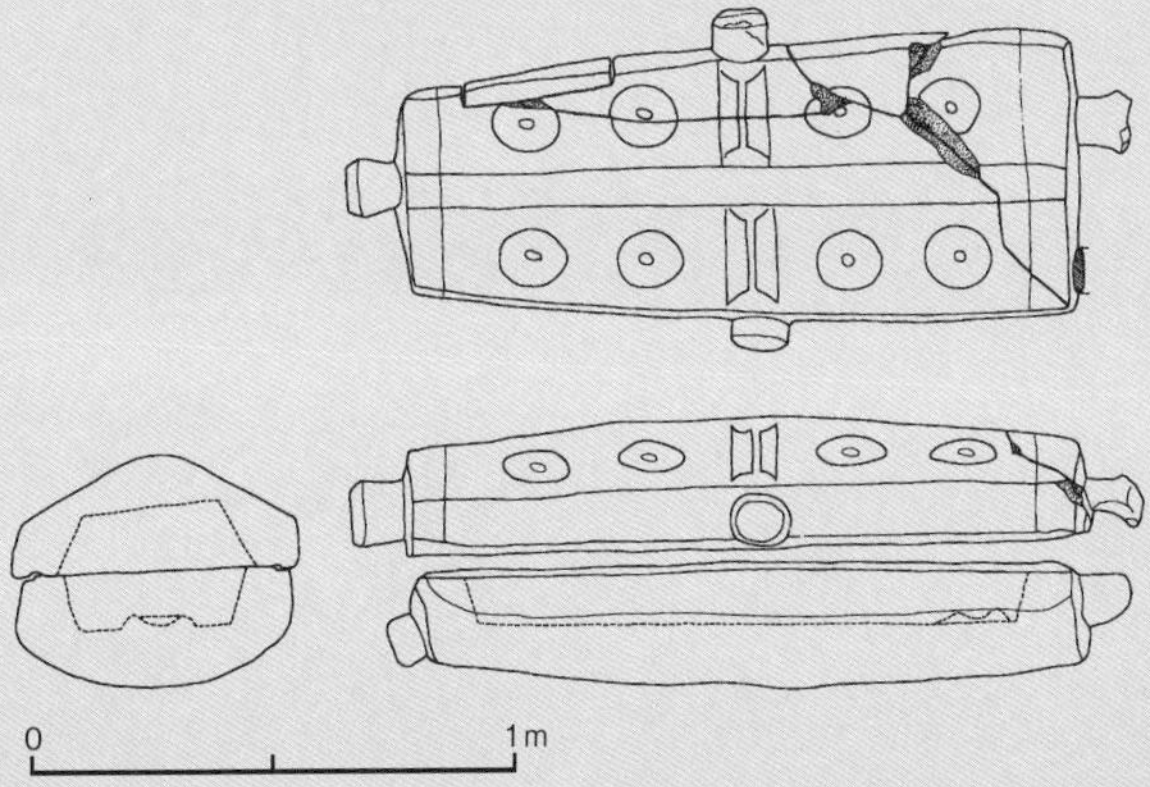

図4●小山谷古墳（福井県福井市）の剞抜き式石棺の実測図

棺蓋の円文は青銅鏡をあらわしている。

図5●鶴山丸山古墳（岡山県備前市）

直径約60m、高さ6mの大形円墳。青銅鏡31枚など多数の副葬品が出土した。

図6●鶴山丸山古墳の剞抜き式石棺

寄棟屋根形の棺蓋に家屋文と円文がある。

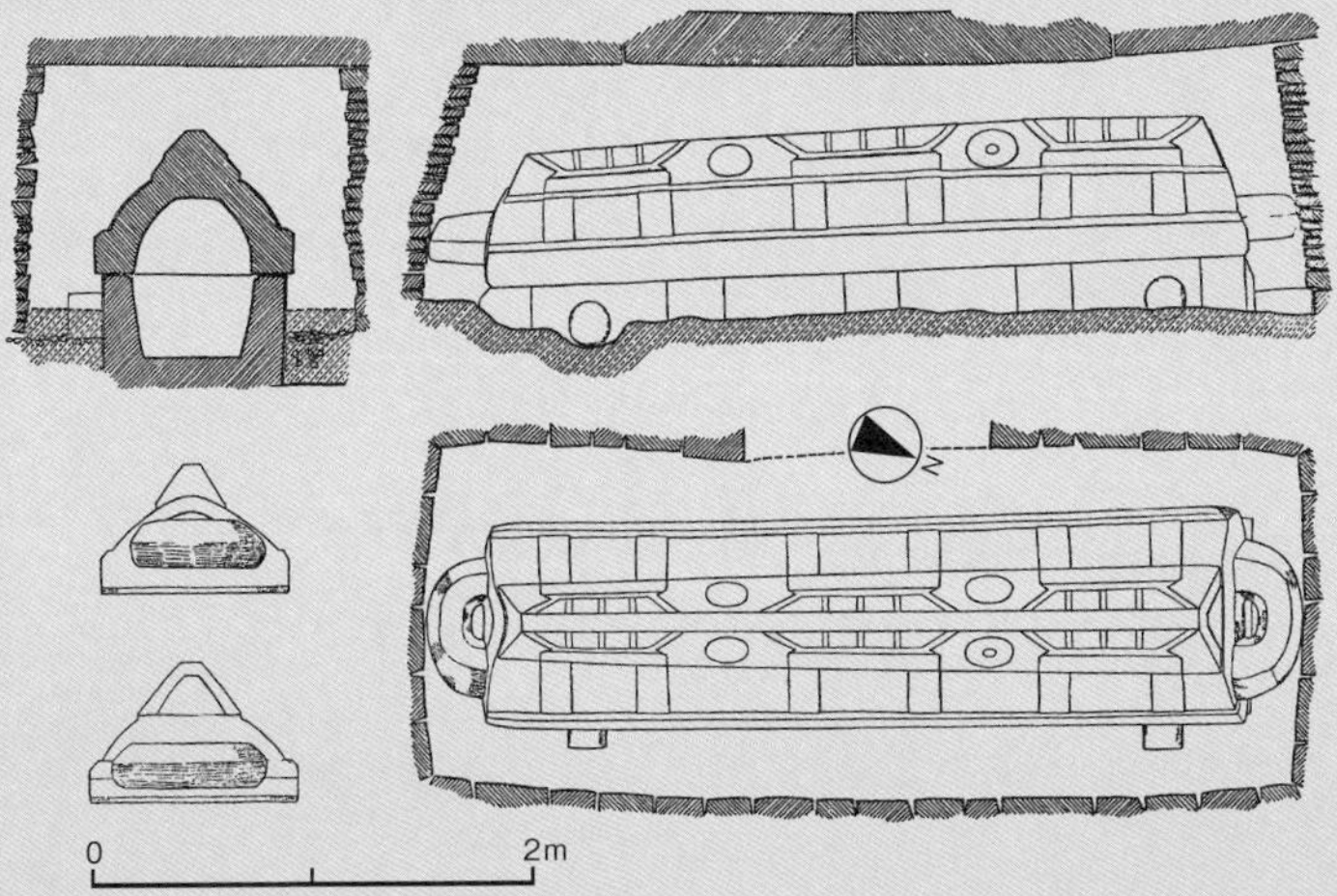

図7●鶴山丸山古墳の竪穴式石槨の実測図

剞抜き式石棺がおさめられている。

05 直弧文・円文の意味するもの

装飾図文として最初に描かれた直弧文《ちょっこもん》は、一九一六年から翌年にかけて京都帝国大学の濱田耕作氏が調査した熊本県嘉島《かしま》町の井寺《いでら》古墳の横穴式石室石障《せきしょう》に線刻された、X字形の対角線を軸に弧文と直線が複雑に交錯する図文に付けられた名称である†1（10項の図5参照）。

直弧文は、四〜五世紀代の古墳副葬品であった鹿角製刀装具のほか、靫《ゆき》や盾《たて》形の形象埴輪など各種の器物に表現されている。図文の複雑さからさまざまな研究が提出されてきたが、図文のルーツについてようやく目途が立ちつつある。

図文のルーツについて、奈良県桜井市の纒向石塚《まきむくいしづか》古墳（三世紀、図1）の周溝から出土した弧文円板（図2）と、岡山県倉敷市の楯築《たてつき》墳丘墓（二世紀、図5）上の楯築神社に保管されてきた通称「亀石」とよばれる弧帯文石《こたいもんせき》（図6）が重要なヒントを与えるものであった。文様細部の説明は略するが、楯築の弧帯文石に刻出された図文は包帯状の帯が複雑に折り返しながら石全体をおおうように表現されている。また弧文円板は、「甲形」と「乙形」とよぶ二つの原単位図形が複雑に重なるように表現されている†2（図3・4）。原単位図形の重なりから直弧文の成立過程を検討した櫻井久之氏は、大阪府茨木市の紫金山《しきんざん》古墳出土の貝輪に刻まれた直弧文風の図文（図8）を介して、大阪府大阪市の加美《かみ》遺跡出土の直弧文板（図7）が生まれたことを明らかにし†3、さらに安福寺《あんぷくじ》石棺の直弧文風の図文は「原単位文」の最終段階に相当するという†4。04項でみた山頂《さんちょう》古墳石棺の小口部に表現され

†1 濱田耕作 一九一七「上益城郡六嘉村井寺古墳」『肥後に於ける装飾ある古墳及横穴』（京都帝国大学文科大学考古学研究室報告一）

†2 宇佐晋一・斎藤和夫 一九七六「纒向石塚古墳南側周濠から出土した弧文円板の文様について」（奈良県立橿原考古学研究所編『纒向』）

†3 櫻井久之 一九九九「直弧文の成立と意義」『ヒストリア』一六三

た直弧文もこれに類似する点は重要だ。

なぜこの図文が選択されたのだろうか。白石太一郎氏は、楯築の人面が刻出された直弧文石を「何者かが一定の幅をもつ帯でがんじがらめに巻かれた姿」の表現として、「棺を完全に密封し、死者ないしその霊を封じ込めるとともに、さらにまた外部の邪悪なものから守るという意味があった」とする。†5 まさに、直弧文は死者や霊魂にたいする守護と辟邪《へきじゃ》の威力が期待されて描かれたのであろう。ひとくちに装飾図文というけれども、それぞれに託された願いや祈りがあったからこそ、表現されたのだ。

円文は、先述したように青銅鏡の表現である。三〜四世紀の有力者層が埋葬された古墳には威信財としての青銅鏡の副葬は一般的で、三四面の青銅鏡を副葬した奈良県天理市の黒塚《くろづか》古墳（三世紀）では、竪穴式石槨《せっかく》に遺骸を安置した長大な刳抜き式木棺をおさめ、青銅鏡は棺内の遺骸の頭部上方に一面、他は木棺に立て掛けるように置かれていた（図9）。中国、晋《しん》時代の葛洪《かっこう》が著した『抱朴子《ほうぼくし》』の巻一五雑応には「明鏡を前後左右から照らすと神仙とまみえることができ、さらに長生きして将来を予知することができる」とし、巻一七の登渉には「山中に入る際に九寸以上の鏡を身につければ老魅、精霊などから身を守る」という話がある。青銅鏡はたんなる威信財というだけでなく、神仙との遭遇（言葉をかえれば昇仙の意か）への熱望や辟邪の威力が期待されていたとみてよいだろう。

†4 櫻井久之　二〇〇五「大阪府安福寺石棺の文様について—「原単位文」の提唱—」『大阪歴史博物館研究紀要』四

†5 白石太一郎　一九九九「装飾古墳にみる他界観」『国立歴史民俗博物館研究報告』八〇

直弧文・円文のルーツ

図2●纒向石塚古墳の弧文円板

図1●纒向石塚古墳（奈良県桜井市）
全長96mの前方後円墳（3世紀）。

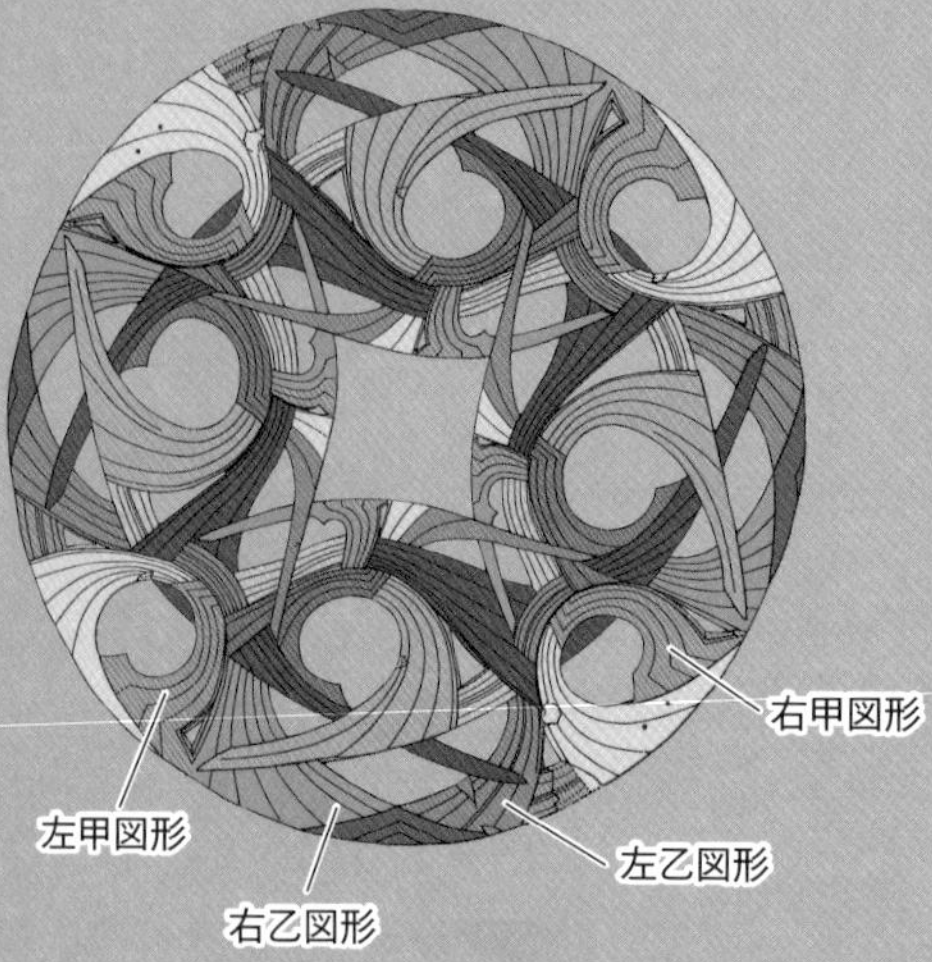

図4●弧文円板の復元イラスト
直弧文につながる図文であることがわかる。

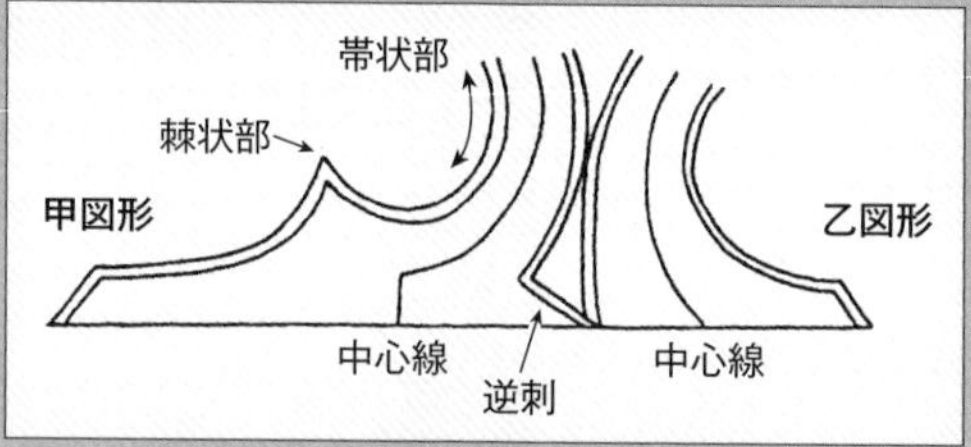

図3●原単位図形と各部の名称

図6●楯築墳丘墓の弧帯文石
死者や霊魂にたいする守護と辟邪の威力が期待されて造形されたのであろう。

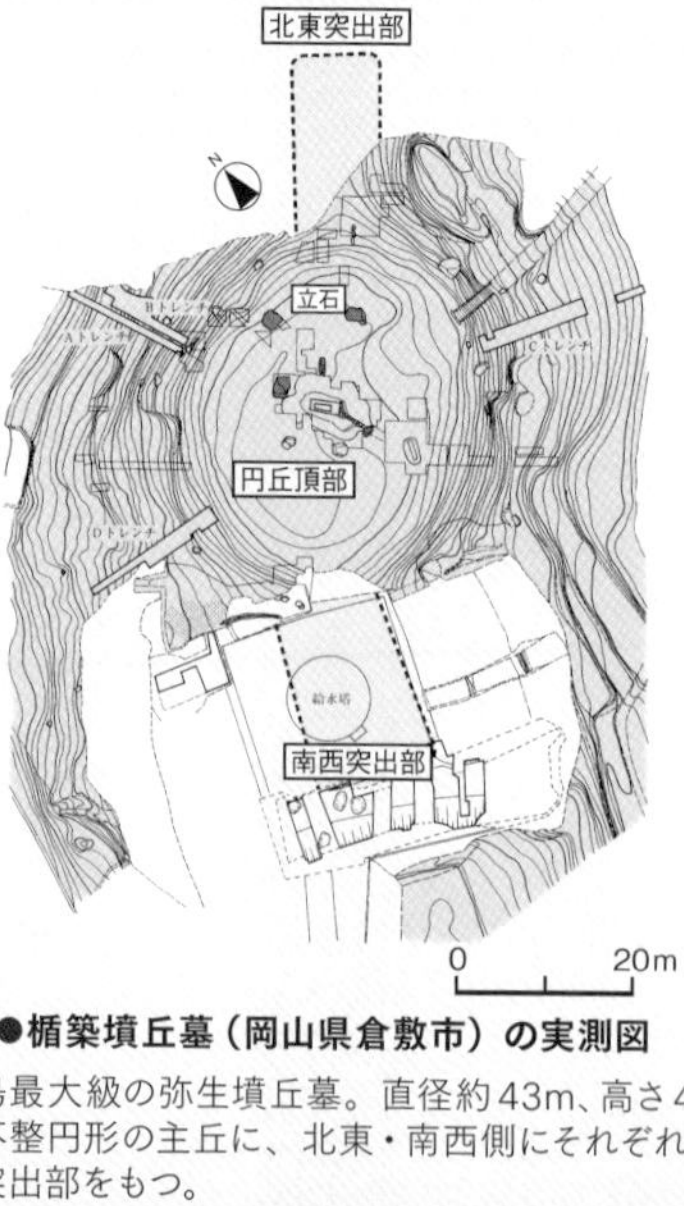

図5●楯築墳丘墓（岡山県倉敷市）の実測図
列島最大級の弥生墳丘墓。直径約43m、高さ4.5mの不整円形の主丘に、北東・南西側にそれぞれ方形の突出部をもつ。

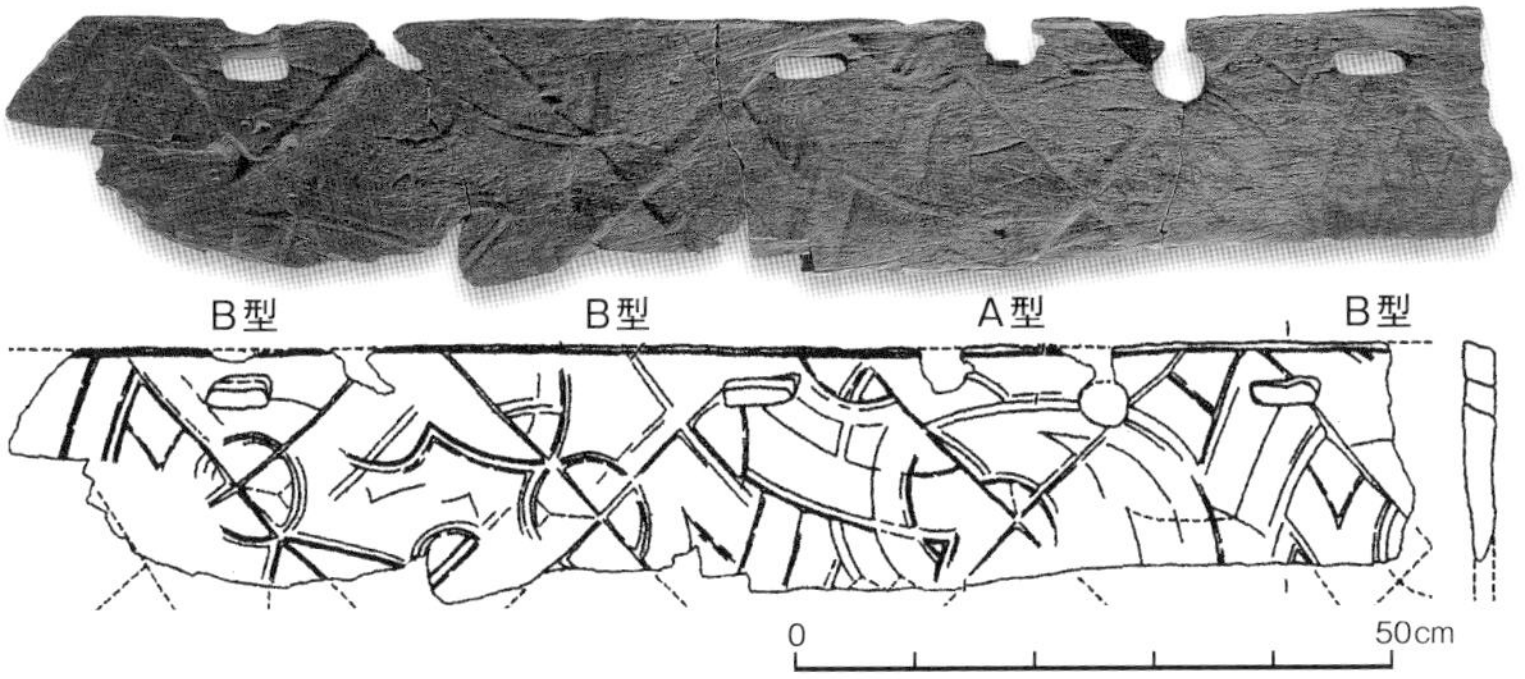

図7●加美遺跡（大阪市）の直弧文板

X字状の斜交軸に帯状表現がめぐる。表現法からA・Bふたつの型に分かれる(10項の図5参照)。

図10●黒塚古墳に副葬された三角縁神獣鏡（4号鏡）

円文はこれを模したものか。

図8●紫金山古墳（大阪府茨木市）出土の貝輪

精緻な直弧文が彫刻されている。

図9●黒塚古墳（奈良県天理市）の竪穴式石槨

青銅鏡が刳抜き式木棺内の遺骸の頭部上方に1面、ほかは木棺に立て掛けるように置かれていた。

06 家形表現の思いと工人の交流

04項でみた、家形石棺の棺蓋に家屋表現と円文を刻出した鶴山丸山《つるやままるやま》古墳石棺の思惟を考えてみよう。四〜五世紀前葉段階の刳《くり》抜《ぬ》き式石棺で棺蓋が家形をなす例はさほど多くないが、六、七世紀代の刳抜き式石棺ではむしろ一般的な形態である。そのなかには、奈良県御所《ごせ》市の水泥《みどろ》南古墳（図1）のように棺蓋短辺の縄掛け突起に蓮華文《れんげもん》を浮彫したものもある（図2）。

また組合せ式石棺の場合、棺蓋を切妻や寄棟の屋根形に造形した例が九州でも肥後、筑後地方に数多く確認され、そのなかには棺蓋の外面や棺身内面に各種の装飾図文を表現するものがある。六、七世紀代に数多くつくられた横穴墓《よこあなぼ》や南九州に独自に分布する地下式横穴墓でも、遺骸を安置する玄室《げんしつ》の上部を切妻や寄棟の屋根形に加工する例が少なくないし、その壁面に各種の装飾図文を表現することもある。

このように玄室を家形に加工するのは、古墳時代の人びとが死者をおさめる棺や墓室を霊魂の永遠の住処とする観念を反映したのではないだろうか。そうみてよければ、鶴山丸山古墳の石棺は、その強い思いが棺の形状と装飾図文に託されたのだと思う。

遠く離れた大阪府柏原市の安福寺《あんぷくじ》石棺と福井県福井市の山頂古墳の石棺にみられる直弧文風の「原単位文」の図形、同じく福井市の小山谷《おやまだに》石棺と岡山県備前市の鶴山丸山石棺の円文（青銅鏡）表現は、それぞれ石材と製作地が異なる。それにもかかわらず図文・図形や彫刻手法までもが類似して表現されたことは偶然とは考えがたい。

これらの石棺が製作された四世紀の西日本における刳抜き石棺の石材産出地は、香川県の鷲《わし》ノ山石《やまいし》（高松市）、火山石《ひやまいし》（さぬき市）、福井県の笏谷石《しゃくだにいし》（福井市）に限られる（図3）。九州の阿蘇石製石棺には装飾例はないが、四世紀代に石棺が製作された地域は、福岡県大牟田市周辺、熊本県北部菊池川流域や南部の八代海沿岸部に限られる。いずれも海に面した地で、安福寺石棺や鶴山丸山石棺のように、製作地から遠くへ輸送された例もある。石棺の石材は加工に容易な凝灰岩や軟質の安山岩で、多少の遅速があるけれども四世紀中葉ごろから各地で石棺製作がはじまるのは、形状の類似性からみて石棺を製作した石工集団間の交流が想定される。各石棺製作地には首長墓群が分布し、石工集団は有力な首長勢力のもとに組織化されていたと思われるから、類似する石棺の形状や装飾図文の連鎖は、首長間交流を背景としたのであろう。

九州で装飾古墳が出現した後、五世紀前葉の福井県福井市の免鳥長山《めんどりながやま》古墳の石棺蓋に連続三角文と同心円文が刻出された[†1]（図4）。連続三角文は福岡県大牟田市の石櫃山《いしびつやま》古墳二号石棺[†2]（図5）や熊本県合志《こうし》市の石立《こくりゅう》石棺[†3]（図7）、島根県松江市の丹花庵《たんげあん》古墳石棺（図6）の刻出された図文とつながる。九州の二つの石棺の連続三角文も、石棺製作工人の交流を背景にしたものとみてよいであろう。

†1 福井市教育委員会　二〇〇七『免鳥古墳群―範囲確認調査報告書―』

†2 大牟田市教育委員会　一九八三『石櫃山古墳』（大牟田市文化財調査報告一九）

†3 隈昭志　一九八四「石立石棺」『熊本県装飾古墳総合調査報告書』（熊本県文化財調査報告六八）

遠く離れた石棺・図文の類似

図1●水泥南古墳
（6世紀、奈良県御所市）

水泥古墳には北古墳と南古墳があり、南古墳は直径約25mの円墳。

図2●水泥南古墳の石棺

棺蓋の蓮華文は古墳文化・仏教文化の結合を示す。

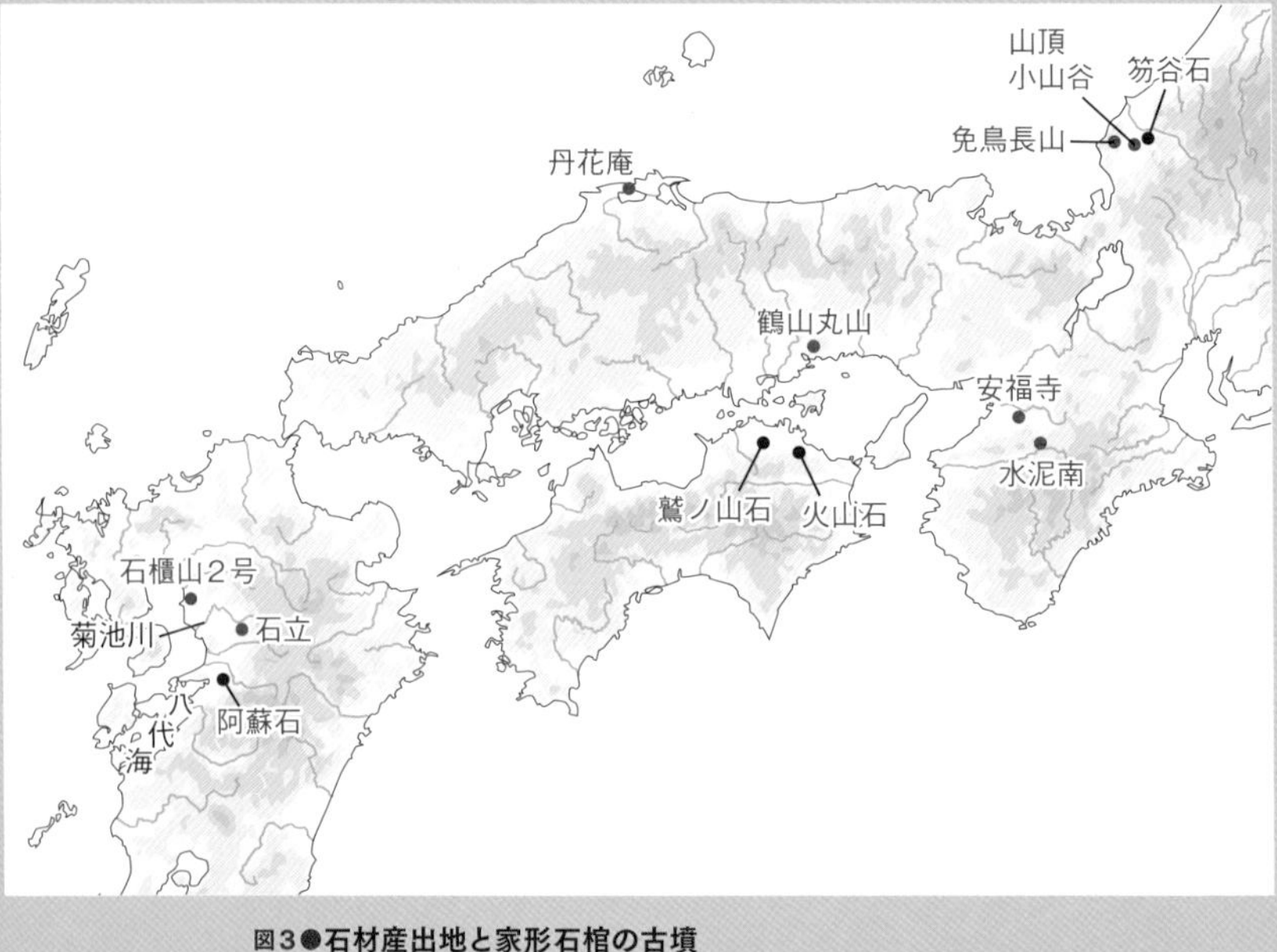

図3●石材産出地と家形石棺の古墳

石材・製作地が異なるのに図文・図形や彫刻手法が類似している。

図5●石櫃山古墳２号石棺（福岡県大牟田市）

阿蘇石製の刳抜き式石棺の屋根形棺蓋の長辺斜面に連続三角文が刻出されている。

図4●免鳥長山古墳（福井市）の石棺蓋

笏谷石製の屋根形棺蓋の上部に同心円文が、長辺斜面に２段の連続三角文が刻出されている。

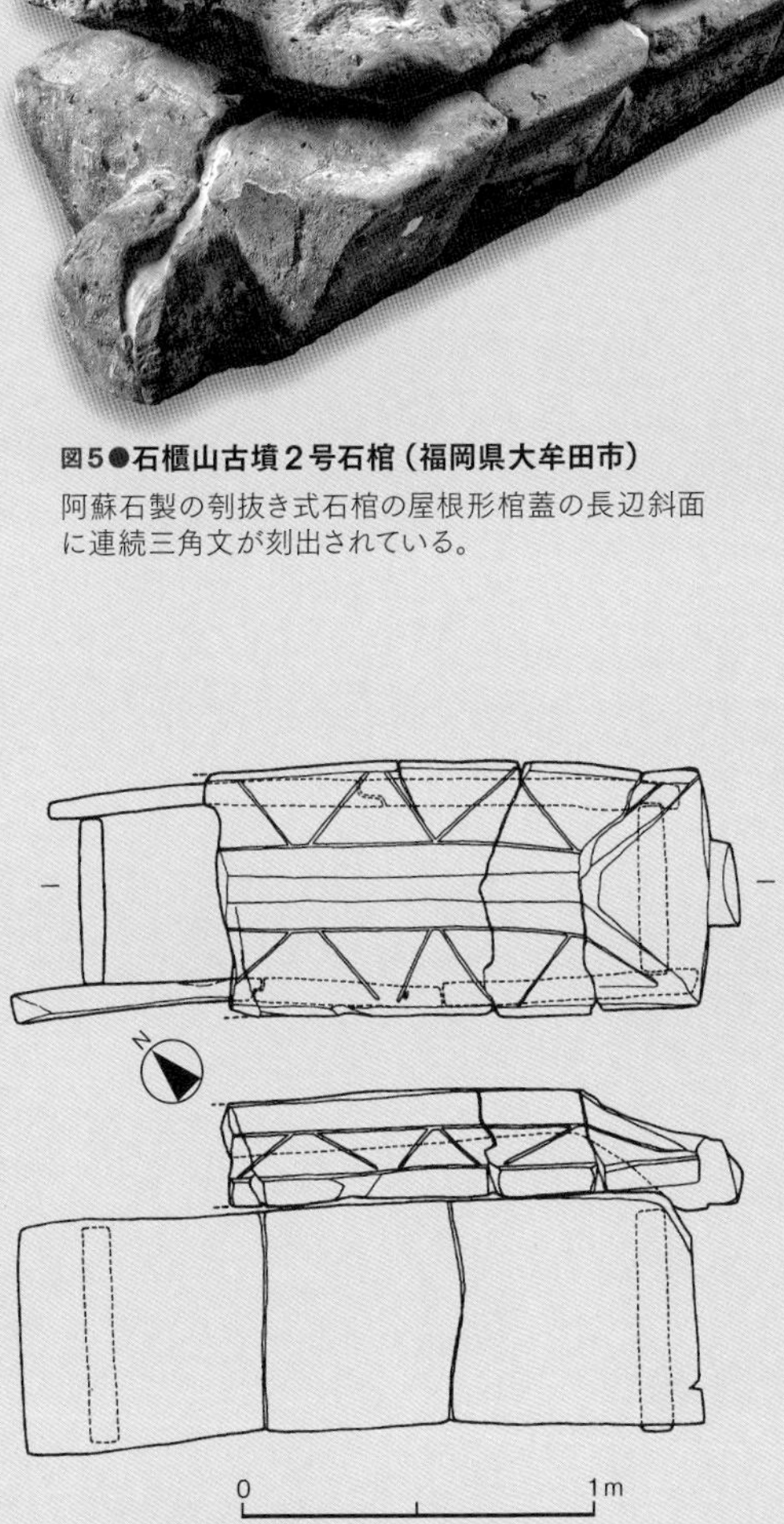

図7●石立古墳（熊本県合志市）の石棺実測図

阿蘇石製の箱形石棺の屋根形棺蓋の長辺斜面に連続三角文が刻出されている。

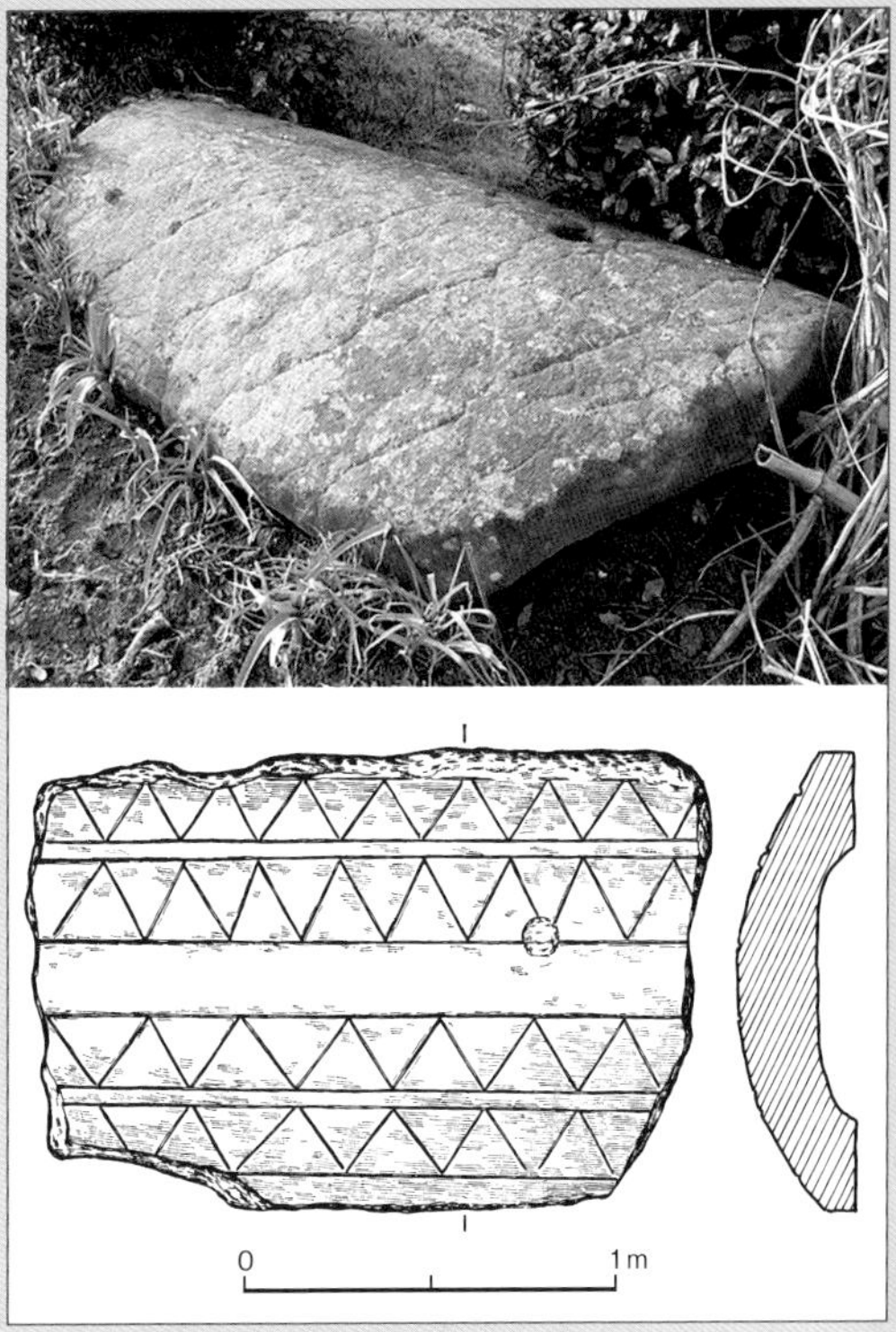

図6●丹花庵古墳石棺（島根県松江市）

長持形石棺の棺蓋で、中央の無文帯の左右に２段の連続三角文が刻出されている。

07 装飾古墳の出現

日本の装飾古墳の五〇パーセント弱が築造された九州のなかで、もっとも早く装飾古墳が出現したのは熊本県南部の八代海北岸域一帯である（図1）。なかでも、球磨《くま》川河口の開拓地にある小鼠蔵《こそぞう》・大鼠蔵《おおそぞう》とよぶ二つの丘陵と山麓につくられた一群は注目される。

小鼠蔵島の頂部（標高三五メートル）付近に小鼠蔵古墳群があり（図2）、一～三号墳が現存する。小鼠蔵一号墳は直径一〇メートル前後の円墳、埋葬施設は入口部構造が不鮮明な横穴式石室である（この埋葬施設については、竪穴式石槨《せっかく》ではないかという見解もあるが、佐賀県唐津市にある谷口《たにぐち》古墳[†1]の石室の影響下に成立した特異な横穴式石室の可能性が高い）。

石室の周壁は安山岩や砂岩の扁平割石積みで、石室下部に砂岩を扁平に加工した石障《せきしょう》がめぐる（図3）。その中央部を箱形石棺とし、奥壁側の小口面に直径七センチあまりの小さな円文を陰刻している[†2]（図4）。一号墳からの出土遺物は知られていないが、石室構造からみて五世紀を前後するころの年代が想定される。この円文は多くの研究者が指摘するように、青銅鏡の表現と理解してよいであろう。

なお、一号墳の西四〇メートルの位置に、墳丘をともなわない砂岩製の組合せ式箱形石棺墓（小鼠蔵三号墳）があり、その左右側壁に、直径一〇センチに満たない小さな円文が線刻されている（図5）。

横穴式石室の構造と図文装飾をより定式化したものが、大鼠蔵尾張宮《おわりみや》古墳（円

†1 佐賀県浜玉町教育委員会 一九九一『史跡谷口古墳保存修理事業報告書』

†2 乙益重隆 一九八四「小鼠蔵一号墳」『熊本県装飾古墳総合調査報告書』（熊本県文化財調査報告六八）

墳、墳丘規模不明）である（図6・7）。この横穴式石室は周壁を砂岩と安山岩の割石の小口積みにし、玄室《げんしつ》下部に配置された砂岩石障の奥障と左右側障の上部は船底状にえぐられている。石障内は側壁に平行する「川」字形の屍床《ししょう》*1が配置され、装飾図文は奥障上部に直径一〇センチほどの小円文が各屍床単位に線刻で表現されている†3（図8）。

こうした円文表現をさらに拡張した例に大戸鼻北《おおどばなきた》古墳がある。この古墳は、八代海の西岸にあたる上天草島の東北端にある下大戸ノ岬の丘陵上に築造された円墳である（墳丘規模不明）。横穴式石室は奥行・幅とも約二メートルの方形で短小の羨道《せんどう》がともなう。周壁は砂岩割石を小口積みし、その下部に砂岩製の石障がめぐる。屍床仕切り石が残っていないため屍床配置法は不明だが、奥障に線刻された円文配置からみて、大鼠蔵尾張宮古墳と同様に「川」字形であろう。この古墳ではさらに右側障に直径一二センチほどの円文を四つ横位に線刻している（図9）。左側障には小さな円文一つと直線文らしい細い線刻画がみとめられる†4。

また大鼠蔵の丘陵裾部には、墳丘をともなわない小形埋葬施設の箱形石棺墓が営まれており、そのなかに円文を表現するものがある†5。これらは横穴式石室とほぼ同時期の築造と想定され、墳丘内に横穴式石室を構築する上位層と、墳丘をともなわない小形箱形石棺を構築する下位層のあいだで装飾技法を共有したことを示している。

***1 屍床** 石室内に設置された遺骸安置施設。

†3 隈昭志　一九八四「大鼠蔵尾張宮古墳」『熊本県装飾古墳総合調査報告書』（熊本県文化財調査報告六八）

†4 隈昭志　一九八四「大戸鼻北古墳・大戸鼻南古墳」『熊本県装飾古墳総合調査報告書』（熊本県文化財調査報告六八）

†5 池田榮史　一九八四「小鼠蔵三号古墳」『熊本県装飾古墳総合調査報告書』（熊本県文化財調査報告六八）

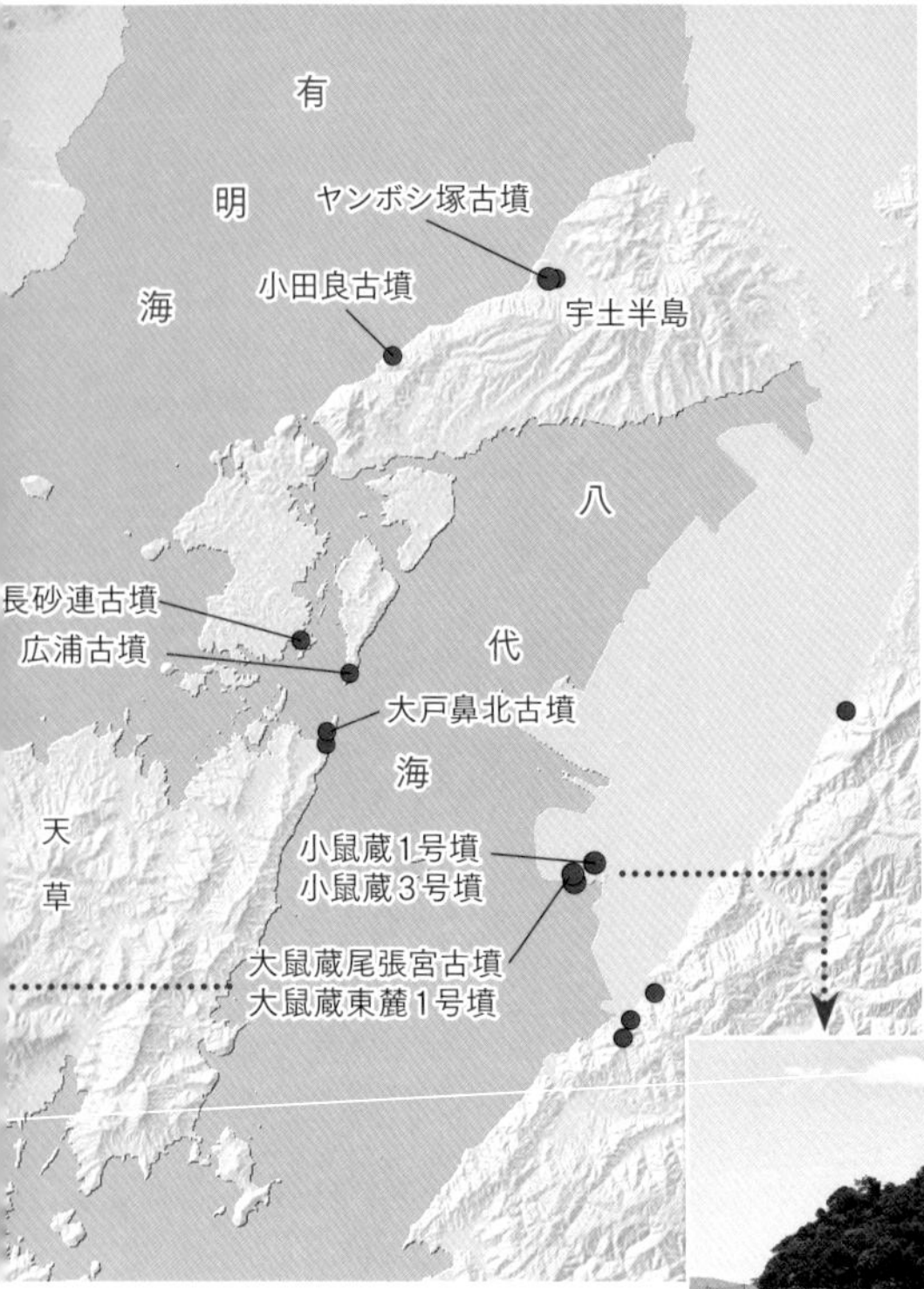

図1●第1期前葉の装飾古墳の分布
熊本県南部の八代海北岸域一帯に広がる。

図2●小鼠蔵古墳群（熊本県八代市）の遠景（南から）
江戸時代まで八代海の小島だった。

図3●小鼠蔵1号墳の石室

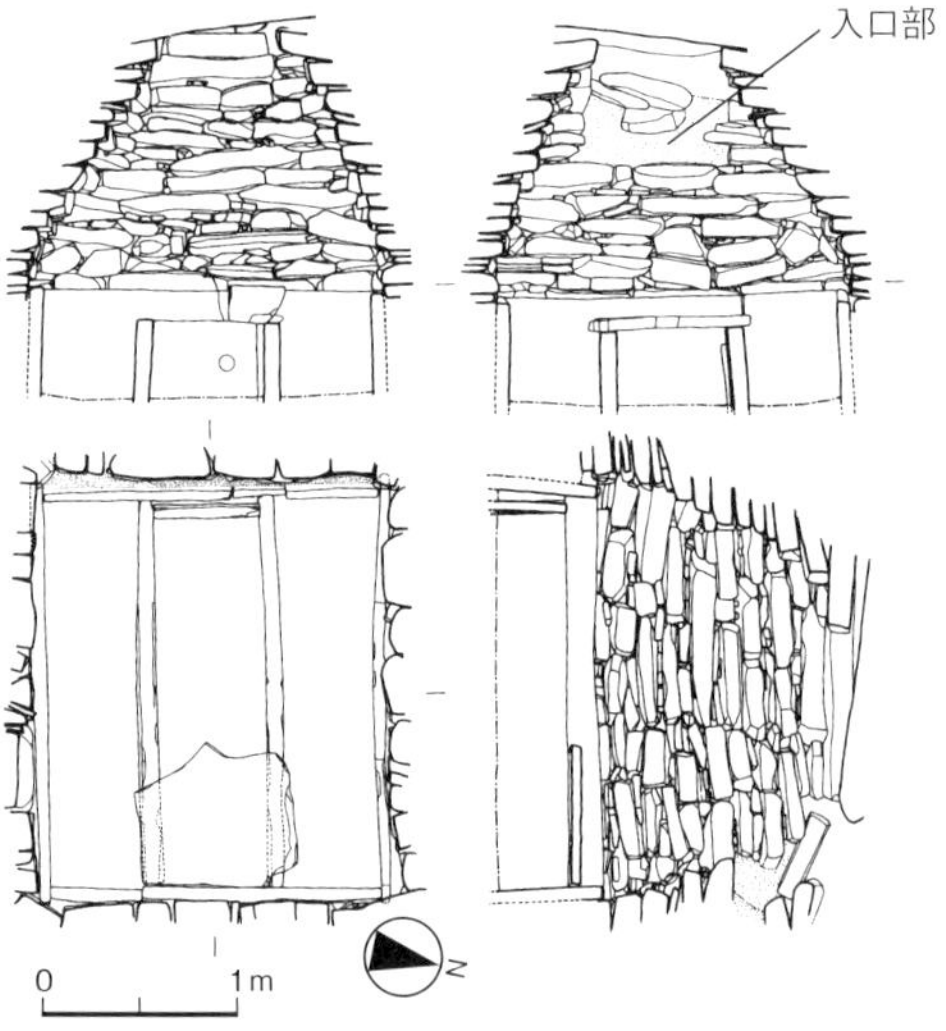

図4●小鼠蔵1号墳の石室実測図
長さ2.1m、幅1.8m、天井までの高さ1.8m。中央部の箱形石棺の奥壁側小口面に小さな円文が陰刻されている。

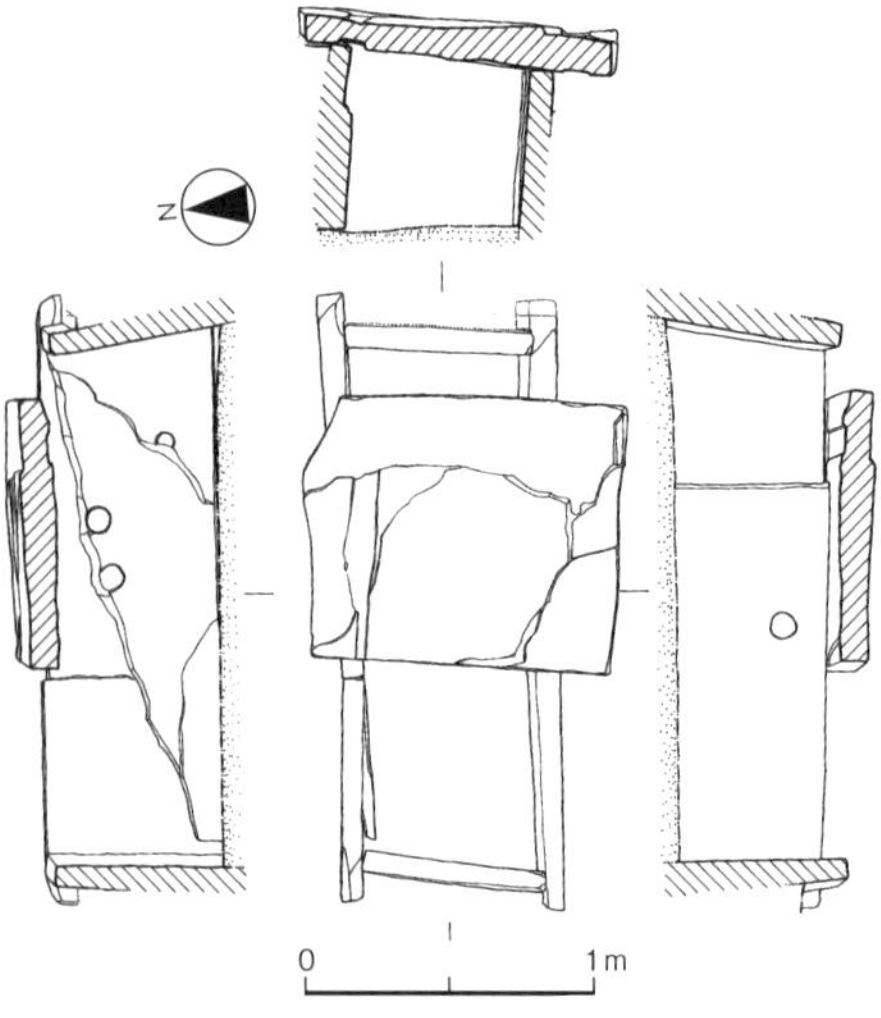

図5●小鼠蔵3号墳の箱型石棺
左右側壁に直径10cm弱の円文が線刻されている。

図6●大鼠蔵古墳群（熊本県八代市）の遠景（南西から）
大鼠蔵古墳群も江戸時代まで小島だった。
図7●大鼠蔵尾張宮古墳の横穴式石室

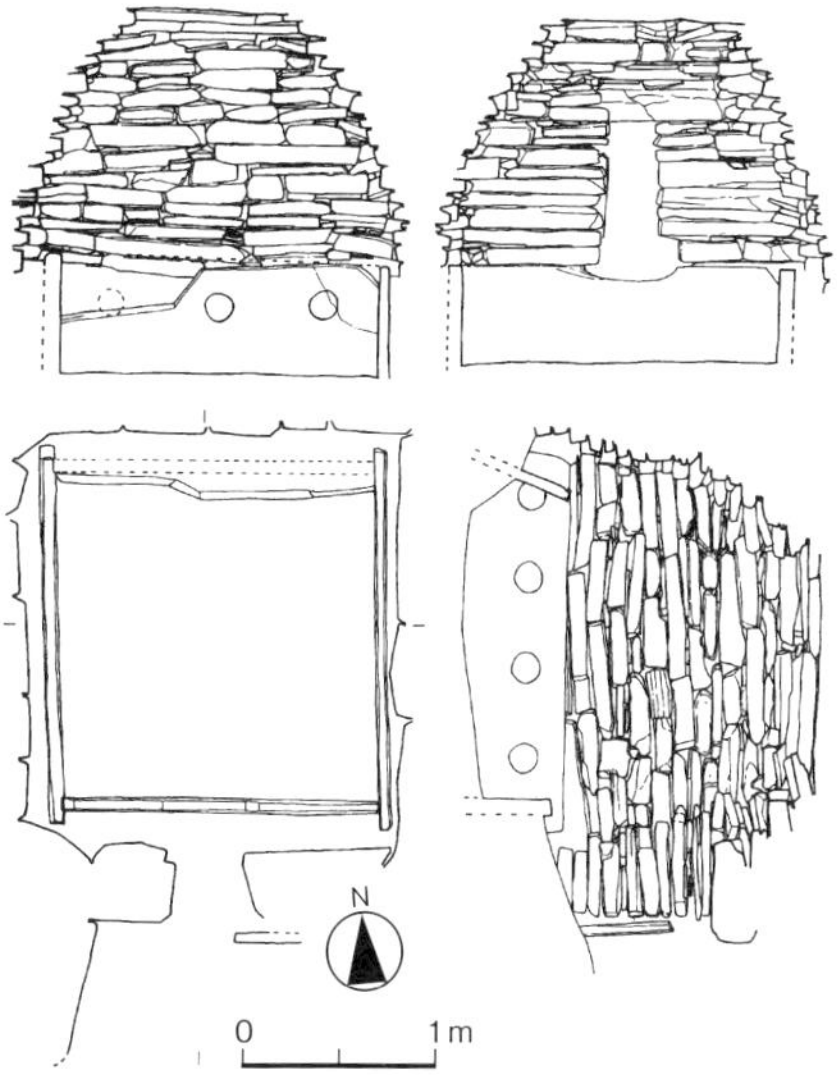

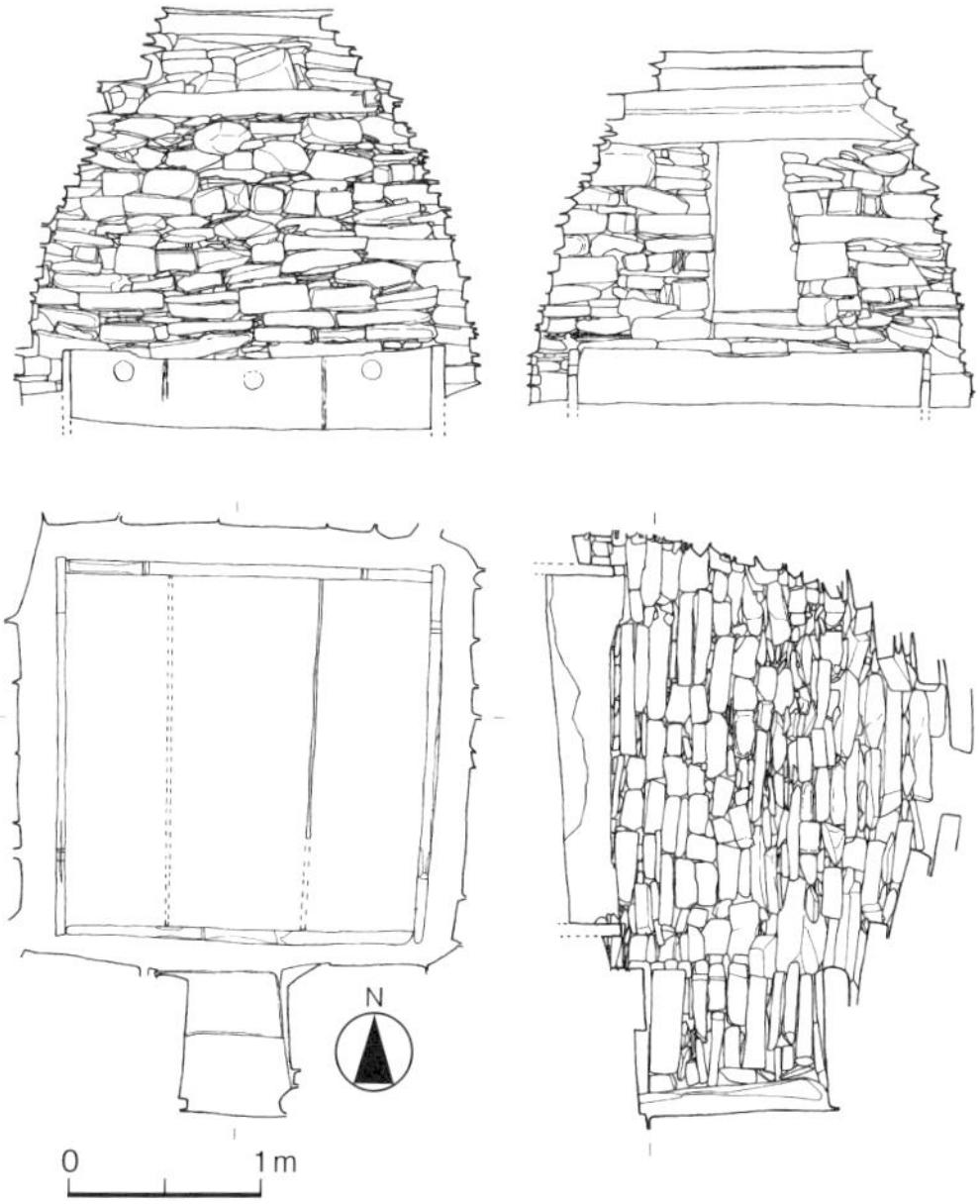

図8●大鼠蔵尾張宮古墳の石室実測図
一辺約2.3mの方形の玄室に短小な羨道が接続する。

図9●大戸鼻北古墳（熊本県上天草市）の石室実測図

08 直弧文・具象文の出現

小鼠蔵《こそぞう》一号墳からやや遅れた五世紀前〜中葉に、八代海北岸域の装飾古墳に新たな図文が加わった。ひとつは上天草市の長砂連《ながされ》古墳（図1）の横穴式石室（図2・3）の石障《せきしょう》に刻まれた直弧文《ちょっこもん》である（図4）。

長砂連古墳は大矢野島の南東端の丘陵上にあり、眼下に八代海が広がる。墳丘は早くに削平されていたが、一九三四年の神社社殿建造に際して横穴式石室の下部が発見され、石障に刻出された直弧文の存在が明らかとなった。[†1]

直弧文風の図文は先1期の安福寺《あんぷくじ》石棺と山頂《さんちょう》古墳石棺にみられたが、長砂連古墳の直弧文とは著しいちがいがある。長砂連古墳の馬門石《まかどいし》（阿蘇溶結凝灰岩の一種）製の左右側障に刻まれた直弧文は、X字状の斜交軸を中心に帯状の弧線が折り返す複雑な構成である。この直弧文は12項で述べるように、岡山県岡山市の千足《せんぞく》古墳の直弧文を刻んだ石工たちによって導入されたと想定される。

直弧文と前後して、もうひとつ新たな図文が登場した。各種の武器・武具や船などの具象文である。その初現期の例として八代市の大鼠蔵東麓《おおそぞうとうろく》一号墳と上天草市の広浦《ひろうら》古墳がある。この二基の古墳は大正年間の土木工事中に発見され、調査されずに破壊されたため古墳の詳細は不明だが、装飾が表現された石材（砂岩）が採集・保存されている。

大鼠蔵東麓一号墳の石棺材には、[†2]左から船・靫《ゆき》・紐でつり下げた二重円文・短《たん》甲《こう》・柄頭《つかがしら》を表現した鞘付きの剣につり下げられた二重円文が横位に線刻されてい

†1 乙益重隆 一九八四「長砂連古墳」『熊本県装飾古墳総合調査報告書』（熊本県文化財調査報告六八）／上天草市 二〇〇五『上天草市史大矢野町編資料集一』

†2 江上敏勝 一九八四「大鼠蔵東麓一号墳」『熊本県装飾古墳総合調査報告書』（熊本県文化財調査報告六八）

る（図5・6）。二重円文の小さな内円は鏡の鈕《ちゅう》であろう。左端の図文は「弓」とみる見解もあるが、図文の両端上部にみられる直線から船の可能性が高い。短甲は三角板短甲を正確に表現している。また、靫は上端に鉄鏃《てつぞく》を線刻するなどていねいな表現だ。広浦古墳は維和島《いわじま》の南西端の丘陵上に位置する古墳で、埋葬施設の詳細は不明である。[†3] 装飾がほどこされた石材は三点が現存する。そのうちの一つ（済々黌《せいせいこう》第二石）には、右から刀子《とうす》、垂下する紐が付いた円文・眉庇付冑《まびさしつきかぶと》状の図文が横位にならんで表現されている（図7・8）。

この二基の古墳の石材に刻出された具象文の構成は酷似している。鏡や武具・武器は亡き死者に寄りつく邪悪なものを避ける思惟を表現し、船は亡き死者の霊魂を他界へと導く乗り物として表現されたものであろう。

八代海と有明海を分かつ宇土《うど》半島の基部には、四世紀から六世紀にいたる十数基の前方後円墳からなる首長墓系譜がある（宇土勢力とよぶ）。そのうちのひとつ四世紀後葉の宇土市の向野田《むこうのだ》古墳（図9）は、竪穴式石槨《せっかく》に長大な刳抜《くりぬ》き式石棺をおさめ、青銅鏡をはじめとする多数の副葬品をもつ（図10）。この地域で製作された南肥後型と呼ばれる刳抜き式石棺は、遠く瀬戸内海沿岸域や近畿地方まで輸送されたことが判明している。[†4] 装飾古墳がいち早く八代海北岸域一帯に出現した契機は、宇土勢力による西日本各地勢力との活発な交流で図文装飾の情報を入手し、みずからの墓室に表現したのであろう。

†3 池田朋生 二〇二〇「広浦古墳」『八代海周辺の装飾古墳―発生と展開―』（熊本県文化財調査報告三三七）

†4 高木恭二 一九八三「石棺輸送論」『九州考古学』五八

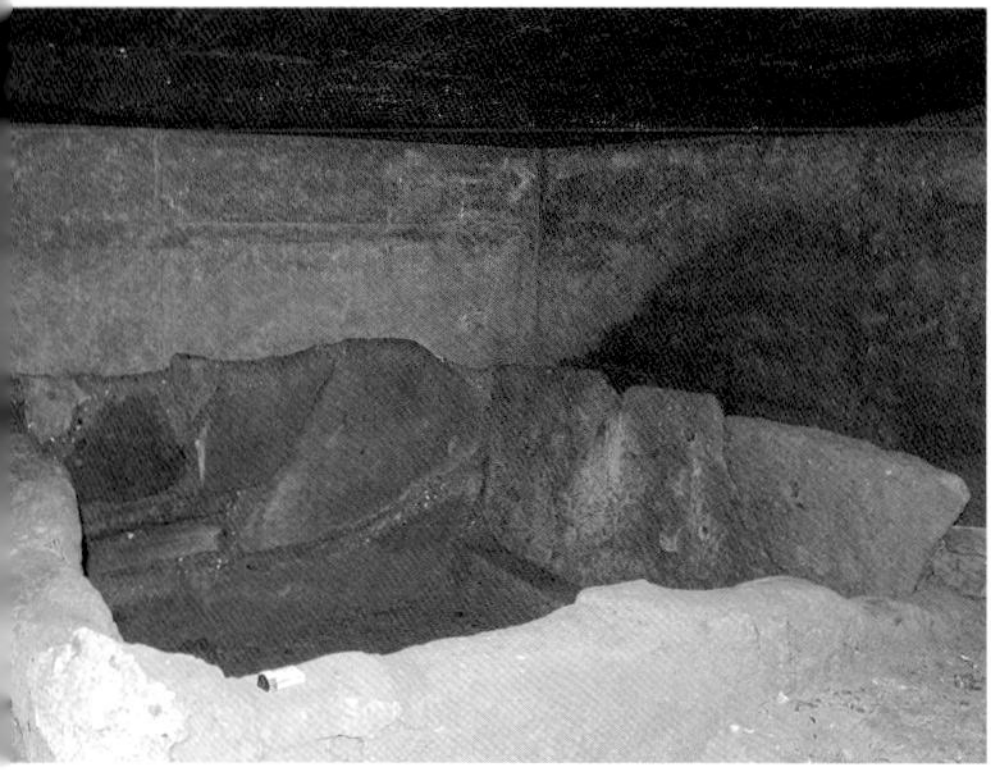

図2●長砂連古墳の石室

調査後、露天のまま放置されていた石材の劣化を防ぐため、1975年に石室の保存施設が設置され、あわせて墳丘が復元された。

図1●長砂連古墳（熊本県上天草市）

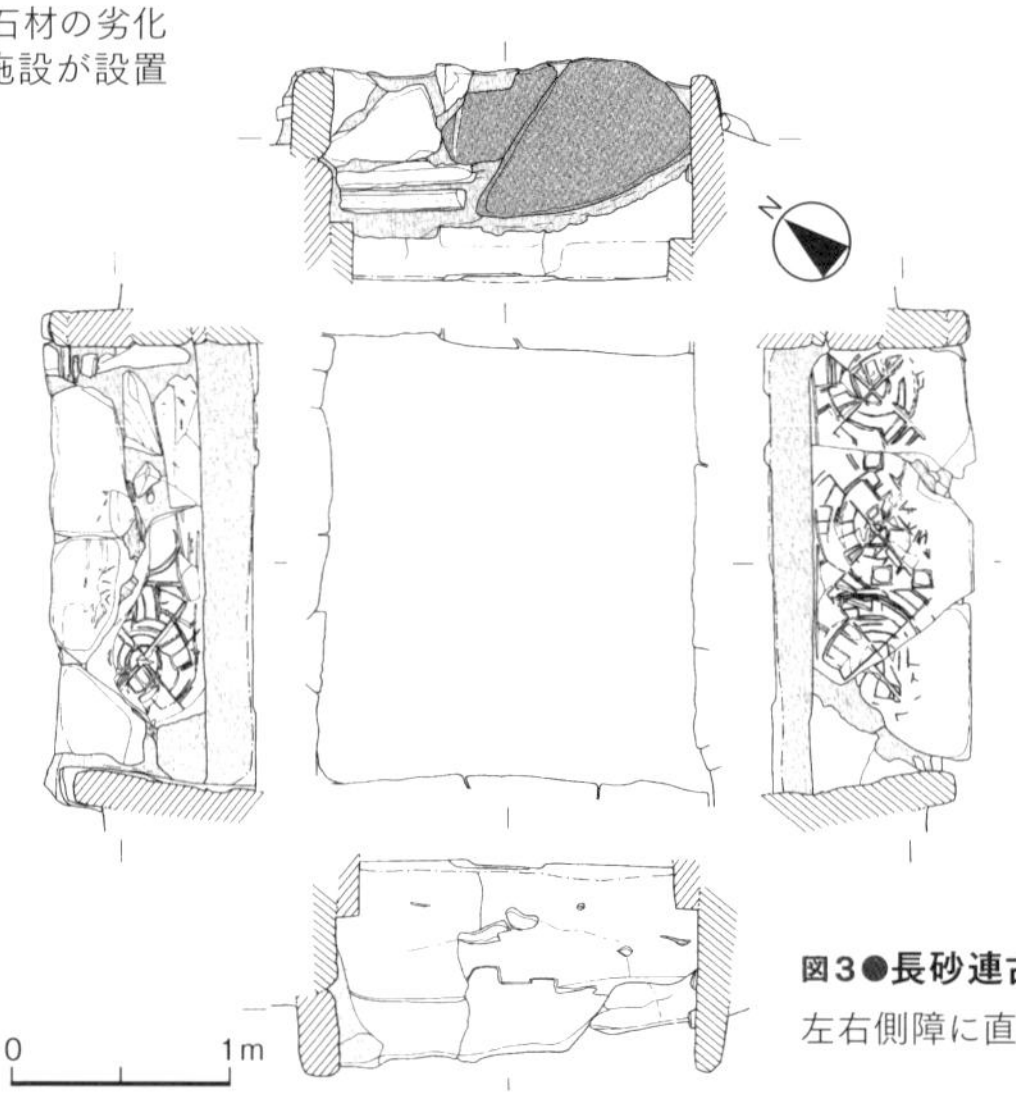

図3●長砂連古墳の石室実測図

左右側障に直弧文が刻まれている。

図4●右側障の直弧文

X字状の斜交軸を中心に帯状の弧線が折り返す複雑な構成。直弧文の一部と重なるように、上下二段に4個の長方形突起がある。

大鼠蔵東麓1号墳・広浦古墳

図5●大鼠蔵東麓1号墳の箱型石棺材

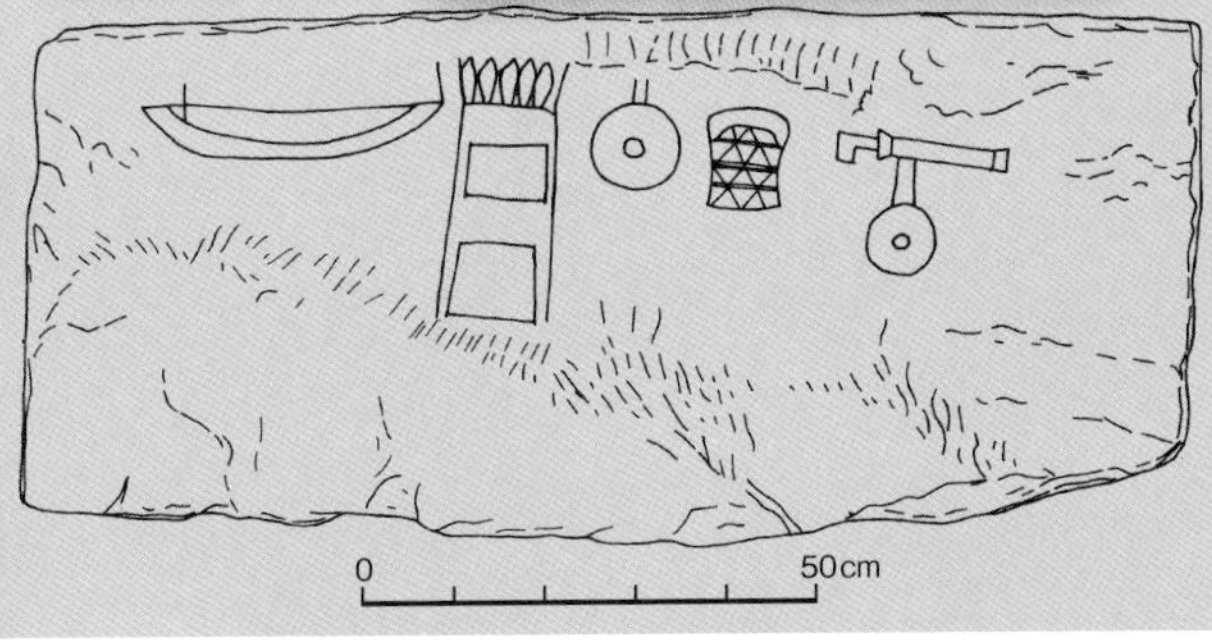

図6●同上実測図

左から船・靫・紐でつり下げた二重円文・短甲・二重円文をつり下げた剣が横位に配置される。

図7●広浦古墳の図文（レプリカ）

石材が石棺か石障か不明である。

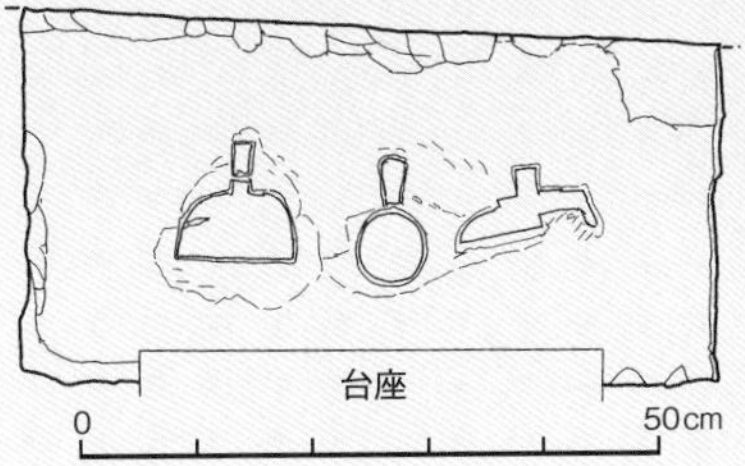

図8●同実測図

左から眉庇付冑状の図文・紐に吊り下げられた円文・柄付の刀子が横位に配置される。

図9●向野田古墳

墳長80mほどの前方後円墳。

図10●向野田古墳の刳抜き式石棺

青銅鏡をはじめとする優秀な副葬品が納められている。

同心円文のはじまり 09

五世紀前葉になると、それまで八代海沿岸域にかぎられていた装飾古墳の分布が、宇土《うと》半島北岸の有明海沿岸域に拡大した。現在のところ、有明海側の最古の装飾古墳は宇土市のヤンボシ塚古墳である[†1]（図1）。

この古墳は直径二五メートルほどの円墳で、墳丘上部が早くに破壊され、埋葬施設の横穴式石室は玄室《げんしつ》上部と下部の一部がなくなっていたが、石室のおおよその形は保存されていた（図2）。玄室下部をめぐる石障《せきしょう》は左側障の一部と前障が残るだけだが、その内法規模は長さ約二メートル、幅一・三メートル前後に復元される。石室の形状や墳丘をめぐる周溝から出土した土器から五世紀前葉の築造と推測される。

遺存する左側障には直径約一七センチ、深さ三・五センチに彫りくぼめられた円文二個が横位に配列されており（図3）、もとは等間隔に三個が刻出されていたようだ。この古墳の装飾図文で注意されるのは、玄門《げんもん》の左立柱石《りっちゅうせき》と左側壁上部の壁石の二カ所に鋭利な線で描かれた船の線刻画である（図4）。立柱石に描かれた船は長さ一七センチ、左側壁上部の船は長さ二七センチあまりのゴンドラ形で、いずれも船体中央に、上部先端になんらかの飾りをつけた帆柱を表現している。確実な船の図文としては最古例だ。

石障の石材は宇土市馬門《まかど》産の灰黒色石とピンク石だが、仕切り石の一部や玄門閉塞石には天草砂岩が使用されている。なお、側障への円文三個配列は、刻出法

†1 宇土市教育委員会 一九八六『ヤンボシ塚古墳・楢崎古墳』（宇土市埋蔵文化財調査報告一三）

にちがいがあるが、前述した大鼠蔵《おおそぞう》尾張宮《おわりみや》古墳と酷似する。
ヤンボシ塚古墳にやや遅れる装飾古墳に熊本県宇城《うき》市の小田良《おだら》古墳がある（図5）。墳丘の大半は削平されていたが、かろうじて残った玄室下部の石障に線刻と敲打による浮彫《うきぼり》を交えた見事な装飾図文がほどこされている（図6）。各障とも上下に平行する二本の水平線で高さ三〇センチほどの長方形区画を設け、その内部に同心円・靫《ゆき》・盾《たて》の三種の図文を配置する。左右の側障は、長方形区画の中央に上下二本の縦線で結んだ同心円文を左に四個、右に三個刻出する（図7）。奥障は側障と等しい表現の同心円文三個を配し、中央の円文の左右を盾、左右の円文と石障とのあいだに靫の図文を配置する（図8）。また、前障は中央のU字形刳り込みの左右に長方形の区画を設定し、そのなかに同心円文を刻出している。†2

この同心円文は外縁を敲打によって幅広に掘りくぼめ、中央に円孔をうがつ。こうした表現は八代海側の長迫《ながさこ》古墳や八代市日奈久《ひなぐ》一帯の装飾に類例がある。また長迫古墳の石障や熊本県上天草市の大戸鼻南《おおどばなみなみ》古墳の石棺に刻まれた同心円文の外縁には、連続三角文の表現がある（図9）。円文・同心円文の細部表現は多様だが、先1期以来の青銅鏡の表現とみてよいだろう。また靫の図形は大鼠蔵東麓一号墳と酷似し、外縁の連続三角文は盾形形象埴輪にも類例表現がある。

小田良古墳は石障が天草砂岩であるだけでなく図文や表現方法からみて、その築造には八代海沿岸域の石工集団が積極的に関与したとみられる。

†2 三角町教育委員会 一九七九『小田良古墳』（三角町文化財調査報告）

図1●ヤンボシ塚古墳（熊本県宇土市）の現況と石室入口

直径約25mの円墳。有明海域最古の装飾古墳で、5世紀前葉の築造と推測される。

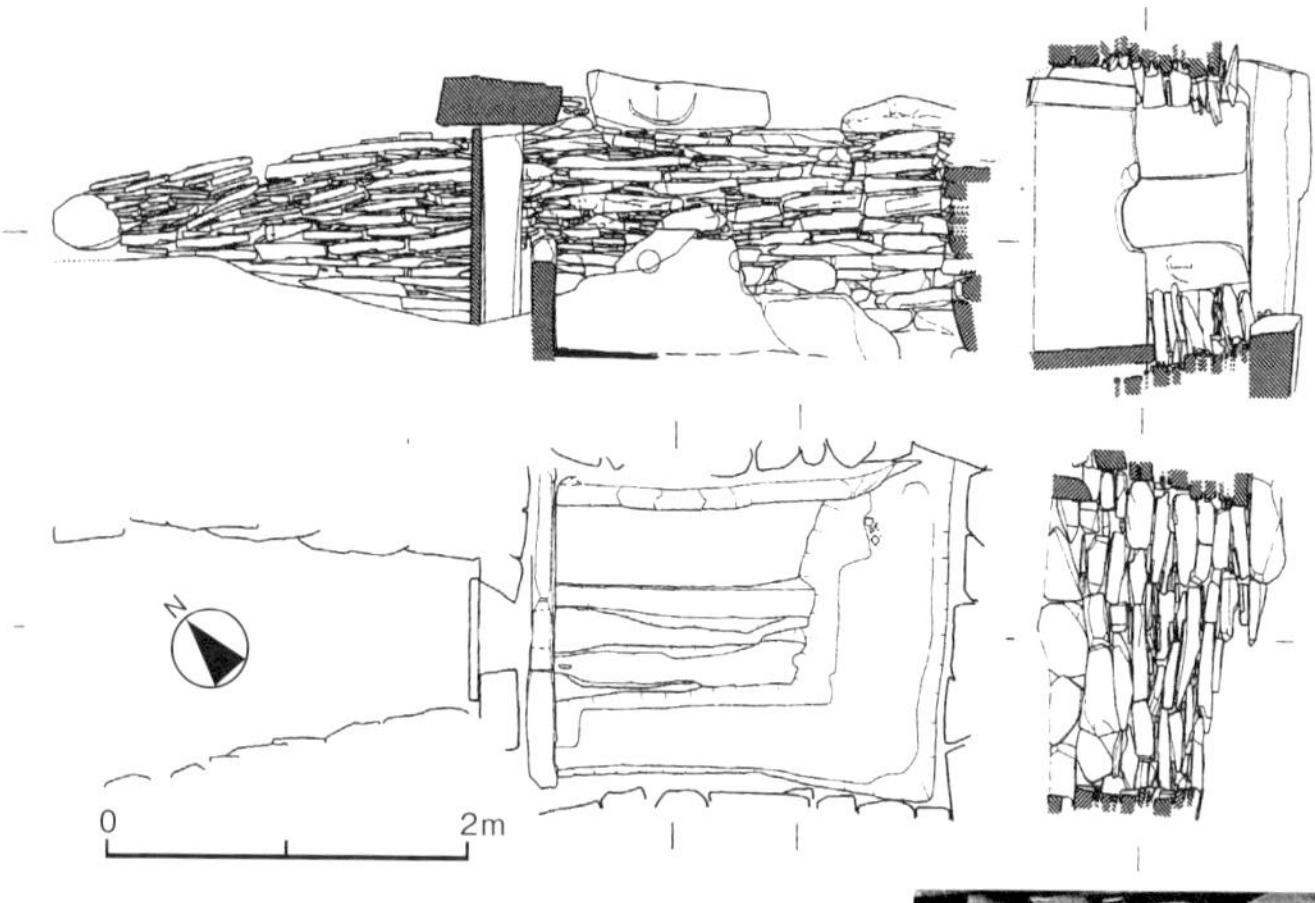

図2●横穴式石室の実測図

玄室上部と下部の一部がなくなっている。左側障に円文2個が、玄門の左立柱石と左側壁上部の壁石に船の線刻画がある。

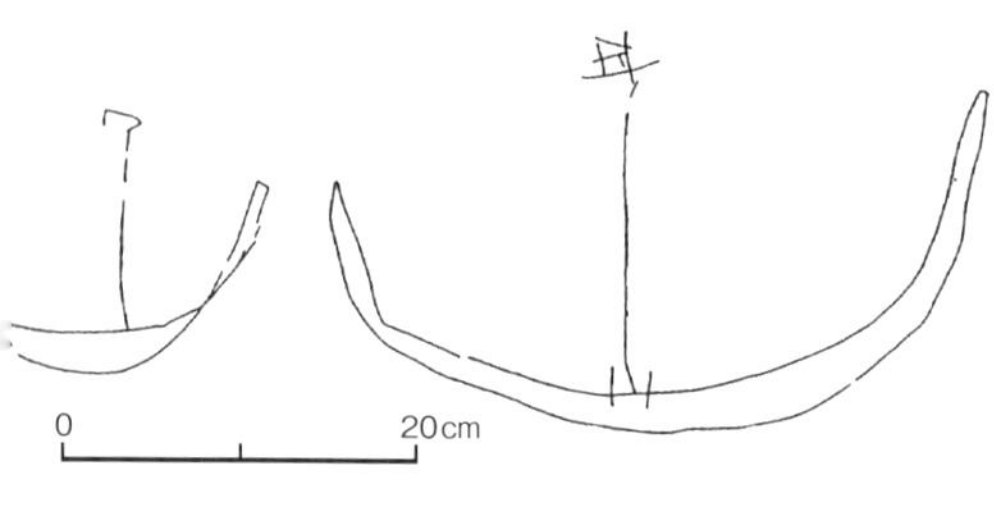

図4●壁石・立柱石に線刻された船

図3●左側障に刻出された円文（2個遺存）

小田良古墳

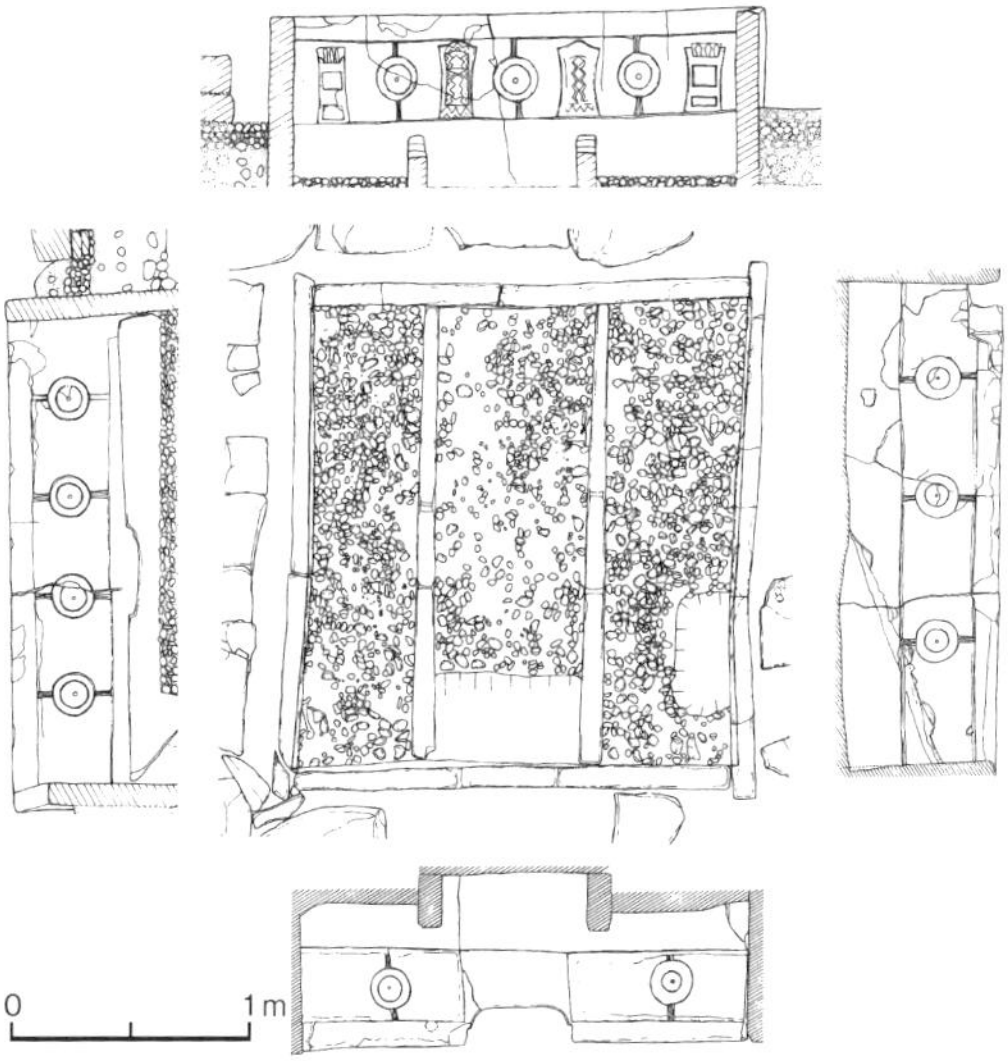

図7●玄室下部の石障の実測図

石障の四周、左右側障・前障・奥障に、見事な装飾図文がほどこされている。

図5●小田良古墳（熊本県宇城市）

墳丘の大半は削平されていた。後方に有明海がみえる。

図6●左側障の図文

図8●奥障の図文とその拡大図

円文と盾、靫の図文がある。

図9●大戸鼻南古墳（熊本県上天草市）の同心円文

10 色の塗り分けがはじまる

五世紀中葉をすぎると、装飾古墳の分布域は有明海沿岸を北上し、中部の熊本平野と北部の菊池川流域に拡大する。ほぼ同時期に、線刻図文を赤・白・黄・緑色などの顔料で塗り分けがはじまる。ここでは多くの直弧文を飾った横穴式石室と棺蓋に直弧文を刻んだ家形石棺、直弧文から変容した対角線文の事例をとり上げよう。

熊本県嘉島《かしま》町の井寺《いでら》古墳（直径約三〇メートルの円墳か、図1）の図文装飾は、横穴式石室の周壁下部に組まれた石障《せきしょう》の内面と上面、羨道《せんどう》の壁面、羨門立柱石《せんもんりっちゅうせき》の側面と前面、さらに羨道天井石の先端にまでおこなわれている（図2）。石障系装飾で、石障以外に図文を表現した例はほかにない。[†1]

石障内面は、梯子形文や柱状文（刀形）で周囲を画した方形・長方形区画のなかに車輪文やA・B型の直弧文《ちょっこもん》[*1]を一定の順にならべるように表現し（図3・5）、石障上面には鍵手文を線刻する。羨道は割石積み壁体に沿って障石を立て、その内面を上下三段に区画して各段に直弧文を刻出する。羨門立柱石も同様に直弧文を二ないし三段に重ねて刻出する（図4）。さらに図文内部を赤・白・緑の三色で塗り分けている。

宇城市の鴨籠《かもご》古墳（直径二五メートルほどの円墳）は、特異な埋葬施設に安置された刳抜《くりぬ》き式家形石棺に図文装飾がほどこされている[†2]（図6）。石棺は長さ約一・七メートル、幅〇・七メートル、高さ〇・五メートルほどの棺身に、高さ〇・四

†1 濱田耕作　一九一七「上益城郡六嘉村井寺古墳」『肥後に於ける装飾ある古墳及び横穴墓』（京都帝国大学考古学研究室報告一）／乙益重隆　一九八四「井寺古墳」『熊本県装飾古墳総合調査報告書』（熊本県文化財調査報告六八）

*1 **A・B型の直弧文**　A型は交点をめぐる帯（図5の橙色）が斜交軸（赤）に二度接して大きく反転する。B型は斜交軸に一度接して先端が鋭く尖り、交軸の帯幅が示される（茶と緑色）。

メートルほどの寄棟屋根形の棺蓋でおおう。棺蓋の下端には幅の狭い側縁がめぐる。

装飾図文は棺蓋の中央を幅広の帯で上下二段に区画し、上部は二条の沈線で四区画に、下部は二条の直線で五区画を設ける。寄棟の小口上部と、側縁の上面と側面には梯子形文がめぐる。屋根形の長辺下段の区画にはB型直弧文と同心円文を交互に配置し、小口の下段は左右二区に区画してそれぞれにB型直弧文を刻出する。棺蓋の図文は赤色と青色で塗り分けたらしいが、現状では確認できない。

熊本県熊本市の千金甲《せごんこう》一号墳は、玄室周壁下部に沿って配置された石障の前障を除く三面と中央仕切石に、線刻と浮彫《うきぼり》で図文が刻出され顔料が塗られる[†3]（図7）。奥障は四条の沈線で上下を三区に区切り、さらに縦位の沈線によって九個の文様区を設け、対角線文と同心円文を交互に刻む（図8）。三重の同心円文は半肉彫りで、中心から赤・黒・黄・赤の順に塗り分ける。対角線文区は右端を除いて靫《ゆき》を重ねて刻出する。靫上部の中央凹字形内には三本の鏃《やじり》を浮彫で表現する。靫の本体に上下二段の長方形の凹面をつくり、黄色の顔料を塗布している。

左右の側障の図文配置は奥障の文様区から靫の図文を省いた構成である（図9）。石障内の中央仕切石は中央上面を船底状に刳り込み、その下部に表現されたワイングラス状の線刻を中心にして左右に三個ずつ計六個の同心円文を刻出する。

†2 梅原末治　一九一七「宇土郡不知火村の古墳」『肥後に於ける装飾ある古墳及び横穴墓』（京都帝国大学考古学研究室報告一）／三島格　一九八四「鴨籠古墳」『熊本県装飾古墳総合調査報告書』（熊本県文化財調査報告六八）

†3 梅原末治　一九一七「飽託郡小島町千金甲高城山古墳群」『肥後に於ける装飾ある古墳及び横穴墓』（京都帝国大学考古学研究室報告一）／三島格　一九八四「千金甲一号墳」『熊本県装飾古墳総合調査報告書』（熊本県文化財調査報告六八）

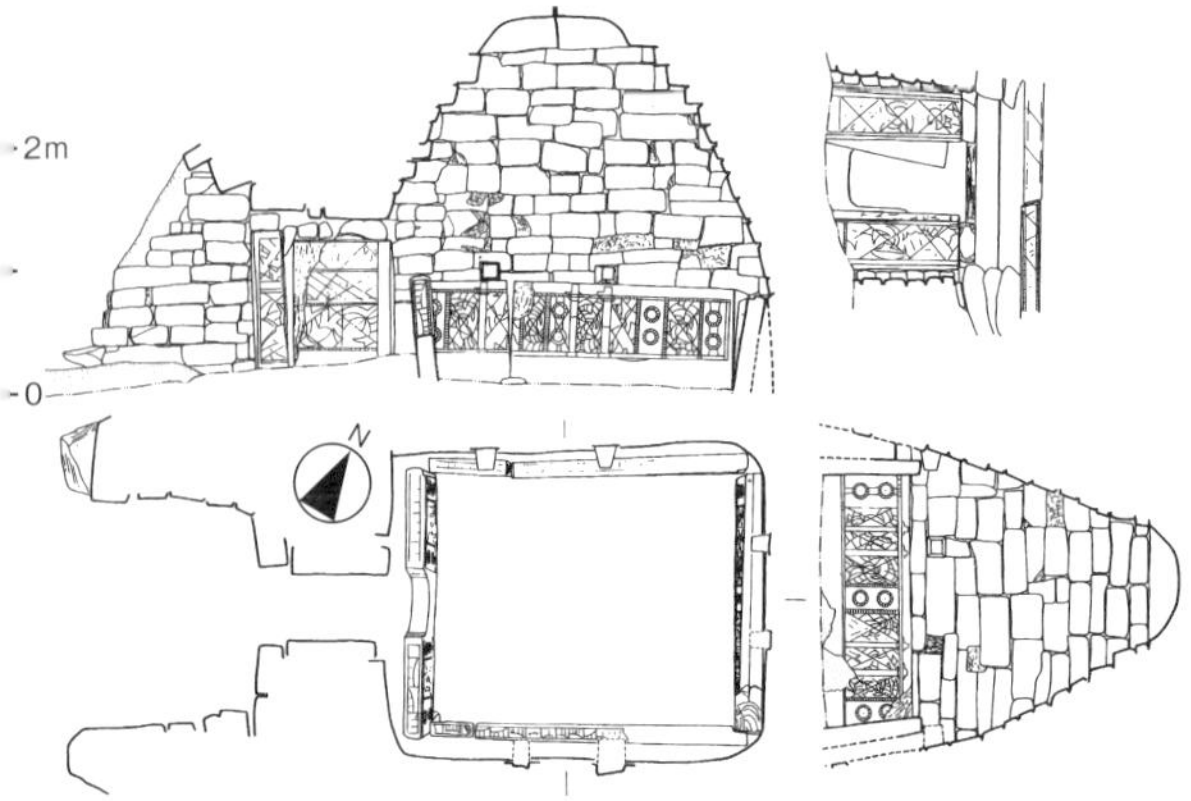

図2●井寺古墳の横穴式石室

石障の内面と上面、羨道の壁面、羨門立柱石の側面と前面、羨道天井石の先端に図文装飾がある。

図1●井寺古墳（熊本県嘉島町）

直径約30ｍの円墳か。

図3●奥障の図文装飾（レプリカ）

直弧文を一定の順にならべるように表現している。

図4●羨門立柱石

前面に直弧文の刻出、色付けがわずかに見える。

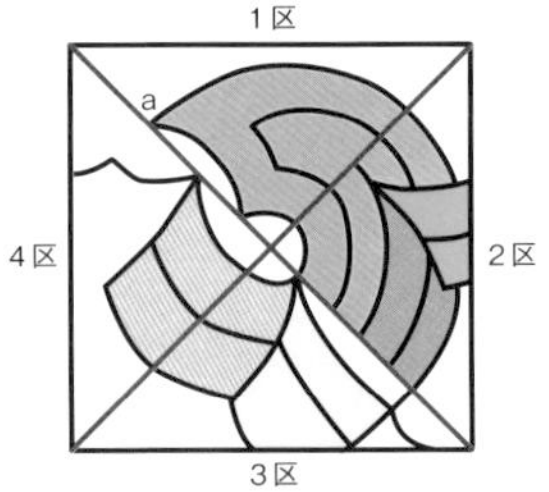

A型（帯は三線で表現）

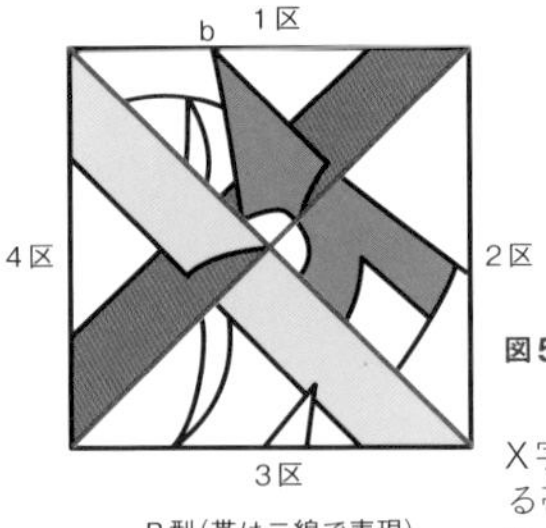

B型（帯は二線で表現）

図5●直弧文A・B型の模式図

X字形の斜交軸をめぐる帯表現のちがいから、2つの型に分かれる。

鴨籠古墳・千金甲1号墳

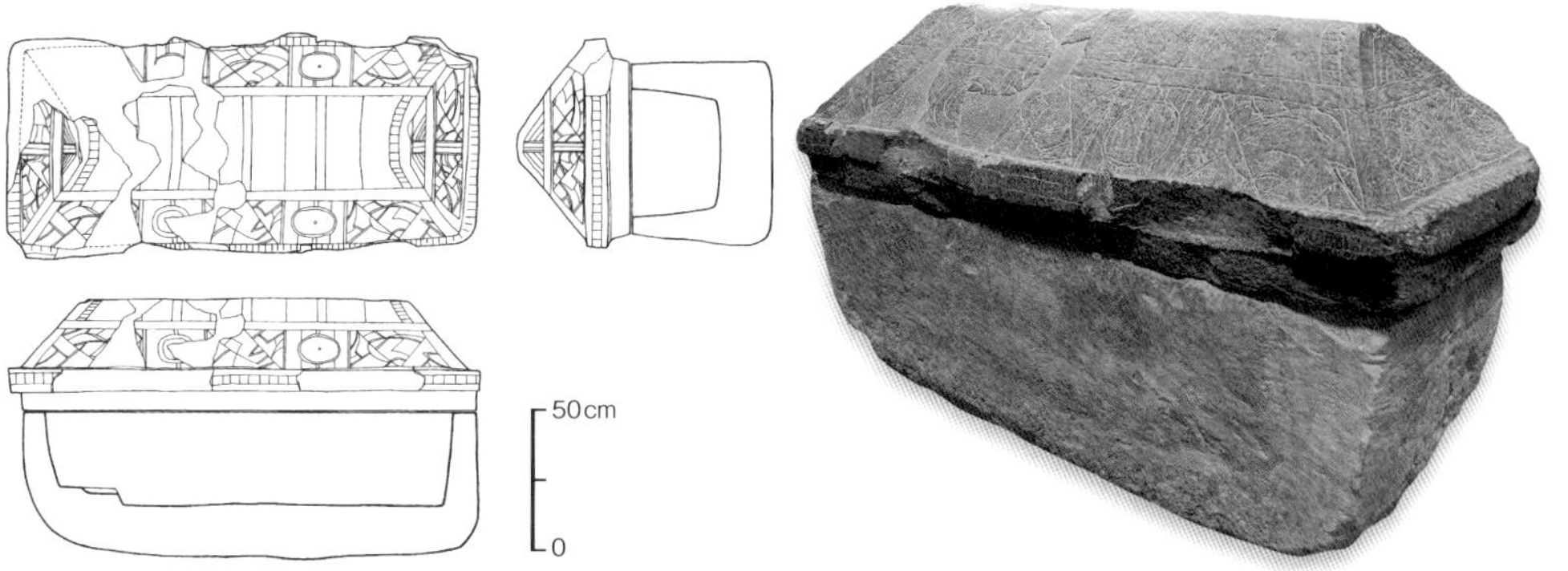

図6●鴨籠古墳の石棺（熊本県宇城市、レプリカ）と実測図
刳抜き式家形石棺で、寄棟屋根型の棺蓋に直弧文が刻まれている。

図8●横穴式石室の実測図

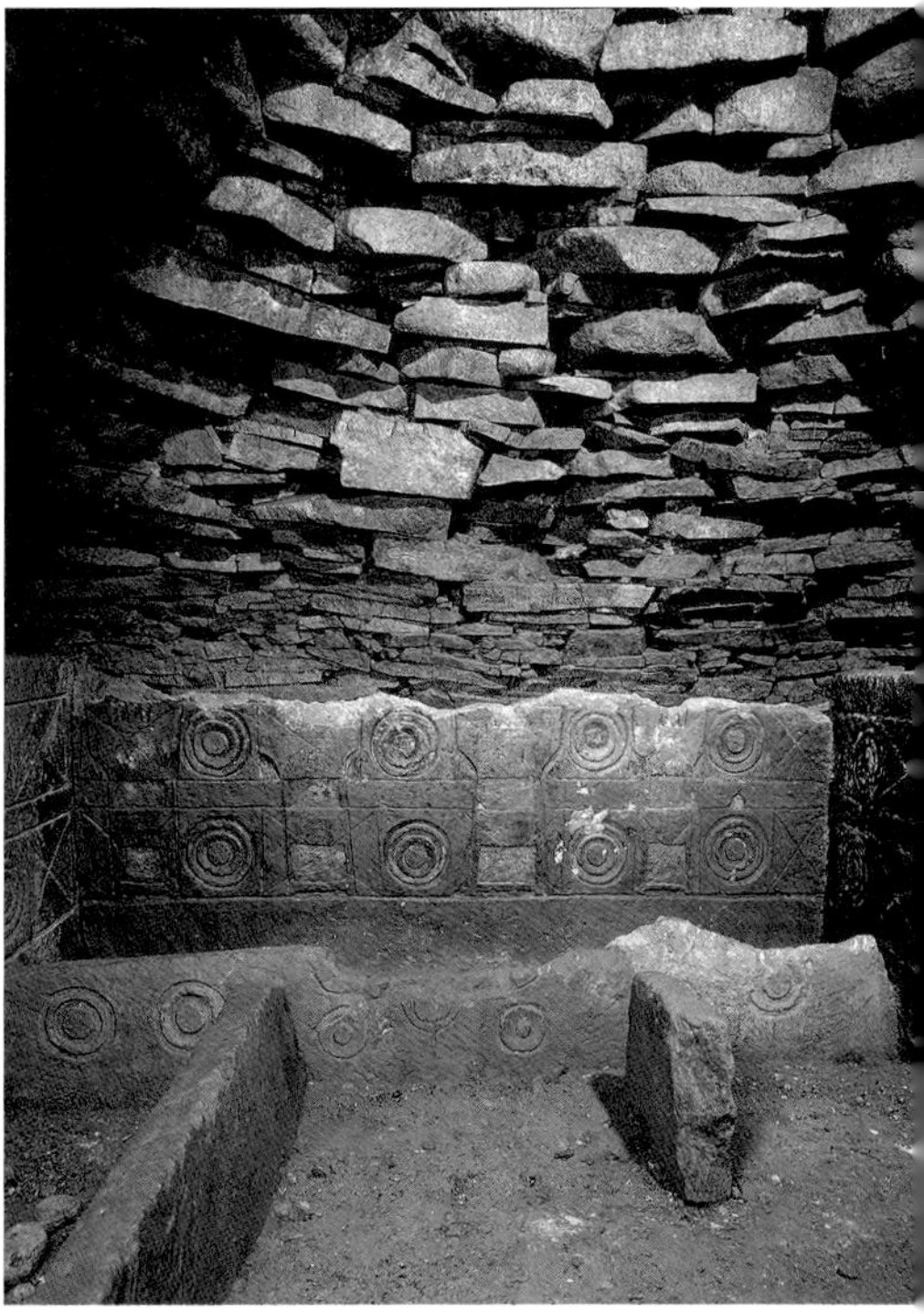

図7●千金甲1号墳（熊本県熊本市）の石室内部
奥障に対角線文・同心円文・靫を刻出し塗り分けている。

図9●左側障の図文装飾
同心円文と対角線文で構成されている。

第1期の装飾古墳

11 石屋形の登場とその装飾

五世紀末葉～六世紀初頭にかけて、熊本県域の横穴式石室は玄室《げんしつ》壁面下部の石《せき》障《しょう》配置が衰退し、遺骸安置施設として石屋形《いしやがた》が設置されるようになった。それにともなって装飾図文がほどこされる部位は石障から石屋形に代わった。ここでは、その過程を示す二例をとり上げよう。

ひとつは、横穴式石室の奥寄りに石屋形を設置し、直弧文《ちょっこもん》系の図文を表現した熊本県南部の宇城《うき》市の国越《くにごし》古墳（墳長約六二メートルの前方後円墳）である[†1]（図1）。後円部に構築された横穴式石室は削平のため上部を欠失している。玄室は奥壁と左右側壁下部に上端をそろえた腰石を配し、その奥寄りに阿蘇石製の屋根形蓋石を架構して石屋形とする。その前方に「コ」字状の屍床《ししょう》を配置する（図2）。

図文装飾は石屋形の蓋石前面の軒まわりや左右の袖石と奥壁の前面におこなわれている。蓋石の軒まわりは鍵手文を連続的にめぐらし、その上方斜面に連続三角文を線刻し、赤色顔料を塗り分けている。

袖石前面は梯子形文や方形・長方形を線刻で表現し、その内部に鍵手文を赤色・緑色顔料の塗り分けで表現するところもあるが、表面の剥落で不明なところが多い。

奥壁は線刻の梯子形文で大きく三区に分け、その内部を小さな方形や長方形に刻し、梯子形文で縁どった三つの区画内に鍵手文や対角線文が複雑に交差する表現である。輪郭は線刻、その内部を赤・白・緑・青の四色で塗り分け、周囲を赤

†1 乙益重隆 一九八四「国越古墳」『熊本県装飾古墳総合調査報告書』（熊本県文化財調査報告六八）

色で埋める。（図3）。

もうひとつは熊本県北部、和水町《なごみ》の塚坊主《つかぼうず》古墳である（図4）。五世紀代の首長墓群（清原《せいばる》古墳群）の一基で、著名な江《え》田《た》船山《ふなやま》古墳に後続する墳長約四四メートルの前方後円墳である。†2 後円部に築造された横穴式石室は、削平のため上部を欠失している。横穴式石室は初期の複室構造で、玄室の奥壁に沿って屋根形蓋石を架構した阿蘇石製の石屋形を設置し、その前面に一体分の屍床を設ける（図5）。

図文装飾は石屋形の奥壁と左右の側壁に表現されているが、右側壁の図文は剝落がすすみ不明瞭だ。奥壁と左側壁の図文は、壁面を上下二段に分けるように赤色の線を引き、奥壁ではその線上に二個の円文を、左側壁ではその中心部分に一個の円文を配する。

それぞれの円文は赤線上に描かれ内部を白色顔料で埋める。赤線の上下はX字形を赤線で描き、三角形部分を赤色顔料で埋めるものと埋めない部分を不特定に組み合わせている。一部に図文の輪郭を線刻で描く部分もあるが、大半は顔料で表現している（図6）。

石屋形への図文装飾はこの二基を初現例とし、六世紀前葉になると石屋形のみならず横穴式石室の壁面にも装飾をおこなうようになり、これ以降を2期とする。

次項では、長砂連古墳の直弧文装飾を述べた際に直弧文を刻出した装飾古墳が広域に拡散したことにふれたが、その背景について考えておきたい。

†2 熊本県教育委員会 一九九七『塚坊主古墳一』（熊本県文化財調査報告一六一）

図1●国越古墳（熊本県宇城市）

墳長62mの前方後円墳。

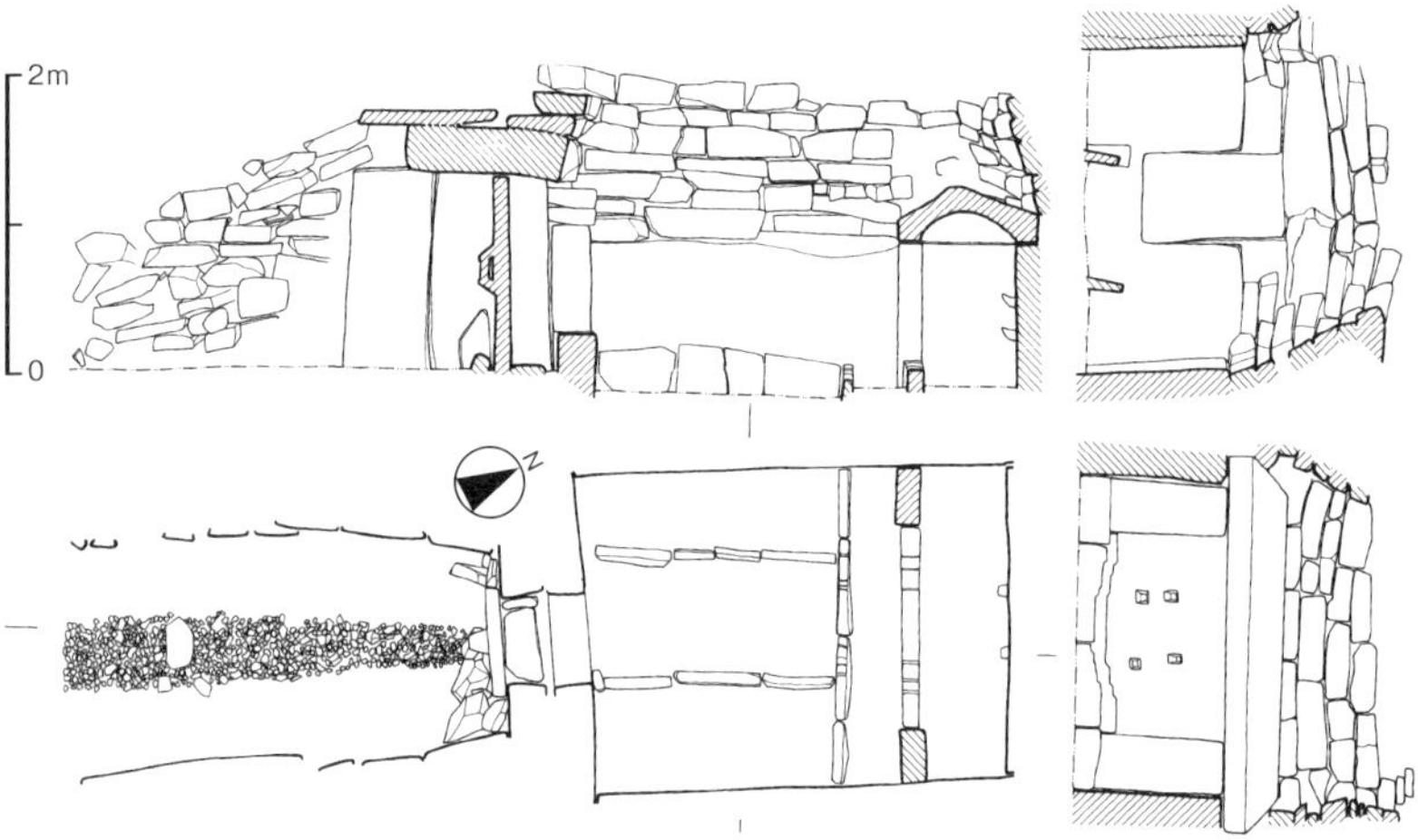

図2●横穴式石室の実測図

奥寄りに屋根形蓋石を架構した石屋形がある。内面幅2.1m、長さ2.8m。

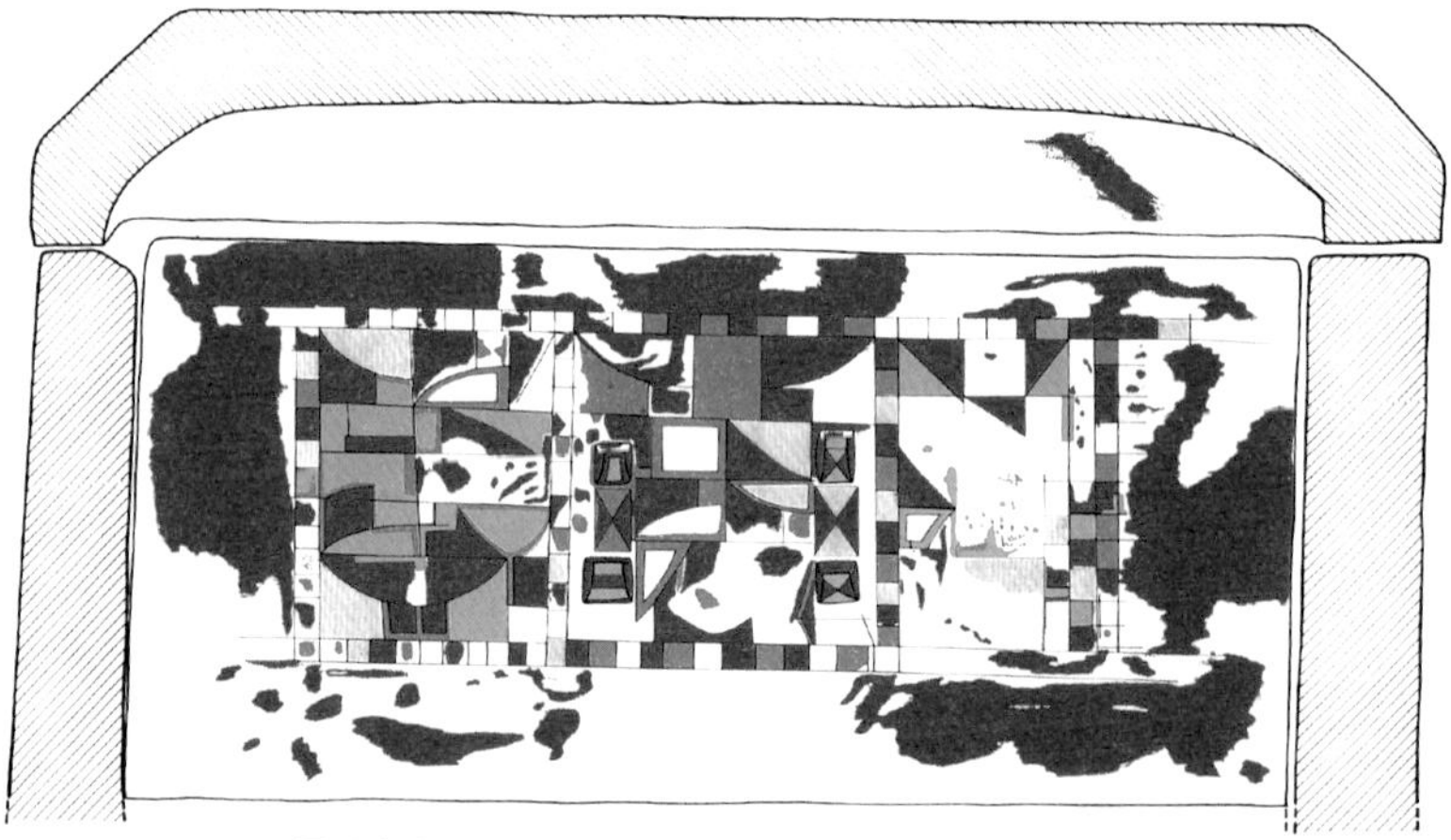

図3●石屋形奥壁の図文装飾

鍵手文や対角線文の図文を赤・白・緑・青（灰か）の4色で塗り分けている。

図4●塚坊主古墳（熊本県和水町）の墳丘と石室

墳長44mの前方後円墳。

図7●3DCGで描いた石室イメージ画

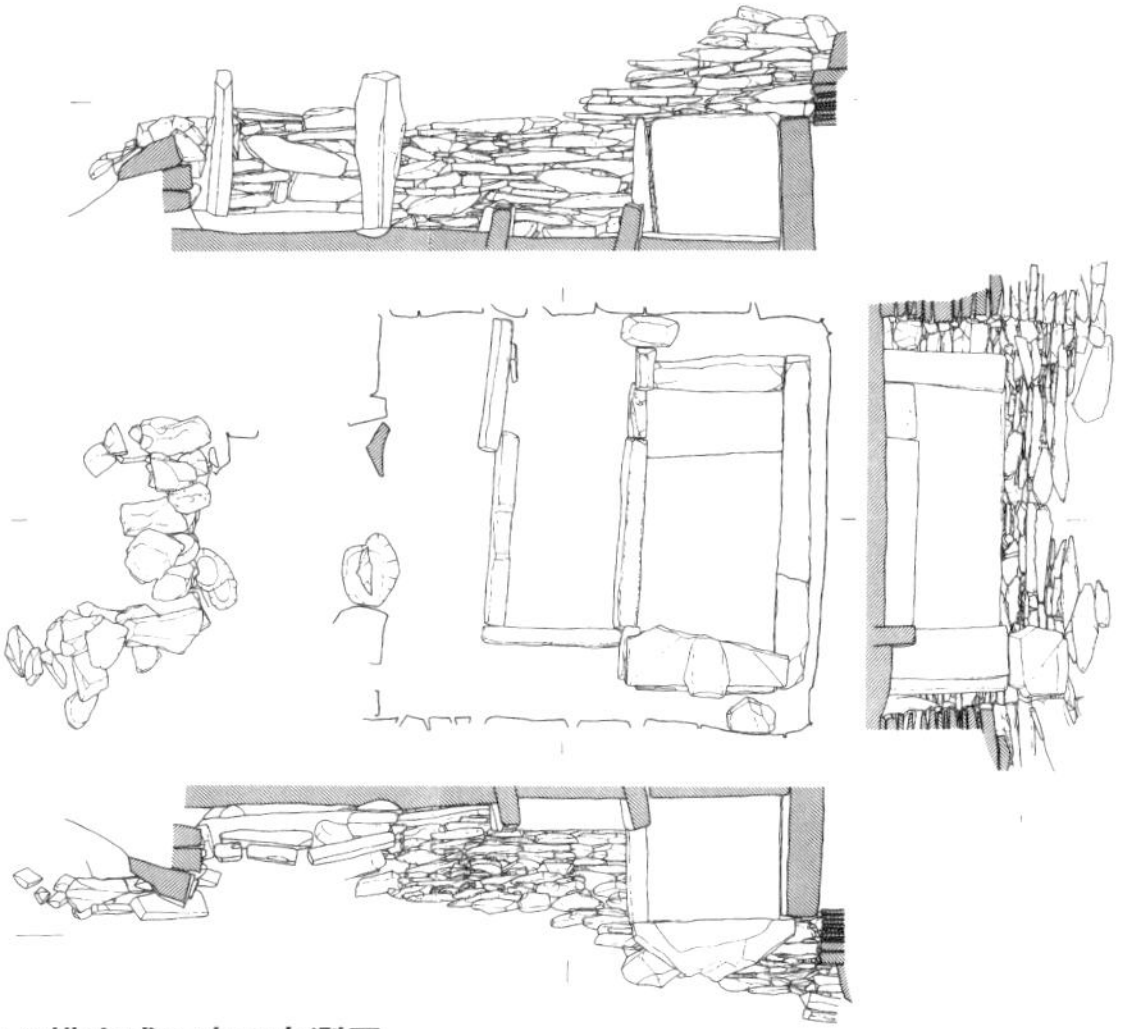

図5●横穴式石室の実測図

上部を欠いているが、初期の複室構造である。玄室は幅2.5m、長さ2.7m。

図6●石屋形の図文装飾

奥壁中段の赤線で上下2段に区画し、それぞれに不定型のX字形文を横位にならべる。その内部を赤・白の2色で塗るものと地肌を残す部分がある。

12 装飾古墳の広がりとその背景

九州の第1期装飾古墳の分布は、宮崎県域に偏在する地下式横穴墓《よこあなぼ》を除けばほぼ熊本県域に限られている。ところが、五世紀前葉に突如として九州北部の福岡県と九州外の岡山県の二つの首長墓級の大形古墳に、装飾図文をほどこした埋葬施設が出現したのである。

石人山《せきじんざん》古墳は、筑後地方の福岡県広川町《ひろかわ》にある墳長約一二〇メートルの前方後円墳である（図1）。後円部に構築された横穴式石室は、削平によって上部を欠き、玄室入口部前面も削平されている。玄室《げんしつ》の周壁は結晶片石の割石積みで、玄門《げんもん》側にのみU字形刳り込みのある前障《ぜんしょう》を配置している。玄室内には阿蘇石製の組合せ式横口式家形石棺が設置されている（図2）。棺身の前壁は刳抜《くりぬ》き玄門である。装飾図文は刳抜き玄門の左右と棺蓋の全面に彫刻されているが、蓋の側面以外は不明瞭となっている。棺蓋は降《くだ》り棟《むね》と蓋周囲の内側を上下二段に浅く掘り込み、上段には五つの区画を設け各区画内に二重円文を、下段には五線表現のA型直弧文五個を連接表現している[†1]（図3）。

千足《せんぞく》古墳は瀬戸内海の北岸、岡山県岡山市にある墳長約八一メートルの帆立貝形古墳で、近接する墳長三六〇メートルの造山《つくりやま》古墳の陪冢《ばいちょう》である（図5）。後円部に構築された横穴式石室は、平面形が長方形の玄室で周壁の下部に石障《せきしょう》がめぐる九州系の筑肥型である[†2]。石障内部は奥寄りを屍床《ししょう》とし、その前面に仕切石《しきりいし》を配置する（図7）。図文装飾はその仕切石の上面と前面にほどこされている（図6）。上

†1 武藤直治・鏡山猛　一九三七「筑後一条石人山古墳」『福岡県史蹟名勝天然紀念物調査報告』一二

†2 柳沢一男　一九九三「横穴式石室の導入と系譜」『季刊考古学』四五

面には二組の鍵手文が、前面にはA・B型二種の直弧文《ちょっこもん》のほか特異な図形が表現されている。[†3] なお、石室構築材の大半は地元の安山岩だが、仕切石や石障の大半と玄門立柱石《りっちゅうせき》は八代海北岸周辺の島嶼部から輸送された天草砂岩石材である。

この二基の古墳は、五世紀前葉に限れば北部九州最大規模の有力首長墳と列島第二位の最有力首長墳（吉備勢力）の陪冢である。これらの古墳被葬者の活動期は、高句麗との軍事的対決時にあった百済にヤマト王権が積極的に軍事支援をおこなった時期にあたり、九州北部は各地有力勢力の軍士が集結し、玄界灘を渡海して百済へとむかった地である。九州の装飾古墳が最初につくられた八代海北岸の宇土半島基部を拠点とした勢力もこうした軍事活動に参加したであろう。

そうした軍事活動に参加した広域の首長層間に姻戚関係や同盟・連合などの親密な関係が形成され、その証として墓室形態や図文装飾などが共有されたのではないか。千足古墳の天草砂岩に刻まれた列島最古の直弧文や鍵手文などの刻出は、石材産出地から派遣された石工たちによっておこなわれたのであろう。王権を象徴する直弧文などの図文見本は、吉備勢力によって用意されていたと推測される。

石人山古墳の横口式家形石棺は、組合せ式家形石棺を祖形に九州北部に成立した横穴式石室の影響下に創出された特異な構造である。石棺蓋の直弧文は、千足古墳同様に八代海北岸域の石工たちによって刻まれたと思われる。その背景には、宇土勢力と筑後や吉備の首長勢力との親密な関係が想定されてよいだろう。

†3 梅原末治　一九三八「備中千足の装飾古墳」『日本古文化研究所研究報告九』／岡山市教育委員会　二〇一五『千足古墳第一〜四次調査報告書』

図1●石人山古墳（福岡県広川町）

墳長約120mの前方後円墳。後円部中央に横穴式石室がある。5世紀前葉の北部九州最大規模の有力首長墳である。

図2●横口式家形石棺

棺蓋側面を幅広の突帯で上下2段に分け、上部に円文を5個、下部に直弧文を5個浮彫にしている。

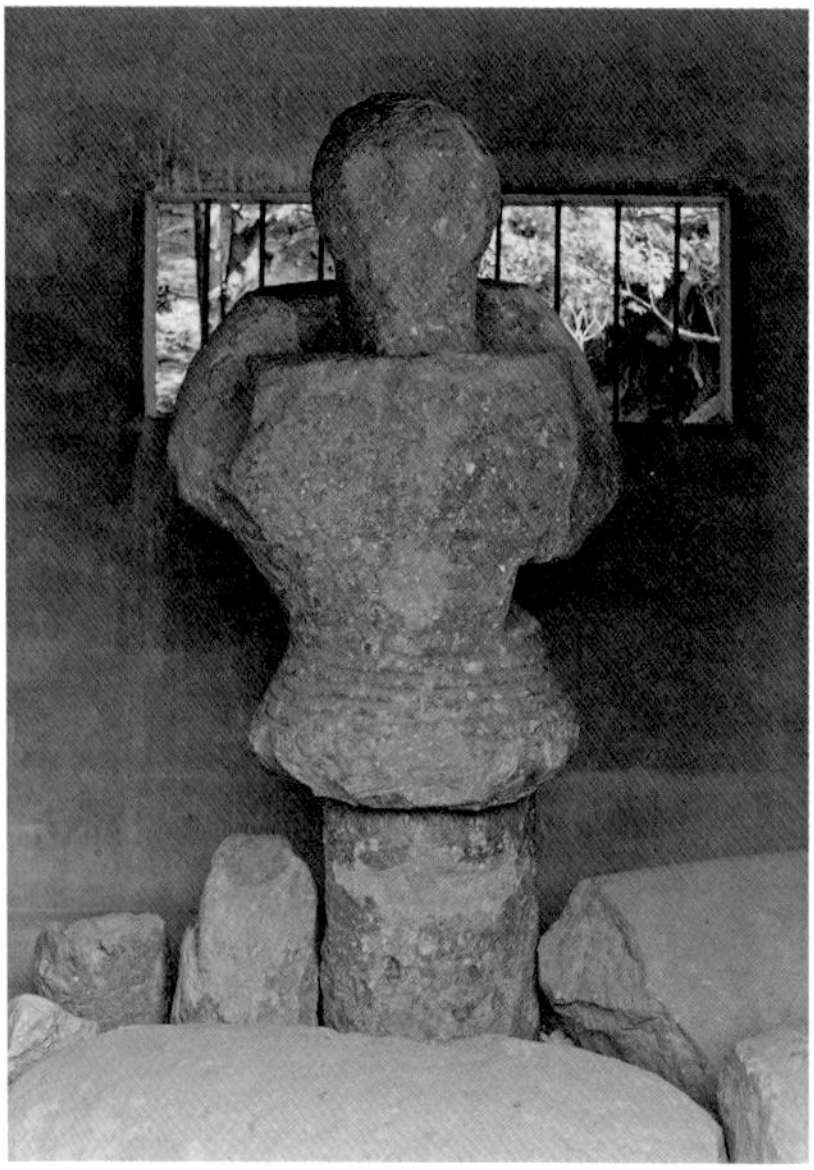

図4●石人山古墳の石人像

古墳名ともなった石製品で、墓道の前面に樹立されていたらしい。

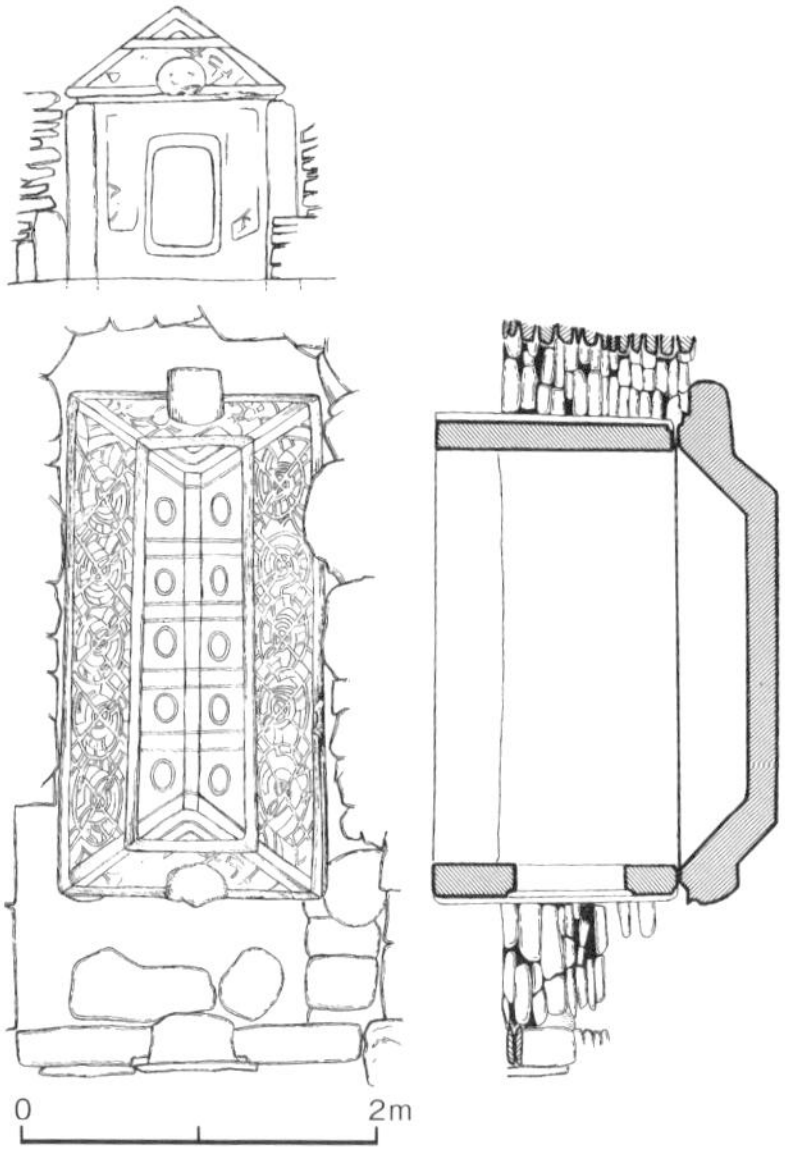

図3●横穴式石室と横口式家形石棺図

玄室は幅2.1m、長さ4mで（高さ不明）、棺蓋は長さ2.8m、幅1.3～1.5m、高さ0.6m、棺全体の高さは1.8m。

千足古墳

図5●千足古墳（岡山市）

墳長約81mの帆立貝形古墳で、近接する造山古墳の陪冢。墳丘の復元工事中の写真。

図6●仕切石前面の直弧文

仕切石前面には左からB型直弧文の半截形、忍岡系文様と2個直弧文がならぶ。上の写真はその右端（仕切り石のほぼ中央）にあたり、幅広の刻目文帯をはさんで2個のA型直弧文が表現されている。

図7●千足古墳石室

横穴式石室で、周壁下部に幅1.9m、長さ3mの長方形をした石障がめぐる。

13 横口式家形石棺の連鎖

石人山《せきじんざん》古墳の横口式家形石棺は、組合せ式の棺身に屋根形の蓋石を架す石棺で、小口の一辺に出入り用の開口部を設けた特異な構造である。

この種の石棺は、佐賀・福岡・熊本三県の有明海に面した地域にかぎって分布し、これまで一四例が判明している。九例が知られる熊本県の場合、石人山古墳とは異なり、墳丘内に直接埋置される。装飾図文があるのは石之室《いしのむろ》古墳の一例である（図8・9）。一方、福岡・佐賀県の五例はすべて横穴式石室内に設置され、そのうちの四例に装飾図文がある。

福岡県久留米市の浦山《うらやま》古墳は、墳長六〇メートルの帆立貝形古墳で、石室内に妻入り横口式家形石棺が設置されている（図1・2）。そして石棺内面の奥壁と左右側壁の三面に直弧文《ちょっこもん》と同心円文を（図3・4）、前壁の内外面および閉塞用板石の側面に鍵手文を線刻する。

石棺内面の直弧文は、各壁とも同心円文帯によって上下二段にわかれ、上端を刻目文帯で画する。奥壁上段の直弧文はB・A・B型、下段は右よりA・B型の連接単位図形を連続する配置である。左右の側壁の直弧文はすべてB型、左側壁上段のみが六個、ほかは五個の図形連接形である。†1

佐賀県には二例あり、昭和初期に土取り中に発見され部分的な調査の後、破壊された佐賀市の西原《にしばる》古墳では、横穴式石室内に設置された石棺の一部が発見され、同心円文や三角文などの線刻画の一部や赤色と緑色顔料が塗られた石棺材の破片

†1 濱田耕作　一九一九「筑後国三井郡二軒茶屋の古墳」『九州における装飾ある古墳』（京都帝国大学文学部考古学研究報告三）／森貞次郎　一九六四「浦山古墳」『装飾古墳』平凡社

がみつかっている。[†2]
現存する佐賀市の西隈《にしくま》古墳は直径四〇メートル、高さ五メートルほどの大形円墳で、横穴式石室内に横口式家形石棺が設置されている（図5・6）。棺蓋は上端が丸みをもつ寄棟形で、図文は棺蓋の下端側縁の前面側と小口面、および棺身前壁の横口部両側辺に線刻されている（図7）。
棺蓋小口面は中央に幅広の台形を浮彫《うきぼり》し、その上方に三個の円文、下方に一個の円文を線刻している。また、下端側縁の前面に三～四個の円文、横口部左側辺に三個の円文を線刻している。さらに横口部右側辺は一〇センチの間隔で二条の直線を線刻し、その内部に上から円文、連続三角文を重ね、下方に二個の円文を線刻し、図文以外の石棺全面を赤色顔料で塗布している。[†3]
石人山古墳の石棺を除くと、棺蓋の縄掛突起はすべて環状で、八代海沿岸域で製作された南肥後型に特徴的な形状である。[†4]これらの石棺がそこで製作・図文装飾を施されたのち、各古墳に輸送されたことはまちがいない。西隈・浦山古墳の石棺に刻出された装飾図文は八代海沿岸域でみられるものと類似する。
こうした石棺の構造や装飾図文の連鎖は、上述の直弧文連鎖と同様、五世紀前葉～後葉にかけて、有明海沿岸域の首長層間に形成された政治的な同盟や連合関係を背景としたと思う。[†5]

†2 七田忠志　一九三五「佐賀県久保泉村西原装飾古墳調査概報」『考古学雑誌』二五―四／松尾禎作　一九三六「円筒埴輪を巡らせる西原古墳」『佐賀県史蹟名勝天然記念物調査報告』五

†3 佐賀市教育委員会　一九七五『佐賀市金立町西隈古墳』

†4 高木恭二　一九七九・八〇「環状縄掛け突起を有する石棺について」（一）（二）『熊本史学』五三・五四

†5 柳沢一男　一九八七「石製表飾考」『東アジアの考古と歴史』（岡崎敬先生退官記念論集下）

図1●浦山古墳（福岡県久留米市）の家形石棺

墳長60mの帆立貝形古墳の石室。手前に追葬可能な開口部がみえる。

図2●家形石棺の内部

奥壁と左右側壁の3面に直弧文と同心円文がある。

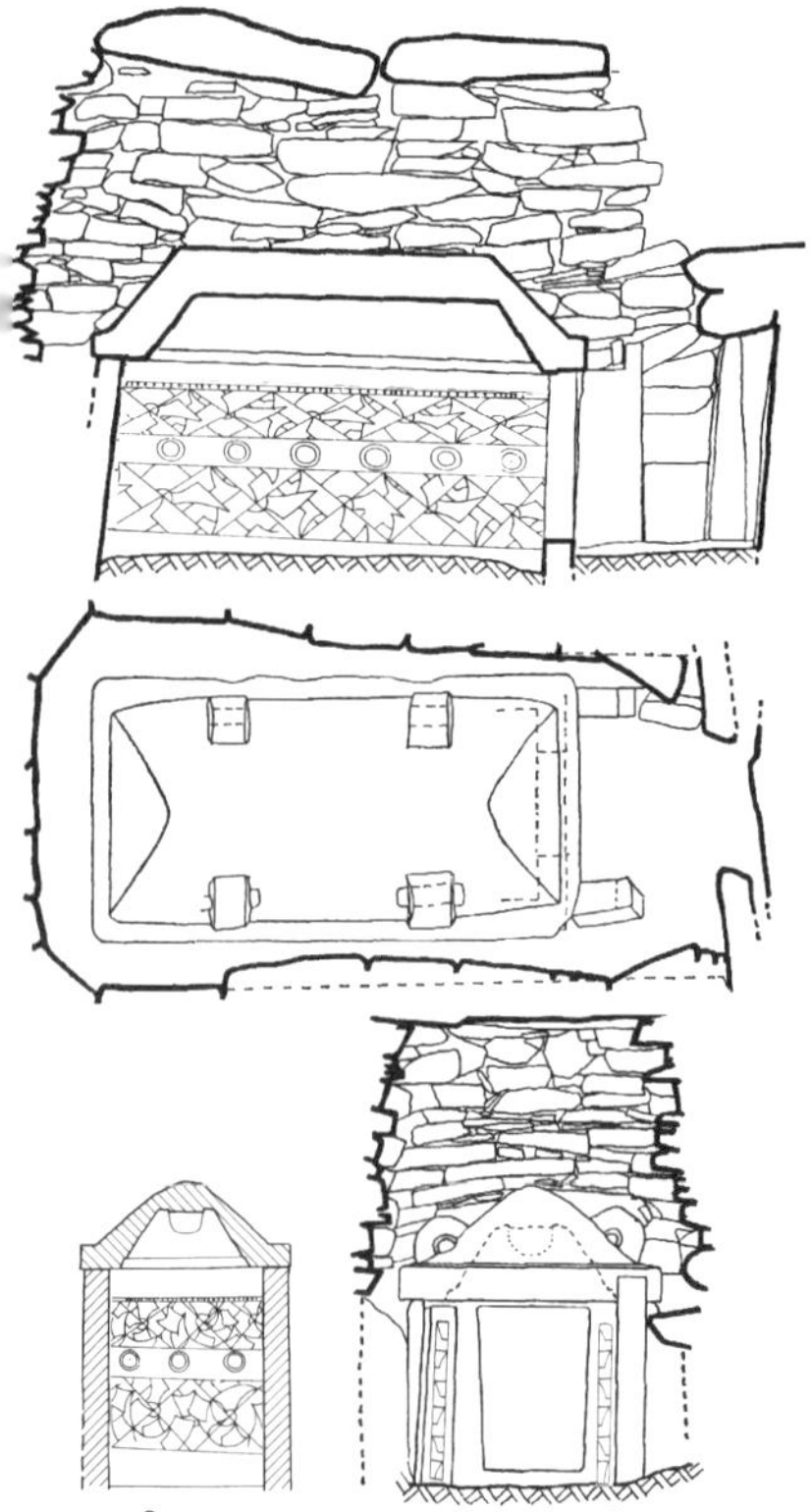

図3●石室と横口式家形石棺の実測図

図4●側壁の図文

中央に同心円文帯を、その上下に直弧文を刻出している。

西隈古墳・石之室古墳

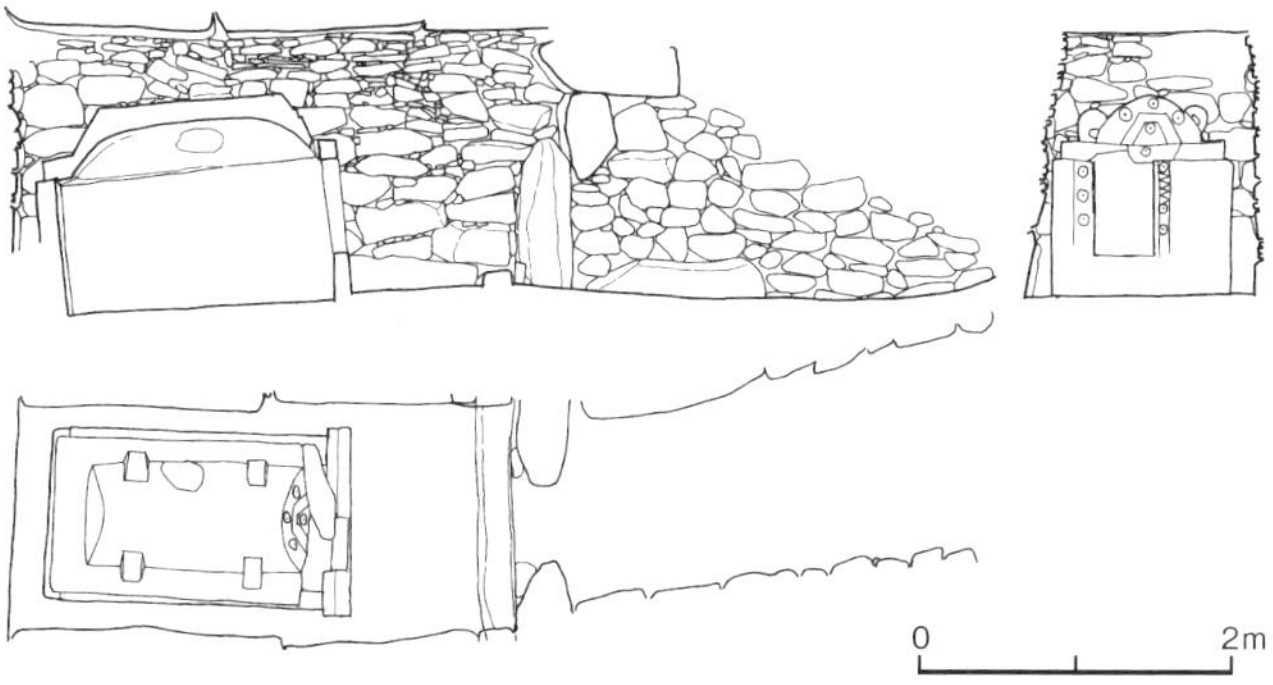

図6●石室の実測図

石棺外側の長さ2.1m、幅1.1m、高さ1.4m。棺蓋の下端側縁の前面側と小口面、棺身前壁の横口部両側辺に円文と連続三角文の線刻がある。

図5●西隈古墳（佐賀市）

直径40m、高さ5mの大形円墳。

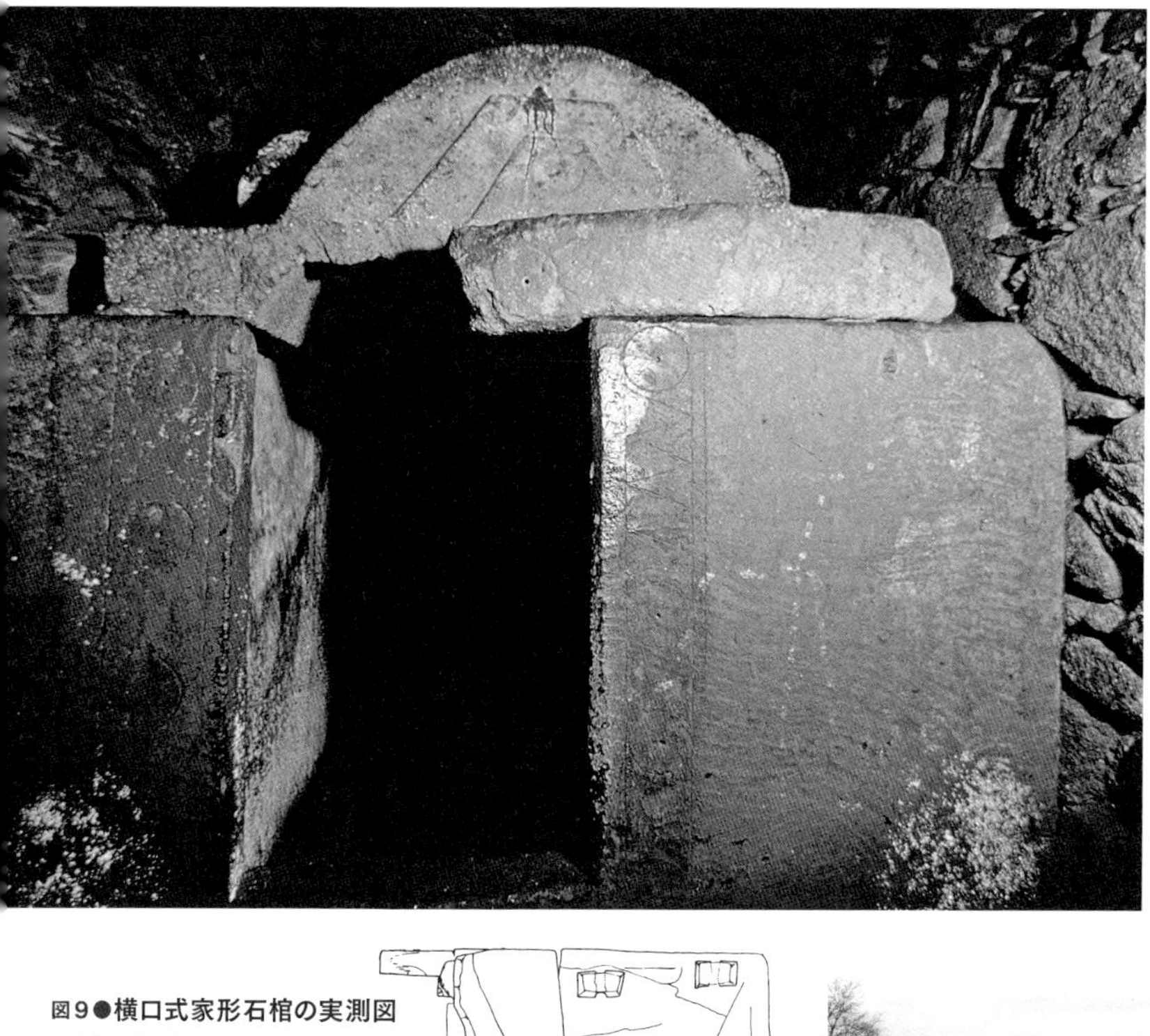

図7●横穴式石室内部と横口式家形石棺

棺蓋の前面や横口部の左右に円文や連続三角文などが線刻され、石棺外側は赤色顔料が塗られている。

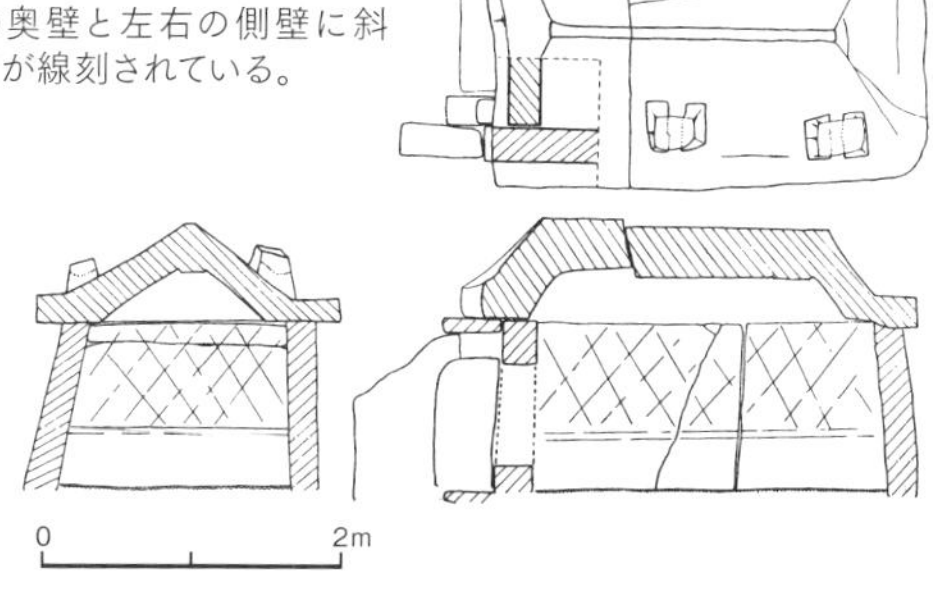

図9●横口式家形石棺の実測図

石棺の奥壁と左右の側壁に斜格子文が線刻されている。

図8●石之室古墳（熊本市）

塚原古墳群の一角にある。直径26mの円墳。

14 地下式横穴墓の家屋表現

第1期の装飾古墳は、広域拡散例を除けば熊本県域に限られていたが、南九州独特の地下式横穴墓《よこあなぼ》のなかに、墓室を家形に造形するほか、装飾図文をほどこす例がある。

地下式横穴墓は四世紀末ごろに宮崎県の宮崎平野南部とえびの盆地に出現した後、分布域を拡大し、一ツ瀬川以南の宮崎県域と鹿児島県の大隅地方で営まれた。大隅地方では五世紀以降衰退するが、宮崎県中央部の一部では七世紀代まで継続した。

地下式横穴墓には、玄室《げんしつ》天井部が屋根形を呈するものと、ほぼ平坦・ゆるいアーチ・ゆるいドーム形などの二種に大別される。前者を家形系、後者を土壙系とし、墓室規模や副葬品内容からみて家形系が優位であるという。[†1] 家形系の地下式横穴墓は、玄室を屋根形に加工しただけでなく、①棟木、②棟を支える束柱《つかばしら》、③垂木《たるき》、④軒先などを刻出し、さらに赤色顔料で屋根の骨組みなどを描くものがある。本書では、これらのうちの②・③の表現を刻出した一群と図文を描いた地下式横穴墓を装飾古墳として扱うが、④の表現は「棚状施設」とよばれ、①とともに家形系地下式横穴墓に一般的であるため装飾古墳としないことにした。

これらのうち、屋根形造形の最古例は鹿児島県鹿屋《かのや》市の岡崎一八号墳（直径一九メートルほどの円墳）の一号地下式横穴墓であろう。玄室は横長長方形で、奥壁にそって箱形石棺を設ける。玄室天井部は切妻形に加工され、頂部に棟木を、屋

†1 橋本達也 二〇〇八「古墳時代墓制としての地下式横穴墓」『大隅串良岡崎古墳群の研究』鹿児島大学総合研究博物館

根の下端にあたる部分の周壁を外方に刳り込んで軒先を表現している。同じ墳丘下に築造された二号地下式横穴墓は寄棟形天井で、棟の刻出はないが軒先表現は一号墓と等しい。[†2]

五世紀中葉をすぎると、屋根形の造形は複雑化し、宮崎県高原町の立切《たちぎり》六〇号地下式横穴墓や日守《ひもり》四号地下式横穴墓では、棟木とそれを支える束柱を刻出している。さらに、立切五四号地下式横穴墓は屋根の細部構造を赤色顔料で描く[†3]（図1〜3）。

地下式横穴墓玄室の家形表現のルーツは、熊本県の有明海沿岸域で盛行した家形石棺や横口式家形石棺と想定され、この地域の人びとの「墓室は霊魂の永遠の住処」と願う強い想いが表現されたのであろう。

一方、玄室の屋根形天井と壁面に珠文群を描いた宮崎県国富町の本庄《ほんじょう》一四号地下式横穴墓（五世紀中葉ごろ）が注目される。[†4]大形の地下式横穴墓で、玄室天井の長側辺側の大半が崩落しているが、保存状態のよい奥壁や側壁と前壁の壁面、そして天井部の一部に赤色顔料で描かれた直径六センチ前後の珠文が二一二個確認されている（図4・5）。この珠文群は星をあらわすものであろうか。

これと類似する珠文群を赤色顔料で描いた例に、五世紀初頭ごろと推測される山梨県甲府市の丸山塚古墳（直径七二メートルの大形円墳）の竪穴式石槨がある。[†5]この二つの珠文群が天文表現なのか、今後の検討を待ちたい。

†2 鹿児島大学総合研究博物館　二〇〇八『大隅串良岡崎古墳群の研究』

†3 高原町教育委員会　一九九一『立切地下式横穴墓群』（高原町文化財調査報告一）

†4 埋蔵文化財研究会　二〇〇二『装飾古墳の展開—資料集—』

†5 山梨県教育委員会　一九八八『国指定史跡銚子塚古墳附丸山塚古墳　保存整理事業報告書』（山梨県埋蔵文化財センター調査報告書三五）

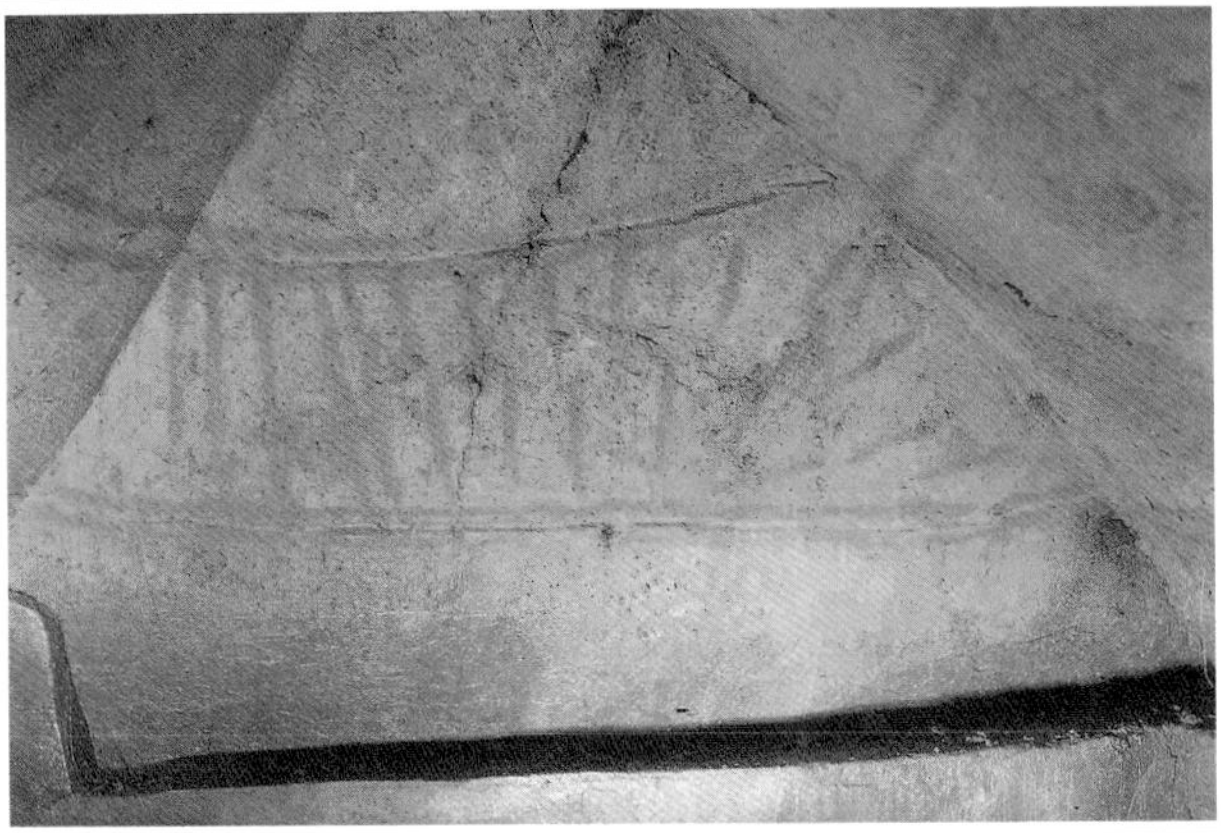

図1●立切54号地下式横穴墓（宮崎県高原町）の玄室左壁の表現

赤色顔料で母屋（もや）や垂木（たるき）など屋根裏の細部を描いている。

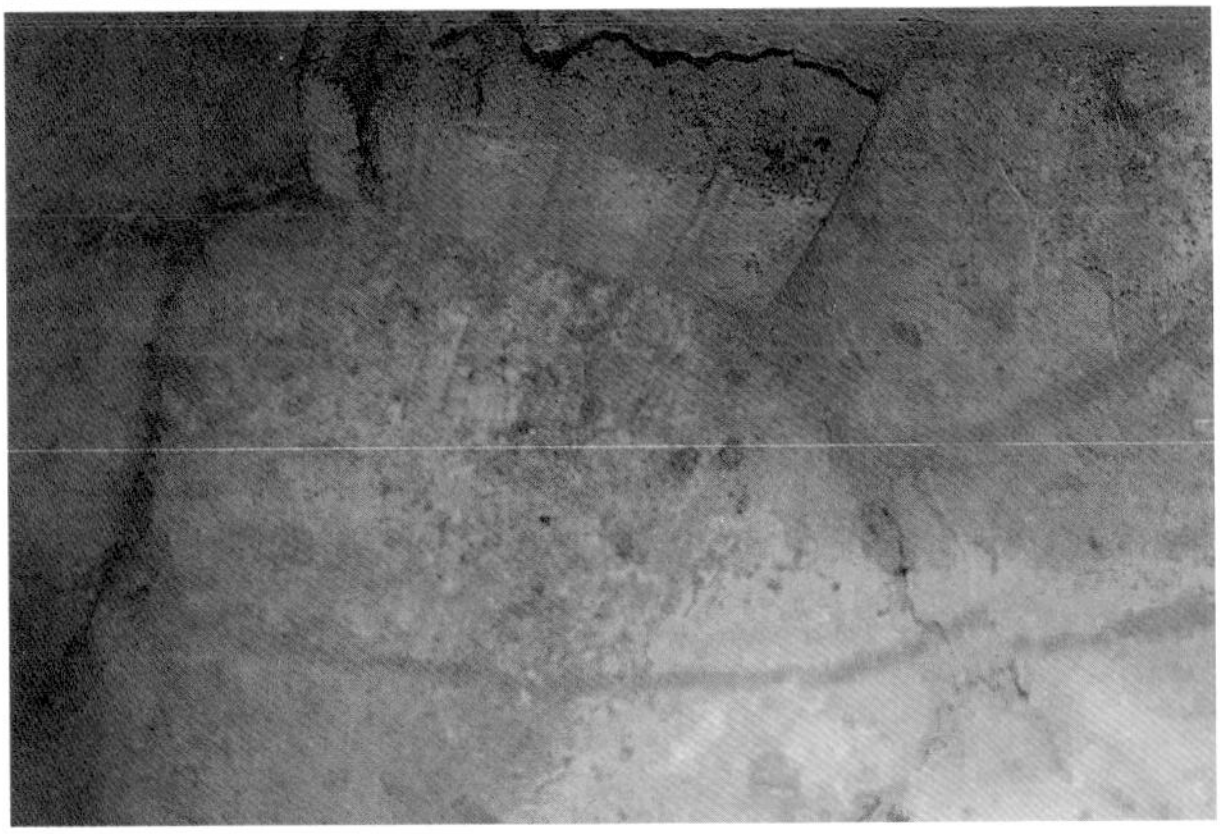

図2●玄室天井の表現

赤色顔料で屋根の棟木を飾るほか母屋を描いている。

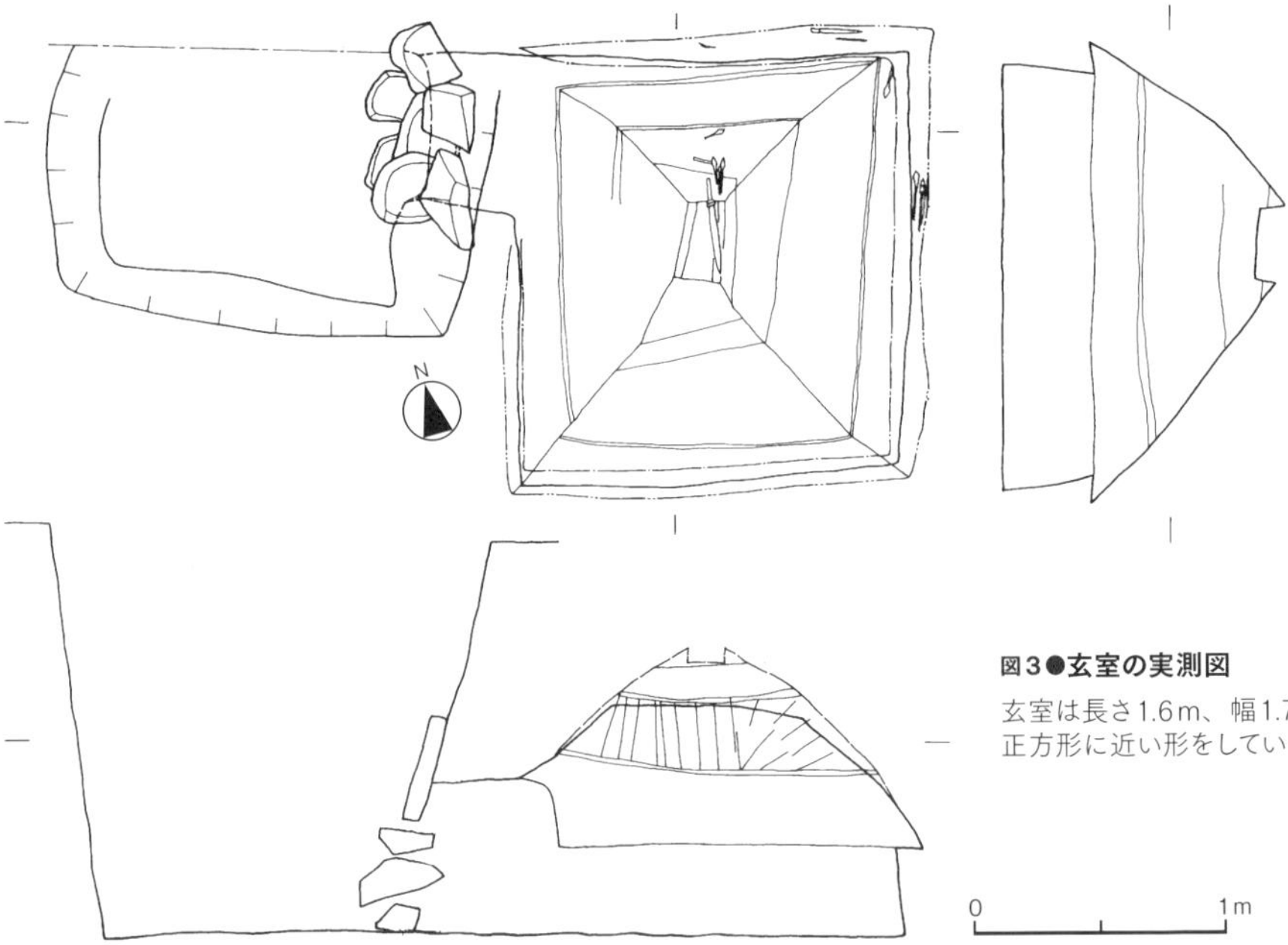

図3●玄室の実測図

玄室は長さ1.6m、幅1.7mで正方形に近い形をしている。

図4●本庄14号（宗仙寺12号）地下式横穴墓（宮崎県国富町）の奥壁の珠文群

赤色顔料で直径六センチ前後の珠文が描かれている。

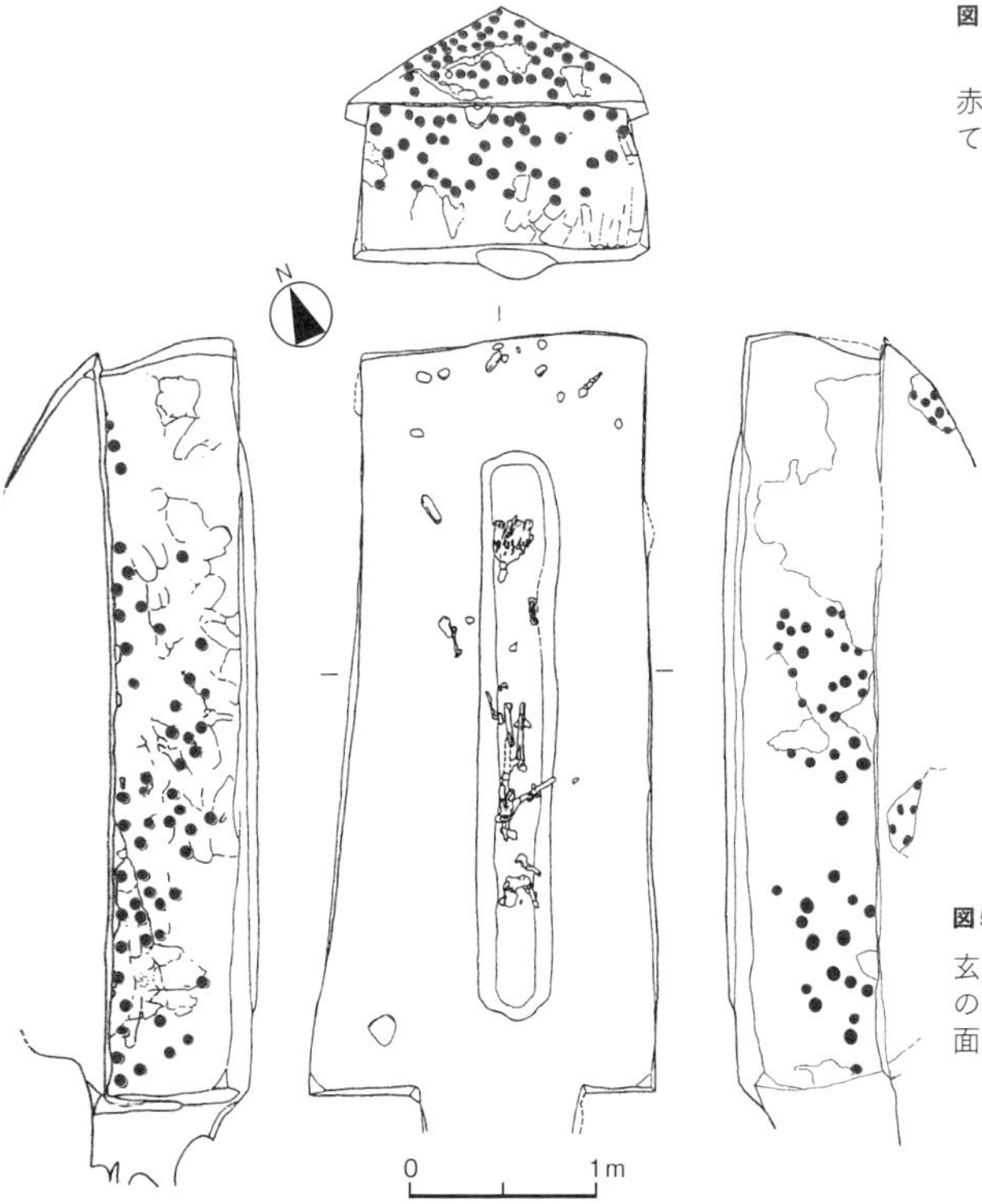

図5●玄室の実測図

玄室の長さ4.2m、幅1.6～2mの縦長長方形の大形地下式横穴墓。奥壁や側壁、前壁の壁面、天井部の一部に珠文が描かれている。

15 六世紀前葉の大転換

六世紀の前葉、それまで石棺の内外面や石障《せきしょう》や石屋形《いしやがた》などに線刻・陽刻とわずかな顔料で図文を表現する装飾手法から、埋葬施設を被覆する横穴式石室壁面への壁画系装飾へと転換する。同時に、新たな図文がつぎつぎと出現し、その後の装飾古墳の起点となった大転換と評価される。

まず、この転換期を代表する三基の装飾古墳の図文構成と表現方法をくわしく観察し、図文に込められた思惟や他界観、そしてこの段階にほぼ限定される図文と特異な装飾部位の連鎖の背景を考えたい。

ここでとり上げる装飾古墳は、福岡県桂川《けいせん》町の王塚《おうづか》古墳、同うきは市の日岡《ひのおか》古墳、そして熊本県熊本市の釜尾《かまお》古墳である（図１）。

王塚古墳[†1]は、福岡県の北部、筑豊地域を貫流する遠賀《おんが》川の支流たる穂波《ほなみ》川流域にある。前方部を土取りで失い、後円部も変形が著しいが、墳長約八〇メートル程度に復元される二段築成の前方後円墳である（図２・３）。横穴式石室は後円部に位置し、西側くびれ部に近い側面に開口する。

一九三四年、土取り工事中に石室が発見され、彩色壁画が判明した。壁画が発見された直後、福岡県は嘱託であった川上市太郎氏を派遣し、墳丘・石室・壁画についての綿密な概要報告書を作成した[†2]。

本格的な学術調査は、壁画発見から二年後の一九三六年に京都帝国大学考古学研究室よっておこなわれ、その成果は『筑前国嘉穂郡王塚装飾古墳』として刊行

†1 桂川町教育委員会　一九九四『王塚古墳—発掘調査及び保存整備報告—』

†2 川上市太郎　一九三五『筑前王塚古墳』（福岡県史蹟名勝天然紀念物調査報告書一一）

された。[†3] この報告書の詳細な観察と記録方法は、当時の最高の研究水準を示している。また、一九五五年から足かけ三年にわたる東京芸術大学の日下《くさか》八光《はっこう》氏による壁画の現状模写と、それをもとにした復元図は画家の目を通した究極の壁画図といってよい。

王塚古墳の横穴式石室（**図4**）は、大形の玄室《げんしつ》に玄門立柱石《げんもんりっちゅうせき》（袖石《そでいし》）を介して幅広で短い羨道《せんどう》を接続する形状である。玄室は長さ四・三メートル、幅三メートル、高さ三・八メートル、閉塞部から玄門までの羨道は長さ二メートル、幅二・九メートル、高さ二・二メートルである。

玄室は周壁の最下段に巨大な腰石《こしいし》を配し、上部はやや小さめの石材を内傾ぎみに積み上げて、最上段に大形の天井石を置く。奥壁には石棚《いしだな》を架構し、その下方に石屋形《いしやがた》を設置する。羨道は一般の石室と比較して幅が広いが、閉塞部に袖石などによる仕切りがないため複室構造とはいえない。羨道床面は閉塞部から上昇し、墳丘の一段テラスに接続するらしい。

壁画は、羨道突き当たりの左右袖石と楣石《まぐさいし》および冠石《かんせき》、玄室の壁面全体と天井石、奥壁に沿って配された石屋形と屍床《ししょう》石、付属装置の灯明台石にほどこされ、玄室内はすべて顔料で埋めつくされている（**図5**）。

なお、壁画に使用された顔料は、赤・黒・緑・黄・白・灰の六色で日本最多例である。[†4]

†3 京都帝国大学文学部考古学研究室　一九四〇『筑前国嘉穂郡王塚装飾古墳』（京都帝国大学文学部考古学研究報告一五）

†4 朽津信明　二〇〇二「装飾古墳の顔料について―特に緑と青の問題を中心として―」『装飾古墳の展開』（第五一回埋蔵文化財研究会発表要旨集）

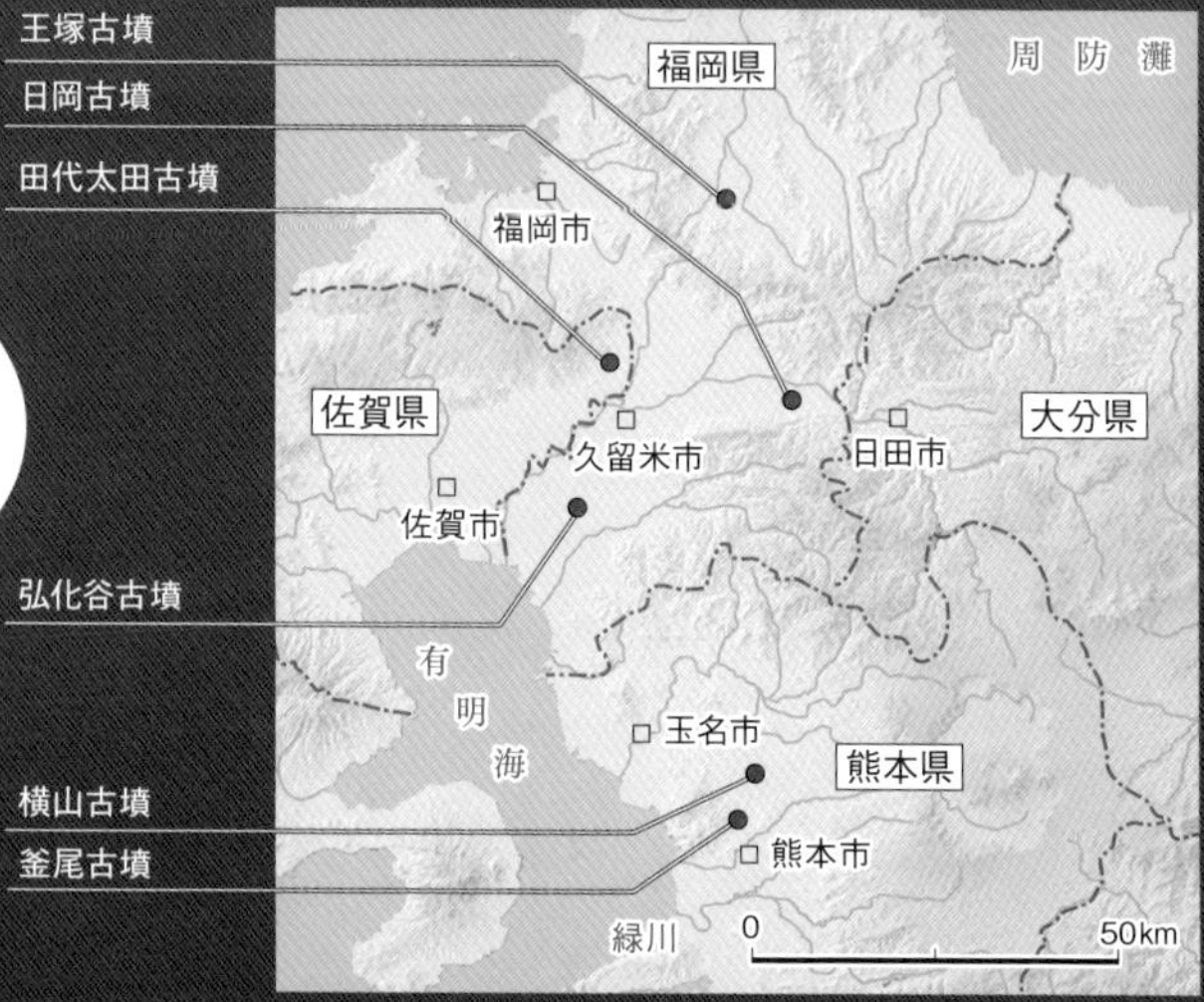

図1●転換期の装飾古墳
6世紀前葉、壁画系装飾へと転換し、新たな図文がつぎつぎに出現する。

王塚古墳 その1

図2●王塚古墳（福岡県桂川町）
筑豊地域を貫流する遠賀川の支流、穂波川流域の低台地上にある。

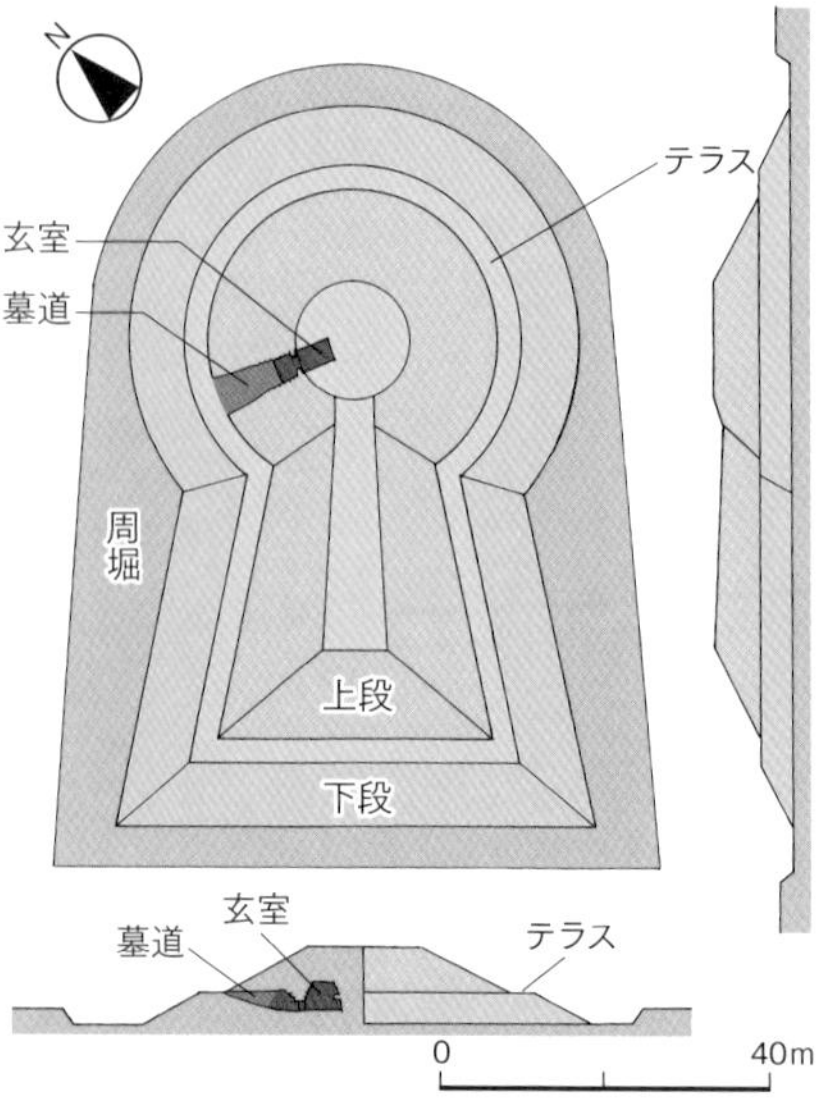

図3●墳丘想定復元図
墳長約80mの二段築成の前方後円墳。墳丘上段斜面のみに葺石がめぐる。周堀は盾形。後円部に横穴式石室があり、西側くびれ部に近い側面に開口する。

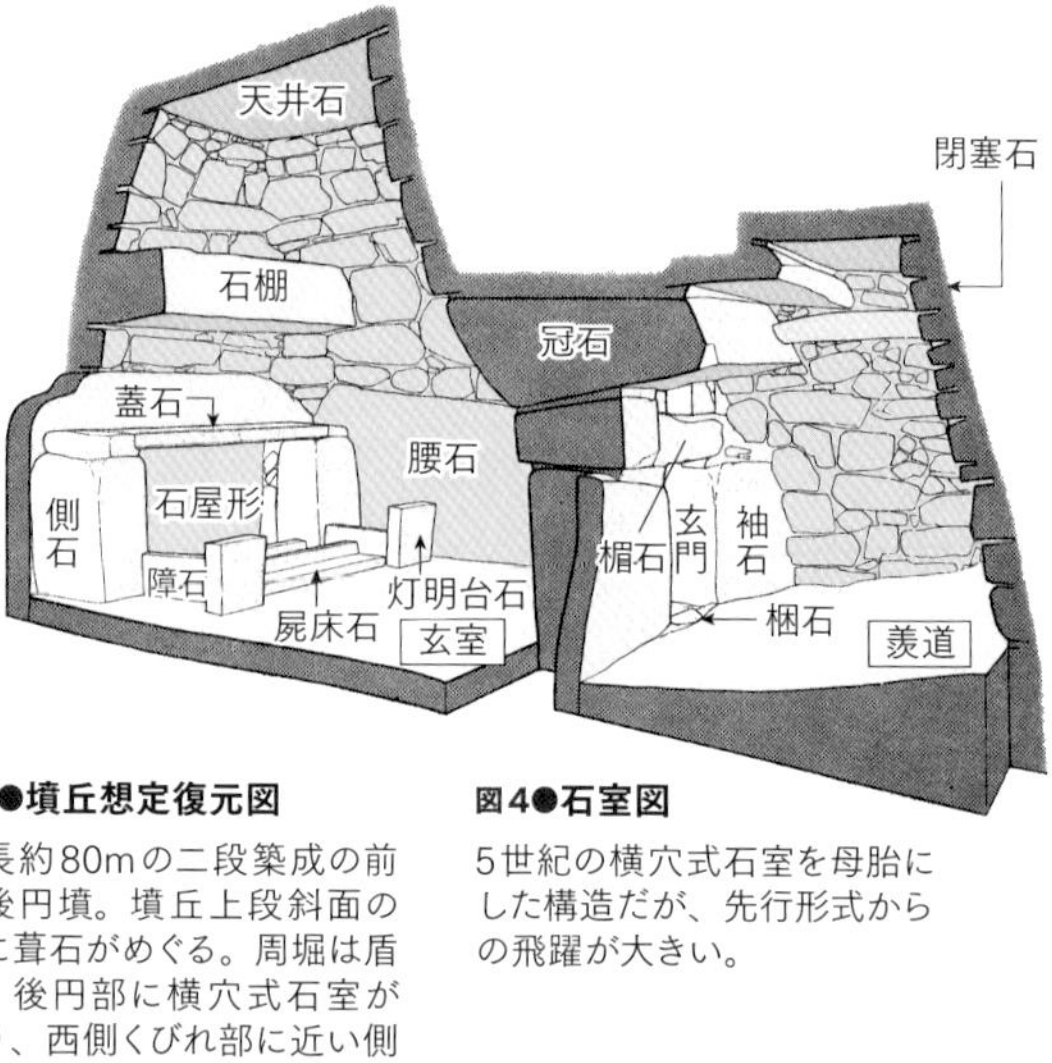

図4●石室図
5世紀の横穴式石室を母胎にした構造だが、先行形式からの飛躍が大きい。

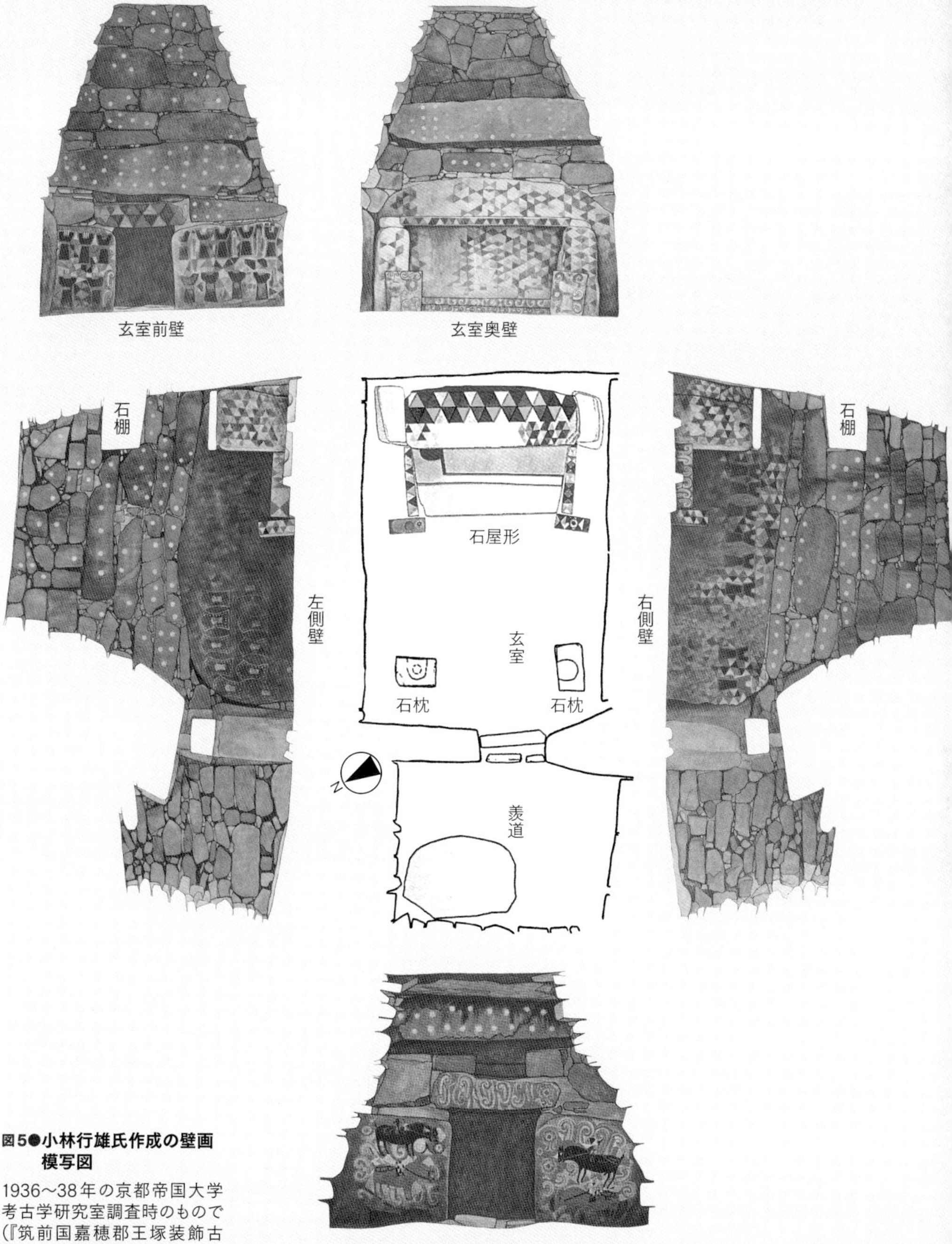

図5●小林行雄氏作成の壁画模写図

1936〜38年の京都帝国大学考古学研究室調査時のもので(『筑前国嘉穂郡王塚装飾古墳』)、精緻な壁画模写はその後の装飾古墳調査の手本となった。

16 王塚古墳―玄室前面壁画の語り

閉塞部から玄室《げんしつ》にむかう羨道《せんどう》の左右側壁と、冠石《かんせき》および天井石の全面に赤色顔料が塗られている。羨道の突きあたりに玄室に入るための玄門《げんもん》がある。左右とも一石の袖石《そでいし》上に架構した石梁状の楣石《まぐさいし》と天井冠石《かんせき》の前面にはあますところなく図文が描かれている（図1）。

袖石の壁画は騎馬を主たるモチーフとし、周囲に各種の抽象図文が描かれる（図2）。騎馬像は右袖石に二段、左袖石に三段重ね、一段ごとに赤と黒に塗り分ける。壁面全体を赤色顔料で塗布しているため、赤色の馬は外周に赤色以外の図文や縁どりをおこなって画像を浮かびあがらせている。五つの騎馬像の馬は四脚をそろえ、頭部を下げて静かにたたずむ姿態である。ほぼ真横からみた構図だが、本来みえるはずのない馬の四脚をすべて描くのは、佐原真氏が指摘する原始絵画や児童画に特徴的な多視点の画法であろう[†1]。

装飾壁画の馬は単色で描かれ細部表現がないのが一般的だが、王塚古墳の馬は各種の馬装細部までていねいに描かれている。これにたいして、馬上の人物は細部表現がなく、馬のサイズに相応せず小さく描かれたのは意外な表現である。

騎馬の周囲は、同心円文・三角文・蕨手文《わらびてもん》・双脚輪状文《そうきゃくりんじょうもん》など、具象文とも抽象文ともつかない図文で埋めつくされる。三角文を除いて、ていねいに色を重ねて図文を表現するのが特徴だ。同心円文はドーナツ状に色を重ねた円文、蕨手文は早蕨《さわらび》の先端が巻くような形状で、「の」字形に巻くもの、直線の軸部から外反

†1 佐原真　一九九九「古墳時代の絵の文法」『国立歴史民俗博物館研究報告』八〇

して内側に巻くもの、二つの蕨手文で一つの図形を構成する複合蕨手文などがある。この複合蕨手文は、先端が互いに外反するものと逆に先端相互が内側に向かいあうものの二種がある。

長さ一メートルほどの楣石《まぐさいし》前面には、右端部に双脚輪状文、その左下に小さな同心円文を配し、さらにその左手には配色を変えた蕨手文を天地にたがえるように交互に描く（図1）。透かし窓上の冠石前面には赤色顔料の上に、黄色の珠文群がみられる（図1）。直径五〜六センチほどの珠文は、上下二段に計一七個が認められる。それらは、顔料を塗ったというよりも粘土を押しつぶした感じだという。図案化した構図だが、あたかも夜空の星をイメージさせる。後述する玄室の天井石は、数多くの珠文で埋めつくされている。

玄室前面に描かれた壁画の主たる図文は、左右の袖石に描かれた騎馬像だが、彩色で馬を表現した壁画は意外と少なく、九州の確実な例としては一一基が知られているにすぎない。その構図を大別すると（図3）、①馬のみ（福岡県うきは市の日岡《ひのおか》古墳など）、②馭者《ぎょしゃ》（貴人）にひかれる空馬（福岡県宮若市の竹原《たけはら》古墳）、③弓を引く騎馬人物（福岡県筑紫野市の五郎山《ごろうやま》古墳など）、④馬上の人物が特定の所作をおこなわない（王塚《おうづか》古墳など）、⑤船に乗る馬（熊本県山鹿市の弁慶ケ穴《べんけいがあな》古墳）となる。③の構図は狩猟儀礼として、それ以外の構図は死者の霊魂を他界へと運ぶ乗り物として描かれたと思う。

王塚古墳 その2

玄室前面壁画

図1●王塚古墳玄室前面の壁画
石室はレプリカ、壁画は復元図。袖石、楣石、天井冠石の前面に図文が描かれている。

馬を描いた彩色壁画

左袖石

右袖石

図2●袖石の壁画（日下八光氏復元図）

小さく描かれた細部表現のない人物が騎乗した馬を中心に、周囲は同心円文・三角文・蕨手文・双脚輪状文など具象文とも抽象文ともつかない図文で埋めつくされている。

図3●馬を描いた彩色壁画の構図

1　馬のみ：日岡古墳（福岡県うきは市）

2　馭者（貴人）に引かれた空馬：竹原古墳（福岡県若宮市）

3　弓を引く騎馬人物：五郎山古墳（福岡県筑紫野市）

4　馬上の人物が特定の所作をおこなわない：王塚古墳

5　船に乗る馬：弁慶ケ穴古墳（熊本県山鹿市）

17 王塚古墳—玄室奥壁と石屋形の壁画

小さな玄門《げんもん》をくぐると、死者を埋葬する玄室《げんしつ》に入る。壁画は、奥壁・石屋形《いしやがた》・石棚《いしだな》・左右の側壁・前壁・灯明台石・天井石の下面とすべての壁面におよぶ（図1）。なかでも特徴的なものは、各壁面の最下部に配された巨大な腰石《こしいし》と灯明台石に描かれた図文群がある。

まず、奥壁とその前面に設置された石屋形からみてみよう。奥壁の腰石（長さ三メートル、高さ一・六メートル）は、石屋形の奥壁を兼ねるため、壁画は石屋形の他の部位との一体化が図られている。ほぼ全面を縦位の連続三角文で埋め、中央下部に五個の靫《ゆき》を描き、その中央の靫上部にもう一個の靫を添えるシンプルな構成である。

石屋形の側石や蓋石の背面に接する部分の図文はみえないが、周囲の連続三角文に乱れがないから、石屋形の設置前に壁画が描かれたとみてよいだろう。

玄室奥壁に沿って設置された石屋形には、その内面、および蓋石の上面と小口面はすべて連続三角文で埋めつくされる。蓋石上面の連続三角文は前後に二分して配色を変える。左右の側壁は縦位の連続三角文、蓋石下面は横位の連続三角文である。

ほかに例のない屍床《ししょう》石の前方二段の小口面は、じつに個性的な図文配置だ。上段は中央に配色を変えたX字形三角文をはさんで、その両側に「十字文」とでもいうべき奇妙な図文を配し、さらに外方に下向きの蕨手文《わらびてもん》をならべる。下段の屍床石小口面は、一一個の蕨手文を横位に連接する構図である。

屍床石の前半部と前面床石をはさむように配置された障石には、遺骸の頭部側と足下側で図文を異にする壁画が描かれる。頭部側の障石は内面にX字形の三角文を、上面に連続三角文を描く。足下側の障石は外反する複合蕨手文と七個の単体蕨手文をならべ、上面はX字形三角文をならべて描く。

さらに石屋形の前面左右には長方台形の灯明台石が配される。灯明台石とは上面に灯明皿風の円形掘り込みに由来する名称である。図文は前・上・側の三面に描かれる（図2）。右側の灯明台石は、上面に皿状に刳られた凹みの中央に円文を配し、その周囲に黄色と灰色を重ね、さらに余白を複雑な三角文で埋める。前面は中央に靫を描き、その左下に双脚輪状文《そうきゃくりんじょうもん》を配し、余白に複雑な構図の蕨手文を描く。側面は連続三角文である。左側の灯明台石は、上面の皿状くぼみの横に四色を重ねた同心円文を描くのみである。前面は靫と双脚輪状文をならべて描き、余白を蕨手文で埋める。側面は連続三角文だ。

このように、左右の灯明台石は同じ部位に類似する壁画を描くが、配置や細部の表現にわずかに相違がある。あえてシンメトリーとなることを避けたのであろうか。靫は図形と配色は等しいが、左右で鋲点の数が異なるし、双脚輪状文も輪状部の車軸状の直線の数にちがいがある。なお、この二個の靫は、玄室内に描かれた四一個の靫のなかでもっとも手の込んだ図文構成である。

王塚古墳 その3

玄室奥壁と石屋形の壁画

図1●王塚古墳の玄室レプリカ

壁画は奥壁・石棚・石屋形の内外面・灯明台石などすべての壁面におよぶ。

図2●灯明台石の図文（日下八光氏復元図）

図文は前面・上面・側面におよぶ。靫は玄室内に描かれた41個の靫のなかでもっとも手の込んだ図文構成である。

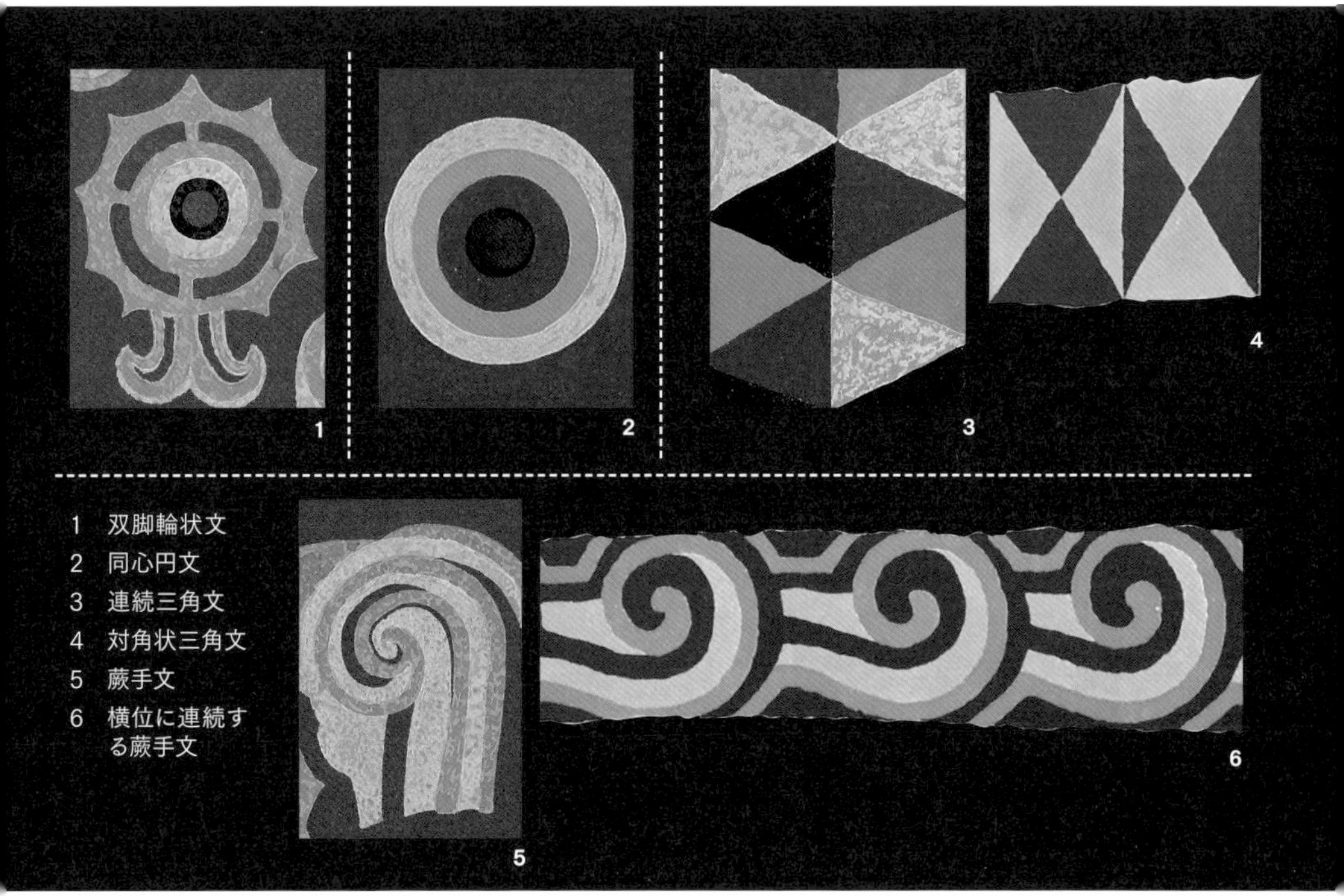

1　双脚輪状文
2　同心円文
3　連続三角文
4　対角状三角文
5　蕨手文
6　横位に連続する蕨手文

図3●壁画にみられる図文の種類

第2期の装飾古墳

18 王塚古墳──武器・武具の図文

玄室《げんしつ》の側壁最下段の巨大な腰石《こしいし》と玄門《げんもん》内側の左右袖石《そでいし》には、全体を縦位方向の連続三角文で埋め、その上に大刀《たち》・靫《ゆき》・盾《たて》などの武具・武器が重ねて描かれている（図1〜3）。

大刀は、玄門の左袖石の上下二段の靫にそって描かれている（図4）。その図文は、幅広がりの鞘尻を下に直立している。柄と鞘口を黄ないし赤、鞘を赤と緑に塗り分け、鞘尻は赤もしくは黄でカラフルに表現している。柄には護拳用の勾金《まがりがね》が描かれており、捩《ねじ》り環頭大刀《かんとうたち》をモデルに描かれた可能性が高い。

靫は、玄室の奥壁・右側壁・玄門左右袖石に計三八個描かれている。奥壁の五個は、外周線を描かずに赤色の中間帯をはさんで上・下部を黒で塗り、本体上に七〜八本の鏃を描く（17項の図1参照）。右側壁の一九個は、下段の五個を除いて外周を赤線で描き、一個の例外を除き中間帯をはさんで上・下部を黒で塗る。鏃は凹字形内に三〜四本描くものと、凹字形の上に三〜五本を描くものがある。前者は上段の九個に、後者は左端の一個を除く九個が該当する。

玄門内側の左右袖石の一四個の靫は手の込んだ表現である（図5）。右側壁と同様に上下二段に描かれ、上段の八個は外周を幅広の赤線でかこみ、赤線の中間帯をはさんで上・下部を黒で塗り、二〜三本の鏃を凹字形のなかに描き、外周の赤線内には小さな鋲点をめぐらせる。下段の六個は、外周を黒線でかこみ、本体下部を赤と黄で表現し、外周に沿って小さな鋲点をめぐらせる。こうした表現の多様さを、小林行雄氏は描き手のちがいと想定している。

盾は、左側壁の玄門寄りに上下三段に描かれている（図6）。日下八光氏の復元図では、上段五個、中段四個、下段六個である。その図形は形象埴輪や石製表飾[*1]に類似し、外周を黄色の細線で描き、内面を黒色で埋める。その中央に盾の形をした把手を黄色で表現し、黒色の外周にそって黄色の鋲点をめぐらす。ただし、下段右寄りの三個は黒色の盾外周を赤色の細線で描いているようだ。

一つの壁画古墳に、これほど多数の武器・武具の図文を描いた例はほかにみあたらない。実用の武器・武具類は、副葬品として墓室内におさめられるだけでなく、埴輪や石製品としても造形され墳丘上にも配置された。壁画の武器・武具は、武威の力によって死者が安置された空間に、邪悪なものを寄せつけまいとする強い辟邪《へきじゃ》の想いが描かれたのである。

なお、右側壁の盾の周辺には興味深い図文が認められる。その一は、袖部寄りの上段二つの靫の上部に、弓もしくは船らしき図文が二つ描かれていることである（図7）。靫にともなう配置から弓とも思えるが、横位に描かれており、船の可能性が高い。いま一つは、玄門寄りから上段四つめの靫の上方と右側面に白色で描かれた大小六個の円文群である。これまでこの図文についてとり上げられることはなかったが、星宿二八宿のひとつ「南斗六星《なんとろくせい》」ではないか。詳細は次項で述べよう。

*1 **石製表飾** 人物・動物のほか、盾・靫・甲冑・大刀などの各種器物をかたどった石製品の総称。五世紀を前後するころから六世紀後葉ごろまでの九州有明海沿岸域を中心とする大形古墳の墳丘上や周囲に樹立された。福岡県八女市の岩戸山古墳の石製品が著名。

図1●玄門内側の壁画（日下八光氏復元図） 三角文を下地に靫を中心として、大刀が描かれているのが特徴的だ。

図2●右側壁の壁画（日下八光氏復元図） 19個の靫が描かれている。船らしき図文と円文群も注目される。

図3●左側壁の壁画（日下八光氏復元図） 王塚古墳のなかで盾を描いているのはここだけだ。

王塚古墳 その4

武器・武具の図文

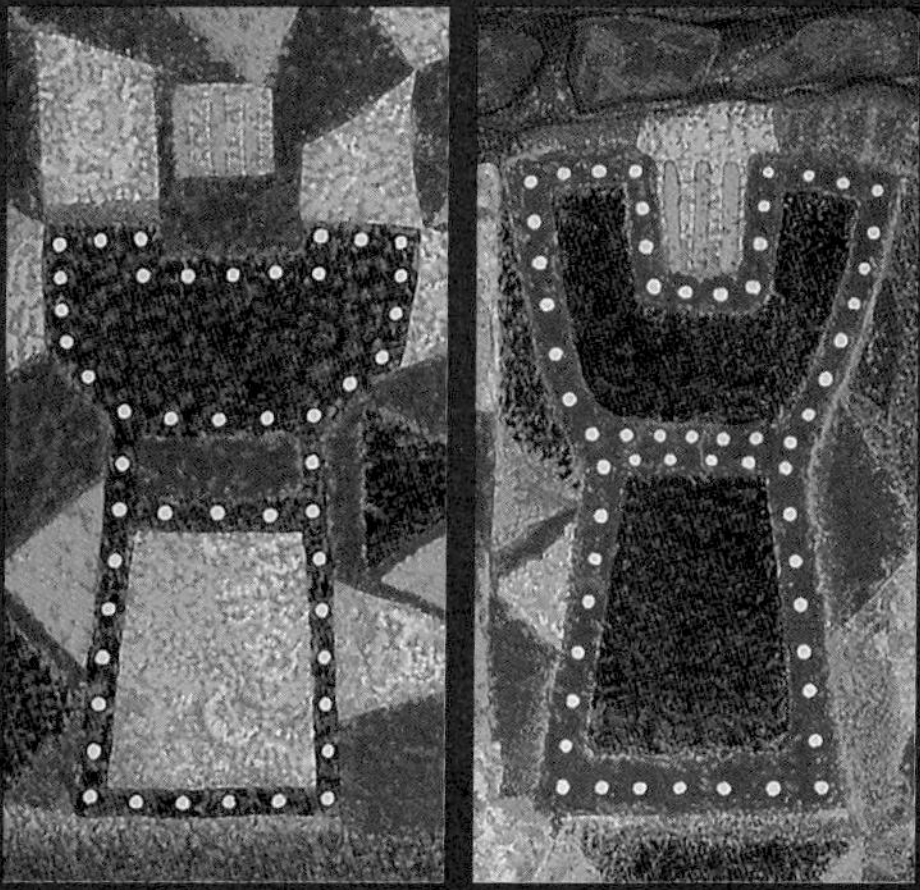

図5●靫の図文
玄門内側の壁画より。

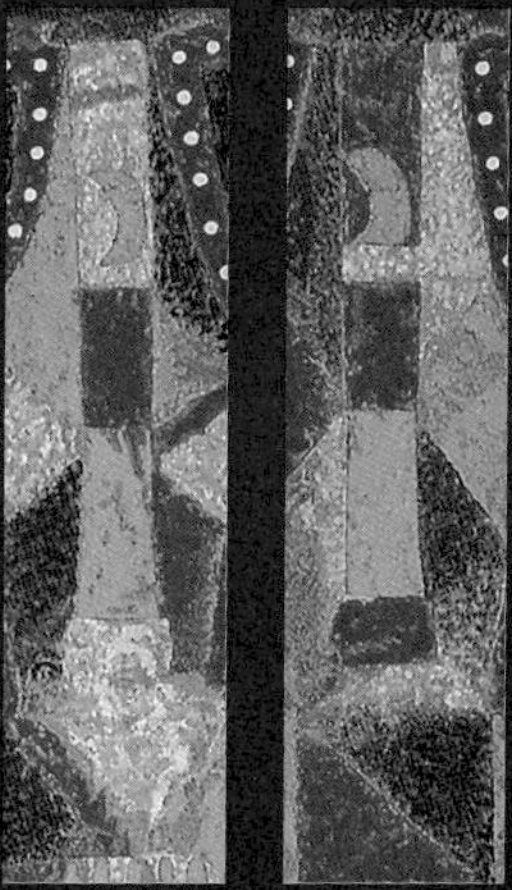

図4●大刀の図文
玄門内側の袖石の壁画より。右は藤ノ木古墳（奈良県斑鳩町）に副葬されていた捩り環頭大刀の復元品。

図7●船（弓?）の図文
右側壁の壁画より。

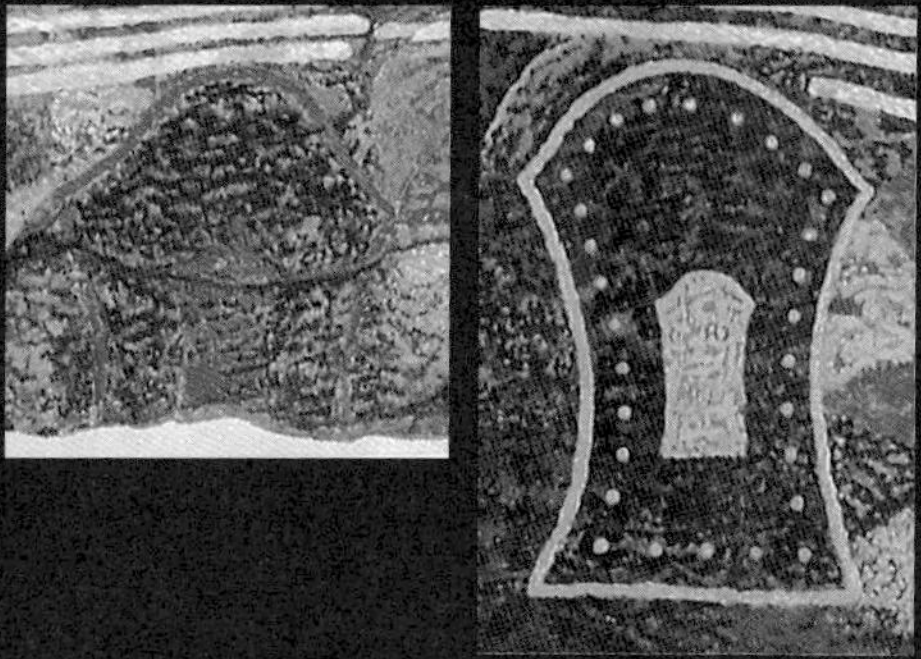

図6●盾の図文
左側壁の壁画より。

第2期の装飾古墳

19 王塚古墳―天文図の謎

辟邪《へきじゃ》の図文で満たされた玄室《げんしつ》の腰石《こしいし》と玄門袖石《げんもんそでいし》・楣石《まぐさいし》の上部は、真っ赤な顔料の上に黄色の珠文が散りばめられている。

珠文は直径五〜六センチのものと一〜二センチ程度の二種がある。顔料が剥落した部分も予想されるが、日下八光氏は約二三〇個あまりの円文が確認できたという。腰石の上端はおよそ大人の目線の高さだから、そこから目を上方にむけるとドーム状の玄室上部壁面は珠文で満たされた空間である。王塚《おうづか》古墳の横穴式石室は、星辰の輝く天界におおわれた世界と表現されたのである。

一方、玄室頂部をおおう巨大な天井石の下面には、壁面とは異なる多数の珠文が描かれている（**図1**）。この図文の精緻な模写図を作成したのは日下《くさか》八光《はっこう》氏である。**15項の図5**を作成した小林行雄氏がこの珠文群にふれることがなかったのはじつに不思議だ。京都帝国大学の王塚古墳報告書の掲載写真には、天井石に珠文らしい痕跡が写されている。

日下氏の天井石下面の模写図には、赤色顔料の上に大小合わせて一八三個の黄色の珠文が写しとられている。玄室の壁面に描かれた珠文とは明らかに異なる配列である。直径五〜六センチの珠文八九個と一センチに満たない珠文九四個が天井一面に描かれた構図は、まさに天文図にふさわしい。

天文学者の平井正則氏は、この天井壁画について興味深い研究を発表している。[†1]

平井氏は、王塚古墳の天井画と高句麗古墳の真波里《チンパリ》四号墳（北朝鮮平壌市の南東郊

†1 平井正則　二〇〇三「古墳天井画の数値的同定」『福岡教育大学紀要』五二―三

外）の横穴式石室の天井壁画の珠文群（赤色顔料の上に金粉を塗ったもの、**図2**）の位置関係を天文学的手法で同定すると、両者の位置関係が比較的よく一致するという。難解な分析手法は十分に咀嚼できないが、星宿《せいしゅく》の配置には共通点が多く興味深い指摘だ。

ソウル大学の金一権《キムイルゴン》氏によると、高句麗の壁画古墳は現在九十数例が知られており、そのうちの二二例に星宿が描かれているという。その描き方は多様だが、広い天井石下面に星宿を描く手法は限られている。[†2] 真波里四号墳は六世紀を前後する時期の築造と推測されており、[†3] 王塚古墳の年代と近い。

先述したように玄室右側壁腰石に描かれた靫の上部から右側にかけて、白色の大きな円文五個と小円文一個からなる図文がある（**図3**）。その配置から星宿二八宿のひとつ「南斗六星《なんとろくせい》」ではないかと思われる。

南斗六星とは、夏の南の夜空にみえる射手座の中心部に柄杓を伏せた形にならぶ六個からなる星宿で、中国東晋の干宝《かんぽう》が著した『捜神記《そうじんき》』の巻一には、「南斗星は生を司り、北斗星は死を司る」とある。高句麗壁画の星宿図では、北斗七星とともに重視されたという。[†2]

この図文が描かれた位置は、石室がほぼ西に開口するから南方位にあたり、この星座の位置に合う。天井の星宿図と一体の構想のもとに、高句麗から受容した粉本《ふんぽん》をもとに描かれた可能性が高い。

†2 金一権　一九九六「高句麗古墳壁画の星座図の考定」『白山学報』（金井塚良一訳　一九九八「高句麗壁画の星宿図の考定」『山武考古学研究所研究紀要』三）

†3 朱栄憲（永島暉臣慎訳）一九七二『高句麗の壁画古墳』学生社

王塚古墳
その５

天文図

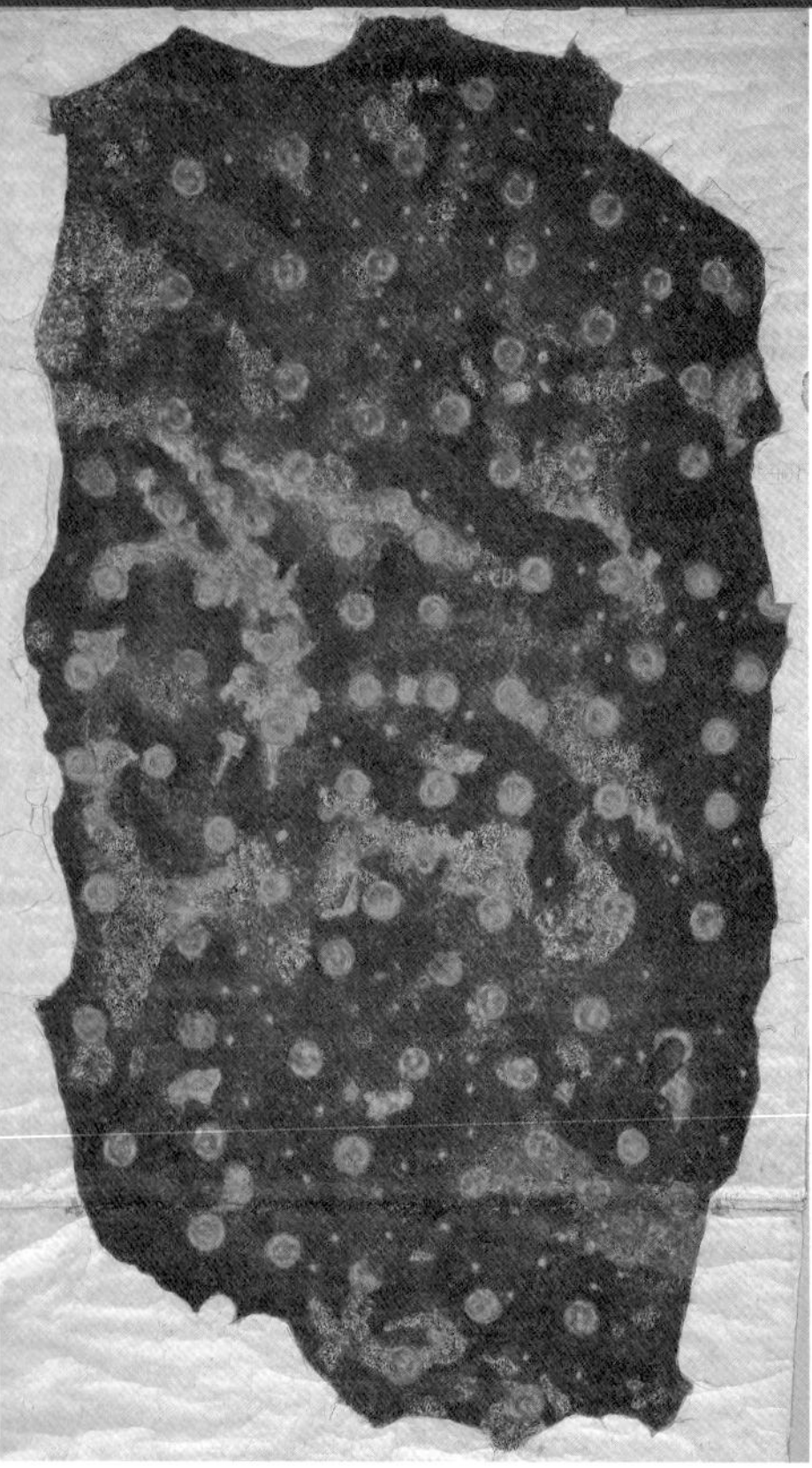

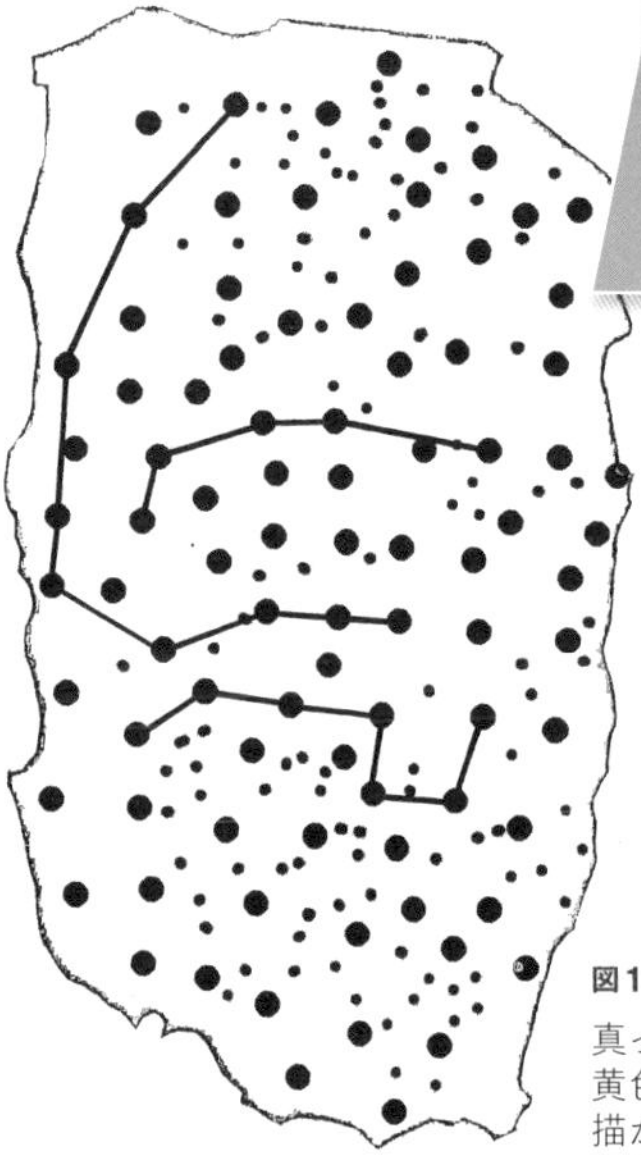

図1●王塚古墳の天井画

真っ赤な顔料の上に多数の黄色い珠文が描かれている。描かれた構図は天文図にふさわしい。

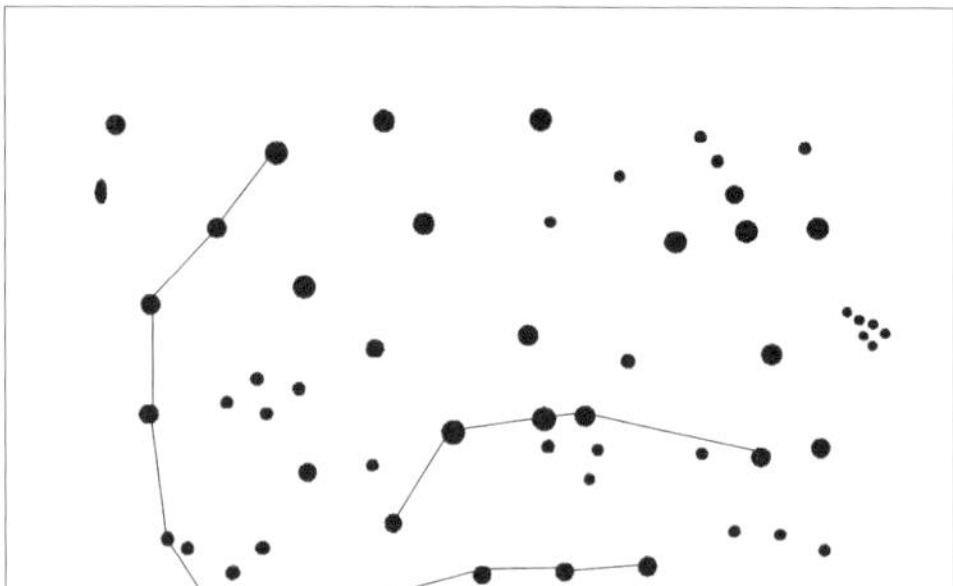

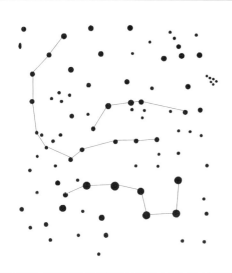

図2●真波里４号墳（北朝鮮平壌市郊外）の天井壁画

赤色顔料の上に金粉を塗ってある。王塚古墳の天井画と、星宿の配置に共通点が多い。

図3●右側壁の円文群
その配置から「南斗六星」と考えられる。

図4●キトラ古墳（奈良県明日香村）の天井画
星宿をあらわしている。王塚古墳の天井画はこれよりも150年以上さかのぼる。

20 日岡古墳―石室構造と壁画

日岡《ひのおか》古墳は福岡県の中南部、うきは市にある墳長約八〇メートルの前方後円墳である（図1）。後円部頂が削平された際に横穴式石室の上部が崩落したらしい。一八八八年（明治二一）、坪井正五郎氏が横穴式石室内部を発掘調査し、壁画を発見した。[†1] 古墳の築造年代は六世紀前葉、王塚古墳よりもわずかに先行するようだ。

横穴式石室は、床面から二メートルより上が崩壊していたが、調査後の整備工事（崩壊部の石積みや補強）により、現在は石室上部に設けられた保存施設内で遺存する石室と壁画を見学できる。

石室の平面形は、ゆるい胴張りの玄室《げんしつ》に玄門《げんもん》が接続する。ただし、玄門の前面は調査後に数枚の板石で閉塞したため、羨道《せんどう》の構造や規模は不明である。

玄室の奥壁は、横二・二×縦一・九メートルの巨大な安山岩を据えて鏡石《かがみいし》とし、数段の割石を積んだ上に、厚さ約二〇センチ、前面に八〇センチほど突出する石棚を架構している（図2）。残念ながら、石棚の右半分と石棚上部の壁体は失われている。

左右の側壁は厚さ一〇～二〇センチ、幅五〇～八〇センチ程度の安山岩の割石や転石を内傾気味に積み上げる。奥壁の石棚と玄門の天井石を結ぶ高さより上部は破壊されている。

玄室床面は盗掘時に敷石の下面が四〇センチほど除去され、奥壁沿いに二×二・二メートル、厚さ〇・六メートルあまりの巨大な天井石が落ち込んだまま残

†1 坪井正五郎　一八八九「筑後国日の岡にて古代紋様の発見」『東洋学芸雑誌』六―八八

されている。多段積みの玄門袖石《そでいし》は、高さ二〇〜五〇センチ、幅一メートル前後の転石や塊石を四〜五段ほど積み上げ、一枚の天井石でおおう。玄門床面には、ていねいに加工した板石を並べて梱石《しきみいし》としている。

　石室内の壁画をみてみよう（図3）。先述した王塚古墳と手法を異にするが、玄室の壁面のほぼ全面が多様な図文で埋めつくされるところに特徴がある。注意したいのは、奥壁から二・八メートルほどのあいだの側壁下部では、推定床面から六〇センチあまりの壁面に装飾図文が認められないことである。他の壁面装飾からみて、この壁画空白部分は石障のような遺骸安置施設が設置されていた可能性がある。[†2]

　使用された顔料は、赤・緑・白・青色の四色とされてきたが、青色は灰色である。[†3]

　図文の構成や配置では王塚古墳とのちがいが大きいが、図文の種類は共通するものが多い。幾何学文では同心円文・連続三角文・三角文、また具象文では盾《たて》・靫《ゆき》・大刀《たち》・船・馬などである。これらのうち、抽象文の蕨手文《わらびてもん》と具象文の大刀・船・馬の四種は、顔料を用いての図文表現としては最古例である。

　なお注意されるのは、羨道の側壁と天井石にも図文が描かれている点である。数ある壁画系装飾古墳のなかで、このような図文装飾は本古墳が唯一だ。

†2 吉井町教育委員会　一九八九『若宮古墳群Ⅰ―月岡古墳・塚堂古墳・日岡古墳―』（吉井町文化財調査報告書四）

†3 朽津信明　二〇〇二「装飾古墳の顔料について―特に緑と青の問題を中心として―」『装飾古墳の展開』（第五一回埋蔵文化財研究会発表要旨）

図1●日岡古墳（福岡県うきは市）外観

墳長約80mの前方後円墳。6世紀前葉築造で、王塚古墳よりわずかに先行する。石室上部の保存施設内で遺存する石室と壁画を見学できる。

図2●玄室の奥壁

正面に横2.2m×縦1.9mの巨大な鏡石を据え、数段の割石を積んだ上に石棚を架構している。手前の巨大な石は落ち込んだ天井石。

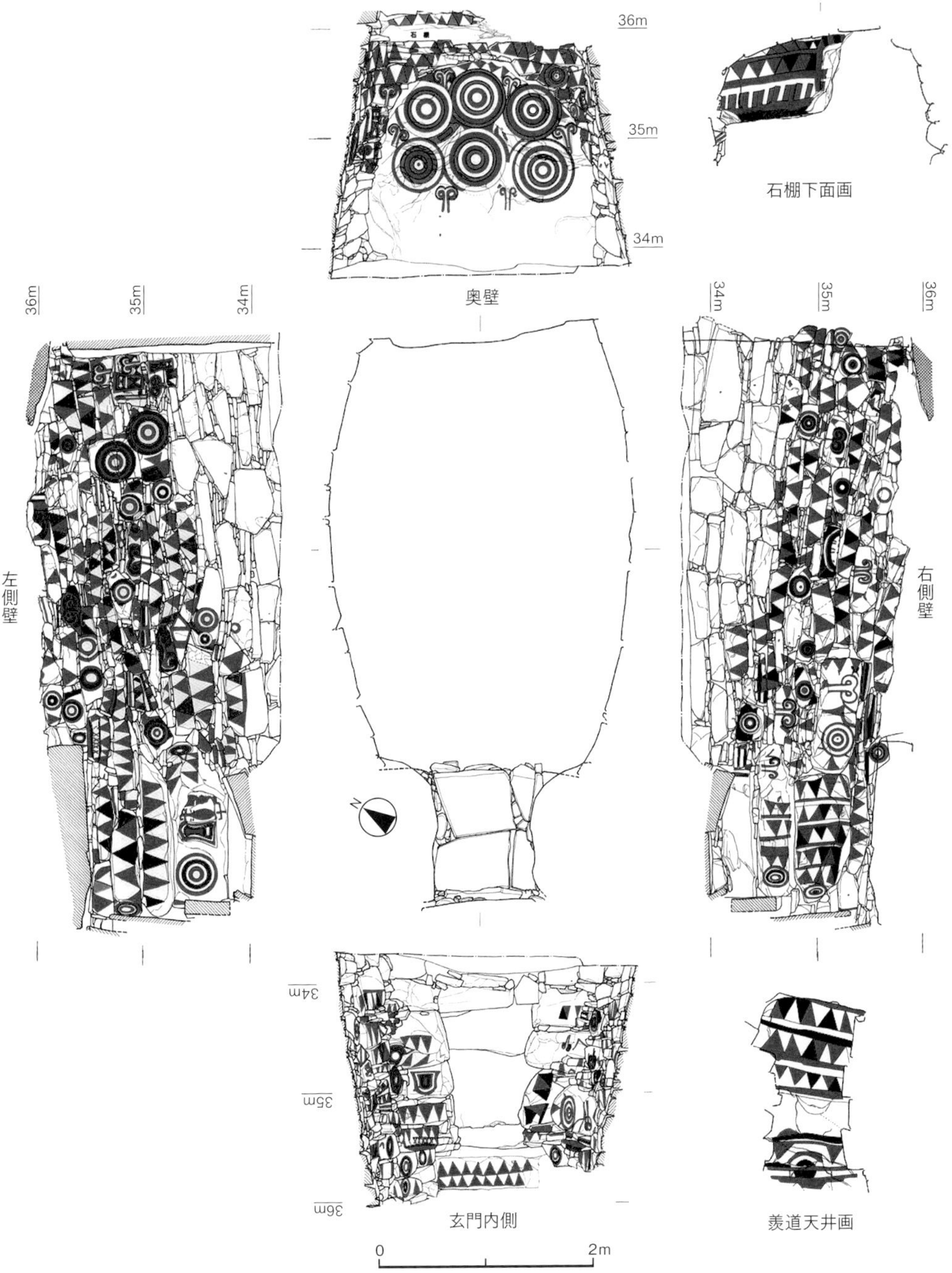

図3●横穴式石室の実測図

玄室は長さ3.9m、奥幅約2.2m、前幅1.8m、最大幅2.8m。前壁中央の玄門は、幅0.9m、長さ1.1m、高さ1.4mの多段積み。ほぼ全面を多様な図文で埋めつくしている。羨道の側壁と天井石にも描いているのは本古墳のみ。図面上の壁画の色は、白色の顔料が黄に、灰色の顔料が黒で表示されている。

21 日岡古墳―多様な壁画

奥壁の巨大な鏡石《かがみいし》に描かれた大形の同心円文は迫力がある（図1・2）。上下二段に三個ずつあり、直径は五〇〜六〇センチ、中央から白・赤・緑三色を五〜六重に重ねた構成で、それぞれに配色が異なる。

同心円文のまわりには複合蕨手文《わらびてもん》と連続三角文を配している。蕨手文は白色で描かれた中央側面を赤色でなぞり、その上側を緑色の顔料でおおっている。鏡石と石棚《いしだな》とのあいだの割石壁面は、赤・白・緑・灰色の三色で横位の連続三角文で充塡している。

奥壁に架構された石棚には前面と下面に壁画がある（20項の図3参照）。前面は白・赤・緑の三色で横位の連続三角文を描いている。下面の壁画は複雑だ。まず赤一色で主軸線上に幅広の直線文を描き、それに直交して赤・白・緑・灰の四色の幅広直線文で三つの区画にわける。奥側の二区画は四色で横位の連続三角文を、前面の一区画は赤・白・緑の三色で幅広で短い直線文を描いている。

左側壁の壁画（20項の図3参照）は、図文の配置に一定性がなく大半が幾何学文である。多くは石材単位に描かれた横位の連続三角文で、そのあいだに一四個の同心円文と五個の蕨手文を配している。同心円文・蕨手文は赤・白・灰色のうちの二色ないし三色を重ねて表現し、奥壁に多用された緑色の顔料は使用されていない。壁面の大半をしめる連続三角文も、ほとんどが赤・白・灰色の三色で描かれ、横位に描かれ、上下を縁どりしたものはわずかである。

具象文は奥壁寄りに靫《ゆき》と大刀のほか、二カ所に馬と魚が小さく表現されている。奥壁に沿って上下に二個描かれた靫は、変形が著しく、かろうじて靫と判断されるほどだ。奥壁沿いの靫と大刀（**図3**）は三〇センチ前後、馬は一つの割石に赤色顔料で長さ三〇センチほどの体軀を描いたもので、一部を白色で縁どりし、残りを灰色で塗りつぶしている。同じく、遺存する側壁の上端部で観察される魚文は、長さ二五センチほどのサイズで描かれている。

右側壁の壁画（**20項の図3参照**）は、大半は幾何学文の連続三角文・同心円文や抽象文の蕨手文で埋められ、具象文は壁面のほぼ中央付近に描かれた船のみである。連続三角文は赤・白・灰色の三色が使用されるが、赤色の一色、赤と灰の二色、赤と白の二色、それに三色を用いるものなど顔料の組合せは多様だ。同心円文は一一個、赤・白・緑の三色を使用し、多様な配色例が認められる。蕨手文は四個、図形と配色は左側壁のものとほぼ同様だ。

具象文の船（**図4**）は、五〇×二〇センチほどの割石に描かれる。上から灰・赤・白の三色を重ねてゴンドラの形状を表現し、船体の下方を灰色顔料で埋める。奥壁側が舳先で船尾の下方に赤色で舵らしい構図がみえる。

先述したように、多石積みの玄門袖石《げんもんそでいし》と天井石にも壁画が描かれる（**図5、20項の図3参照**）。袖石の壁画は連続三角文と盾、同心円文がある。天井石の壁画は石室主軸に直交方向の横位の連続三角文と、先端に同心円文を描いている。

図1●奥壁

大形の同心円文は迫力がある。石棚の前面と下面の壁画がみえる。

図2●奥壁の日下八光氏復元図

同心円文は直径50～60cm、中央から白・赤・緑三色を五～六重に重ねた構成で、それぞれに配色が異なる。

図4●右側壁（中央付近）に描かれた船

上から灰・赤・白の三色を重ねてゴンドラの形状を表現し、船尾の下方に赤色で舵らしい構図がみえる。

図3●左側壁（奥壁寄り）に描かれた靫と大刀

靫は変形が著しく、かろうじて靫とわかる。

図5●玄室からみた玄門側

袖石の壁画は前壁側から連続するものと単独に描かれるものがあり、前者の大半は連続三角文で、左右で横位と縦位のちがいがある。後者は、左袖石に描かれた盾と同心円文のみである。羨道天井石の下面にかろうじて壁画がみえる。

22 釜尾古墳—石室と壁画

釜尾《かまお》古墳は、熊本平野北西の山麓斜面（標高五〇メートルほど）につくられた円墳である[†1]（図1）。周囲の削平が著しく現状では直径一三メートル、高さ六メートルあまりの墳丘だが、もともとは直径二〇メートル前後の円墳と推測される。

墳丘の中央につくられた横穴式石室は江戸時代中期に開口し、その際に壁画が発見されたという。石室の形状は、ほぼ方形の玄室《げんしつ》に狭長な前室と羨道《せんどう》が接続する複室構造だ（図7）。玄室の規模は奥行三・三メートル、幅三・四メートル、上部は削平され、床面から二・五メートル以上は積み替え補修されている。石室の石材は安山岩を使用し、玄室は基底部から扁平な割石を積み上げるが、前室と羨道は基部に腰石《こしいし》を据えている。

玄室と前室、前室と羨道のあいだは立柱石《りっちゅうせき》を袖石《そでいし》として区画している（図3）。玄室床面には、奥壁に沿って安山岩の板石で石屋形《いしやがた》を設置し、その前面を三区に区画し、側壁側を屍床《ししょう》としたらしいが、仕切り石の大半は失われている。

玄室周壁は袖石を除いて床面から一・五メートル付近までを赤色顔料、それより上部は白色顔料で塗布する（図2）。こうした手法は使用顔料にちがいはあるが王塚《おうづか》古墳に通じている。赤・白・灰色の三色で描かれた図文は、石屋形と玄門の左右袖石（玄室側）と玄門上に架構された天井石下面に認められる[†2]。

石屋形は破壊のため右側壁と奥壁の上部および蓋石が原位置をとどめていないが（図2）、図文は奥壁・左側壁・左右袖石の前面と蓋石下面および上面に認めら

†1 濱田耕作 一九一九「肥後国飽託郡西里村釜尾古墳」『九州における装飾ある古墳』（京都帝国大学文学部考古学研究報告三）

†2 乙益重隆 一九八四「釜尾古墳」『熊本県装飾古墳総合調査報告書』（熊本県文化財調査報告六八）

れる。奥壁は輪状部を左にむけた横位の双脚輪状文《そうきゃくりんじょうもん》を三個連接するように配置し、右端に同心円文、左端に三角文を描く。三個の双脚輪状文は、赤・白・灰色の三色を重ねた図形でほぼ等しく描かれる（図8）。

　左右の袖石にもそれぞれ一つずつの双脚輪状文が描かれる。右側は奥壁のそれと同方向の横位に描かれるが、左側のそれは双脚部を上部にして描かれている。注意されるのは、右側図文の輪状部は奥壁と同様に五カ所の棘状突起を表現するのにたいして、左側図文の棘状突起は四カ所で顔料の重ねも少ない表現となっている。石屋形の蓋石は、その下面と小口に連続三角文が描かれている。蓋石下面の図文は、石室主軸に平行する中央の幅広の直線を境にして、左右をそれぞれ二分割した区画を連続三角文で埋めるが、区画ごとに図文構成にちがいがある。小口は三色を山形に重ねた連続三角文である（図6）。

　玄門を構成する立柱石の壁画は、大形三角文を赤・白・灰色の三色で横位ないし斜位に軸をとり、互いに向かい合うような三角文を表現する（図4）。顔料の剝落が著しいため全体の構図が不明瞭だが、全面に描かれたとみてよいだろう。

　玄門上の天井石の壁画は、小口と下面に描く。小口は横位の連続三角文を赤・白・灰の三色で塗り分ける。下面の壁画は、中央に石室主軸に沿って赤色直線を描き、その左右に三色を重ねた山形の連続三角文を描く（図5）。この図文構成は石屋形下面の左辺区画と等しい。

図1●釜尾古墳（熊本市）
直径13m、高さ6mあまりの墳丘だが、元は直径20m前後の円墳と推測される。

図2●玄室奥壁と石屋形
石屋形は破壊のため右側壁と蓋石が原位置をとどめていない。

図3●玄門の袖石と天井石
顔料の剝離が著しく、かろうじて大形三角文の一部がみえる。

図4●玄門立柱石壁画（日下八光氏復元図）
袖石と天井石前面に大形三角文を赤・白・灰色の3色で描く。

図5●楣石下面の壁画復元図
中央に赤色直線、その左右に3色を重ねた山形の連続三角文を描く。

図6●石屋形袖石と蓋石下面壁画（日下八光氏復元図）
左右袖石に双脚輪状文と連続三角文、蓋石下面に石室主軸に平行する多様な連続三角文を4列に描く。

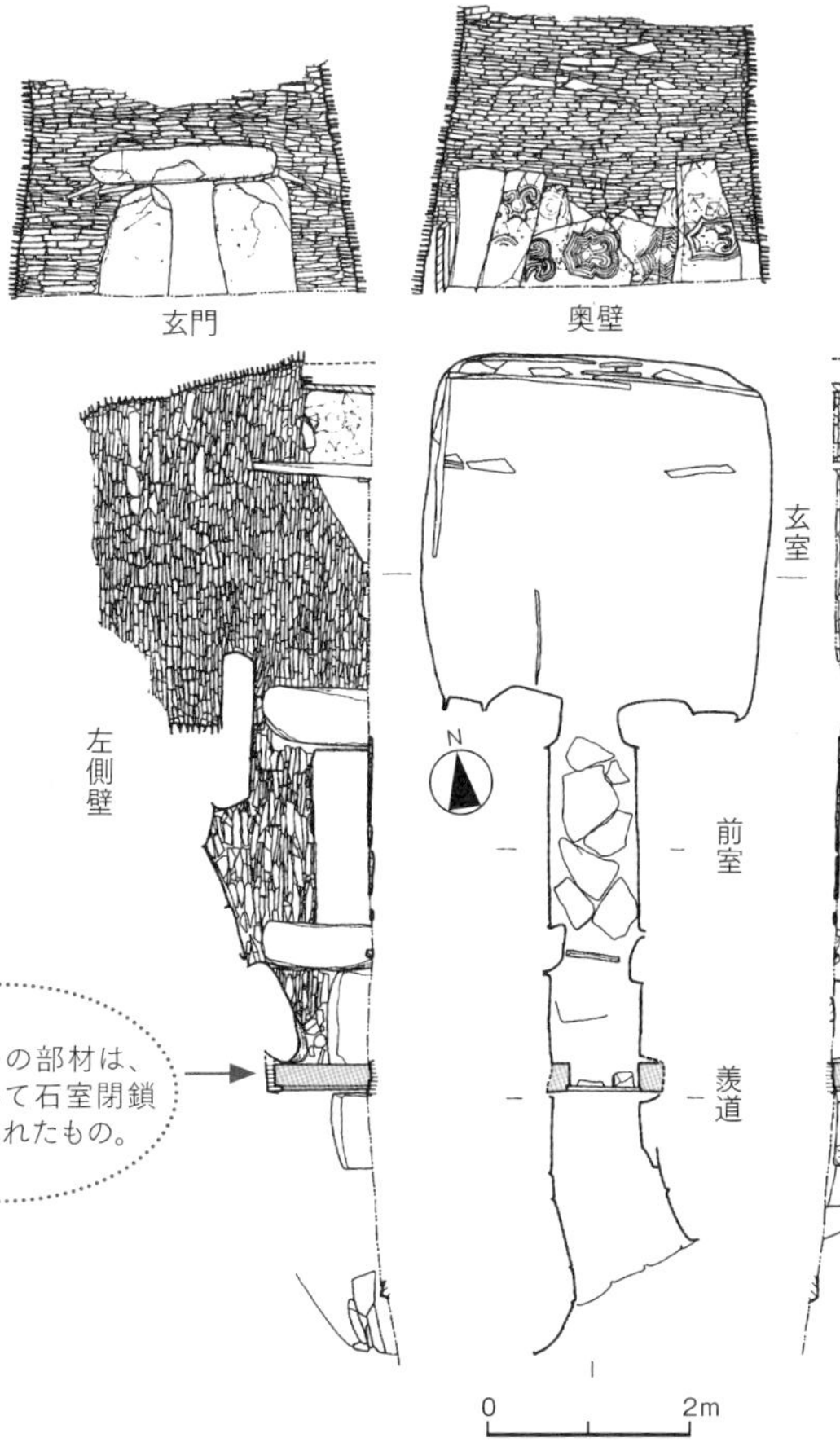
右側壁
左右の2つの部材は、昭和になって石室閉鎖用に設置されたもの。

図7●石室実測図

横穴式石室で、ほぼ方形の玄室に狭長な前室と羨道が接続する。玄室は奥行3.3m、幅3.4m。

図8●石屋形奥壁画の復元図（日下八光氏）

横位の3個の双脚輪状文が特徴的。奥壁の背後左右の石材には同心円文のまわりに小型の三角文をめぐらす壁画がある。

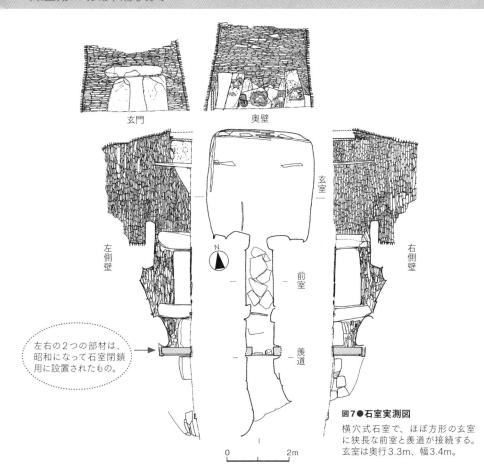

23 謎の双脚輪状文

これまで第2期初現段階を代表する三基の装飾古墳について、図文の配置・構成・配色などをくわしくみてきた。なかでも王塚《おうづか》古墳と釜尾《かまお》古墳に描かれた双脚《そうきゃく》輪状文《りんじょうもん》は、装飾古墳の拡散と絵師集団の関係を考えるうえで重要な手がかりとなりそうである。

双脚輪状文が確認された古墳は、福岡県の二基（王塚古墳・弘化谷《こうかだに》古墳、[†1]図2）、熊本県の二基（釜尾古墳・横山《よこやま》古墳、[†2]図3）である。双脚輪状文は外周が不整な四～九個の連弧状もしくは円形の輪状部に、双脚が接続する不思議な図文で、輪状部の表現から①～③の三種に大別される（図1）。

①a表現　中央に四つの放射状突起をもつ円文に蕨手《わらびて》状双脚をつけた図形を内区とし、外側に異なる顔料で四つの棘状突起と双脚を描く（釜尾・横山）。

①b表現　①aと似るが中央の放射状突起が五つで、外側を異なる顔料で帯状に塗り重ね、五角形の連弧状の輪状部と双脚部をめぐる弧線を描く（釜尾）。

②表現　輪状部の外周に九～一〇の連弧文がつき、かつ連弧文の交点や中間付近から輪状部中央の円文との間に車軸状の直線を描く（王塚）。

③表現　輪状部が同心円文状に表現され、その一端に双脚部を描く（横山・弘化谷）。

双脚輪状文は玄室《げんしつ》内に設置された石屋形《いしやがた》やその関連施設に描かれるのが特徴的だが、王塚古墳では石屋形関連施設のほかに石室の壁面にも描かれている。

†1 広川町教育委員会　一九九一『弘化谷古墳―発掘調査及び保存整備報告書―』（広川町文化財調査報告八）

†2 上野辰男・桑原憲彰　一九八四「横山古墳」『熊本県装飾古墳総合調査報告書』（熊本県文化財調査報告六八）／熊本県教育委員会　一九九四『横山古墳』（熊本県文化財整備報告二）

まず、石屋形と関連施設に描かれた四例からみておこう。釜尾古墳では石屋形の奥壁に①b表現が三つ、前面の左袖石に①a表現、右袖石に①b表現がそれぞれ一つずつ配され、双脚輪状文が壁画の主文的位置を占める。横山古墳の場合、石屋形前面の左袖石に①a表現の変形、右袖石に③表現がそれぞれ一つずつ描かれる（図4）。弘化谷古墳では、石屋形奥壁に五段に分けて描かれた図文群の中央三段目に③表現が横位に二つならべられている（図5）。

王塚古墳の場合、石屋形の前面に配置された左右の灯明台石に各一個と、玄門《げんもん》の右立柱石の羨道側壁面に二個と楣石《まぐさいし》に一個の計五個が描かれるが、すべて②表現である。

これらとは別に、佐賀県鳥栖市の田代太田《たしろおおた》古墳の壁画には③表現の双脚輪状文に近似する図形がみられる（④表現）。それは輪状部の上端を描いておらず類似の図形から高坏《たかつき》形ではないかとされている。†3 また、大分県別府市の鬼《おに》の岩屋《いわや》二号墳でも双脚輪状文とされる図形があるが、†4 関東地方にみられる冠帽形《かんぼうがた》埴輪をモデルにした可能性が高い。

年代は、①a・bおよび②の図形が六世紀前葉、③の図形が六世紀前葉〜中葉である。多様な図形の双脚輪状文は、それぞれがルーツを異にしているらしい。この点については次項で述べるが、壁画を構成する図文として重視されたことはまちがいない。そこに絵師集団間のネットワークが想定されてよいであろう。

†3 鳥栖市教育委員会 二〇一〇『田代太田古墳―史跡周辺の範囲確認調査―』（鳥栖市文化財調査報告書八一）

†4 坂田邦洋・副枝幸治 一九八五「鬼の岩屋第二号墳の壁画について」『別府大学紀要』二六

双脚輪状文の連鎖

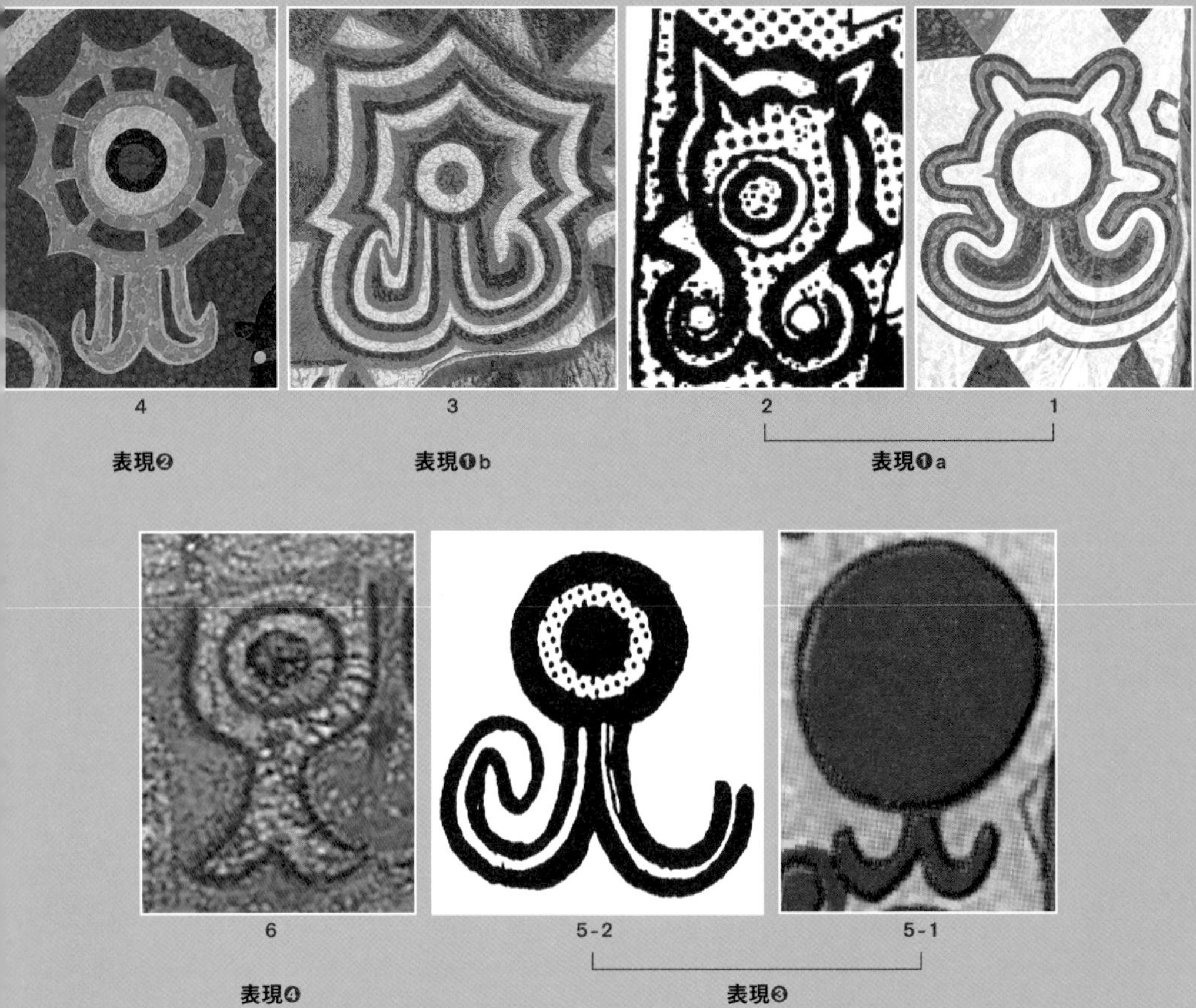

図1●さまざまな双脚輪状文

表現❶a　**1釜尾古墳・2横山古墳**
内側：2〜4つの放射状突起をもつ同心円文＋蕨手状双脚、外側：4つの棘突起と双脚。

表現❶b　**3釜尾古墳**
内側：5つの放射状突起をもつ同心円文＋蕨手状双脚、外側：5角形の連弧状輪状部と双脚。

表現❷　**4王塚古墳**
9〜10の連弧文の外周と内部の同心円文のあいだに車輪状の直線をめぐらし、その一端に双脚。

表現❸　**5-1弘化谷古墳**・**5-2横山古墳**　同心円文の輪状部の一端に双脚。

表現❹　**双脚輪状文風　6田代太田古墳**
輪状部上端が描かれておらず、高坏形に変形か。

図3●横山古墳（熊本県山鹿市）

6世紀中葉の小形前方後円墳（墳丘長39.5m）。

図2●弘化谷古墳（福岡県広川町）

6世紀中葉の大形円墳（墳丘直径39m）。

図4●横山古墳の復元石室

石屋形の袖石に双脚輪状文が描かれている。

図5●弘化谷古墳の壁画

石屋形に双脚輪状文が描かれている。

24 双脚輪状文のルーツ

双脚輪状文《そうきゃくりんじょうもん》は、一九一八年に京都帝国大学がおこなった熊本市の釜尾《かまお》古墳の調査でその構図が明瞭に示された装飾図文である。その報告のなかでは名称を付されることもなく、想像上の抽象文やヒトデを模した具象文などの可能性が想定され、その解明については今後に期したいとしている。[†1]

双脚輪状文の名称は王塚《おうづか》古墳の調査報告で付されたが、図文については呪術的文様とみられると述べるにとどまった。[†2] 戦後になって装飾古墳の発見が増加すると、双脚輪状文の不思議な図文は研究対象となり、そのルーツについて多様な見解が提出されている。

これまでの見解を大別すると、おもなものだけでも、①円文と蕨手《わらびて》文の合成説、[†3]②翳《さしば》説、[†4]③スイジガイ説、[†5]④ゴホウラガイ説、[†6]⑤高句麗壁画図文の蓮華文説、[†7]⑥新羅の冠帽《かんぼう》を図案化した双脚輪状文形埴輪説[†8]などがある。なお以上の所説については、加藤俊平氏がていねいに研究史を整理している。[†9]

かつて私は、王塚古墳の壁画を述べた際、双脚輪状文は③説を受け、スイジガイの鋭い突起に辟邪《へきじゃ》の呪力が期待されて装飾図文として案出されたと推測した。[†10] しかし、**23項の図1**のように双脚輪状文の図形表現が四種に大別されることは何を意味するのであろうか。

四種のうち、釜尾古墳と横山《よこやま》古墳の表現①aは四本の突起をもつ輪状部に双脚がつき、スイジガイ製貝輪（実例に静岡県磐田市の松林山《しょうりんざん》古墳などの出土品がある、**図**

†1 濱田耕作 一九一九「肥後国飽託郡西里村釜尾の古墳」『京都帝国大学文学部考古学研究報告』三

†2 京都帝国大学文学部考古学研究室 一九四〇『筑前国嘉穂郡王塚装飾古墳』（京都帝国大学文学部考古学研究報告一五）

†3 斎藤忠 一九五二『装飾古墳の研究』吉川弘文館

†4 樋口隆康 一九五四「双脚輪状文とさしば―新出異形埴輪の意味するもの―」『古代学研究』一三

†5 宇佐晋一・西谷正 一九五九「巴形銅器と双脚輪状文の起源について」『古代学研究』二〇／辰巳和弘 一九九二『埴輪と絵画の古代学』白水社／加藤俊平 二〇一〇「スイジガイ由来の器財と文様」『考古学研究』五七―一

1）にもっとも近似する。一方、王塚古墳の表現②は、七～九個の連弧文からなる輪状部の連弧の交点や中央付近から内部にむかう車軸状の直線文を表現している。これは表現①からの変化というよりも、和歌山市の井辺《いんべ》八幡山《はちまんやま》古墳などから出土した双脚輪状文形埴輪を忠実に写した図形とみられる（図2）。弘化谷《こうかだに》古墳と横山古墳石屋形《いしやがた》右袖石《そでいし》の表現③は、京都府木津町の音乗谷《おんじょがだに》古墳[†11]から出土した双脚輪状文形埴輪と酷似している（図3）。その図形は輪状部が単純な同心円として表現され、文様化した形状とみられる。なお、表現④の輪状部上半部を省略した田代太田古墳の表現の意味は不明である。

興味深いのは、双脚輪状文を描いた装飾古墳の横穴式石室がいずれも石屋形を設置していること、双脚輪状文形埴輪をモデルとした図文が描かれた王塚古墳と井辺八幡山古墳を含む和歌山市の岩橋《いわせ》千塚《せんづか》古墳群との関係である。

岩橋千塚古墳群は、ヤマト王権のなかで対外交渉に重要な役割をはたした紀《き》氏一族の奥津城と想定される古墳群で、五世紀末葉以降に「岩橋型」とよばれる独特な横穴式石室を案出し、六世紀初頭には玄室《げんしつ》奥壁に石棚《いしだな》を架構するなど独創的な石室構造を創出した（図4・5）。九州における石棚の初出例は日岡《ひのおか》古墳と王塚古墳である。王塚古墳に描かれた双脚輪状文と玄室奥壁に架構された石棚は、岩橋千塚古墳群から導入されたとみてまちがいないと思う。

†6 橋口達也　一九九三「装飾古墳の蕨手文・双脚輪状文」『九州歴史資料館研究論集』一八

†7 若松良一　一九九一「双脚輪状文と貴人の帽子」『埼玉考古学論集―設立一〇周年記念論文集』

†8 丹野拓　二〇一五「双脚輪状文形埴輪の冠帽としての検討」『河上邦彦先生古稀記念献呈論文集』

†9 加藤俊平　二〇一八『双脚輪状文の伝播と古代氏族』（同成社）

†10 柳沢一男　二〇〇四『描かれた黄泉の世界　王塚古墳』新泉社

†11 奈良文化財研究所　二〇〇五『奈良山発掘調査報告Ⅰ』（奈良文化財研究所学報七二）

双脚輪状文埴輪

図1●スイジガイ製腕輪

静岡県磐田市の松林山古墳（4世紀後葉、前方後円墳、墳丘長約107m）出土。

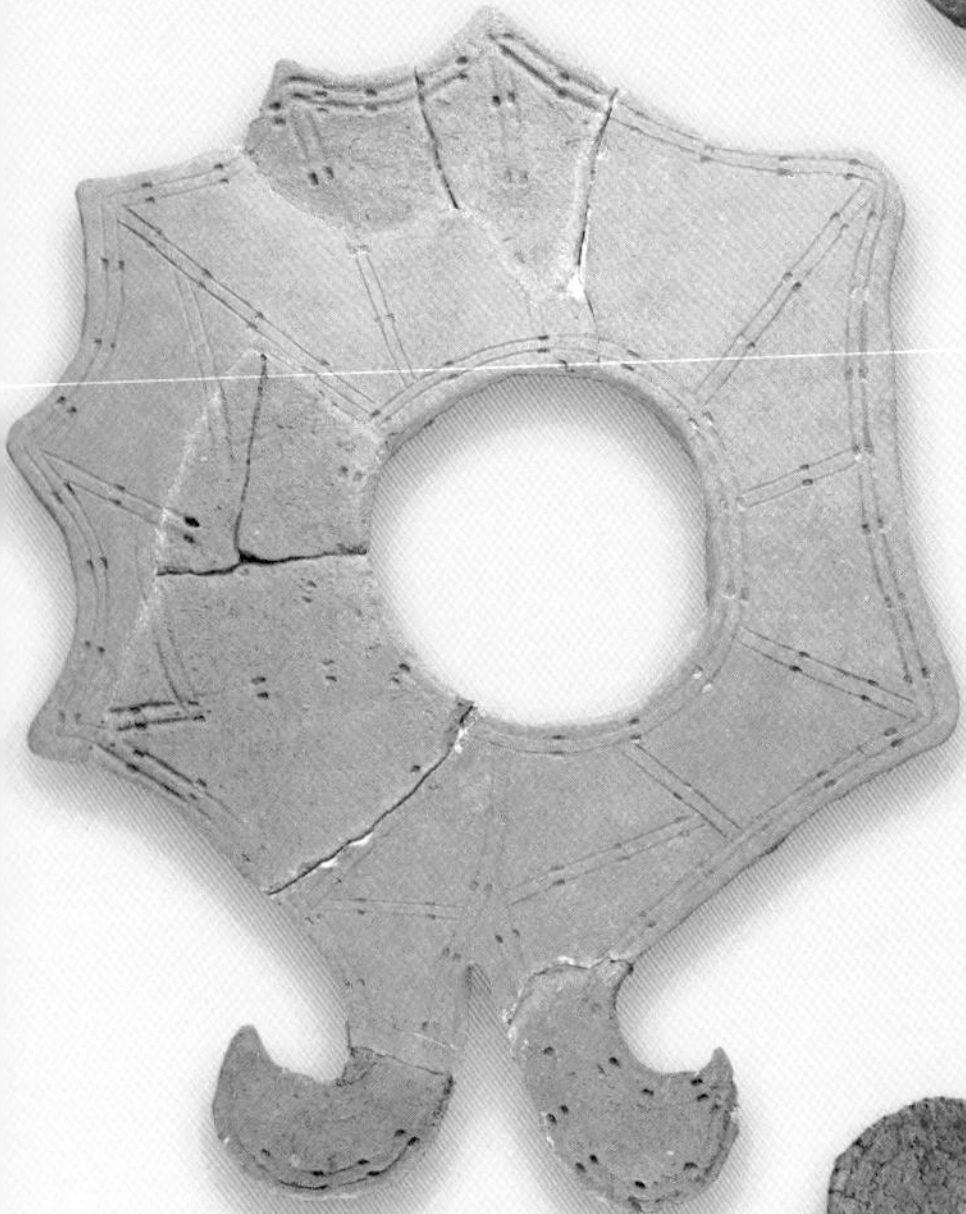

図2●双脚輪状文形埴輪

和歌山市の井辺八幡山古墳（6世紀前半～中葉、前方後円墳、墳丘長88m）出土。

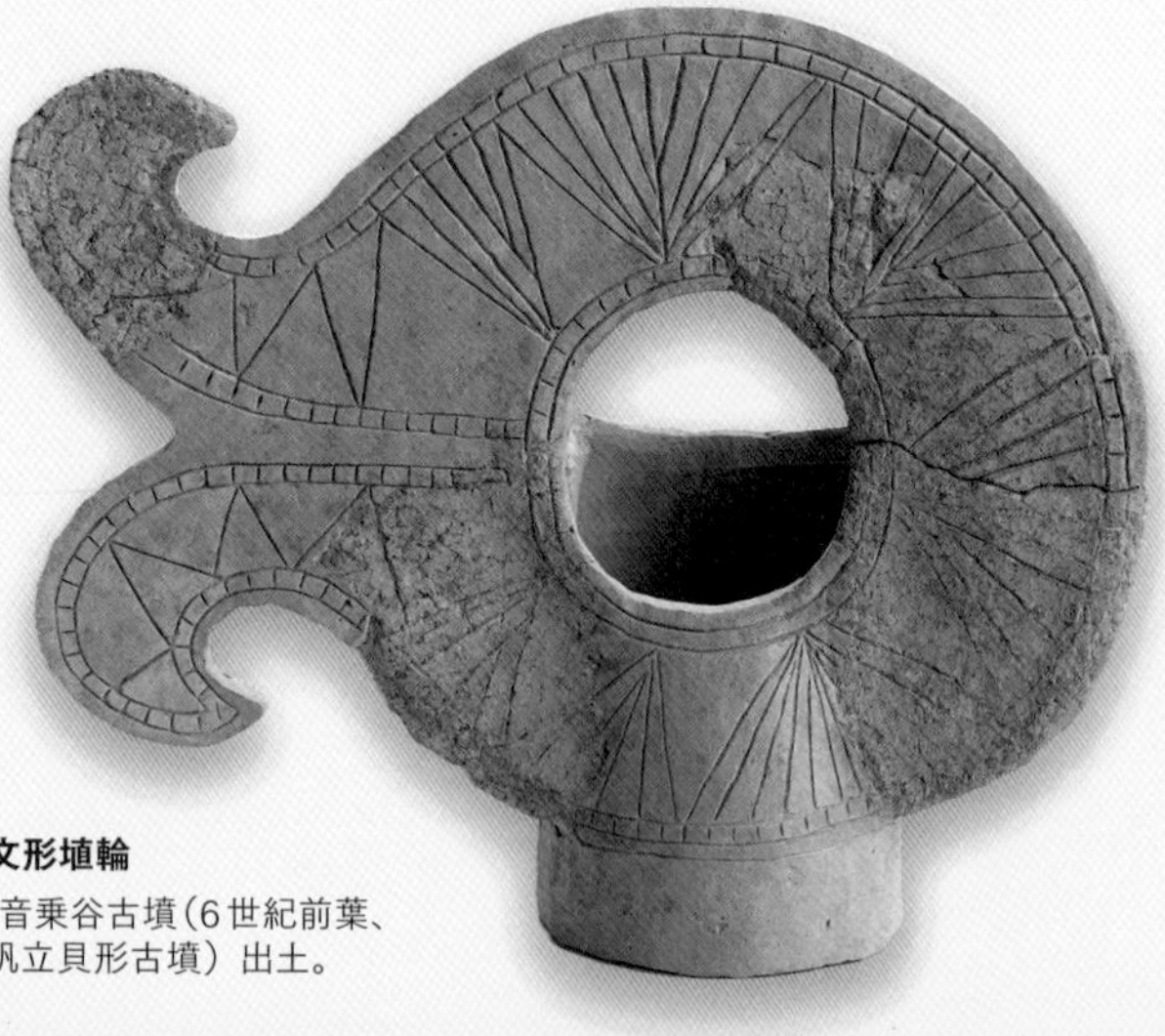

図3●双脚輪状文形埴輪

京都府木津町の音乗谷古墳（6世紀前葉、墳丘長22mの帆立貝形古墳）出土。

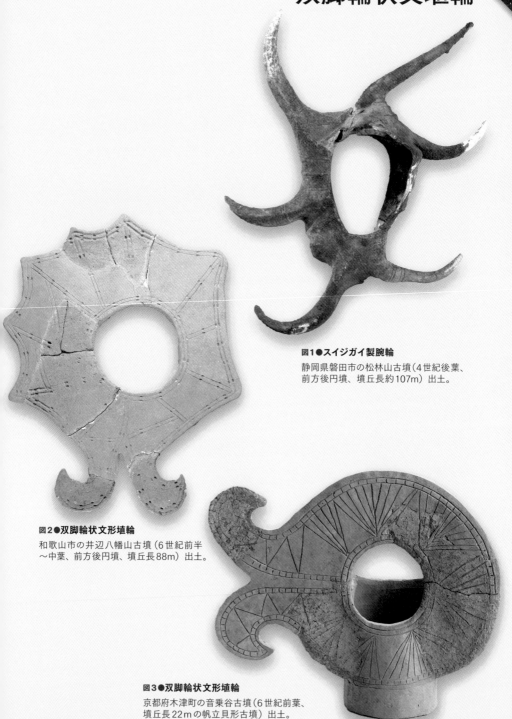

岩橋型横穴式石室

図4●天王塚古墳の玄室奥壁部
天王塚古墳は岩橋千塚古墳群（和歌山市）にある6世紀中葉の前方後円墳（墳丘長約86m）手を伸ばした先に2枚の石棚があり、その上に2本の石梁がある

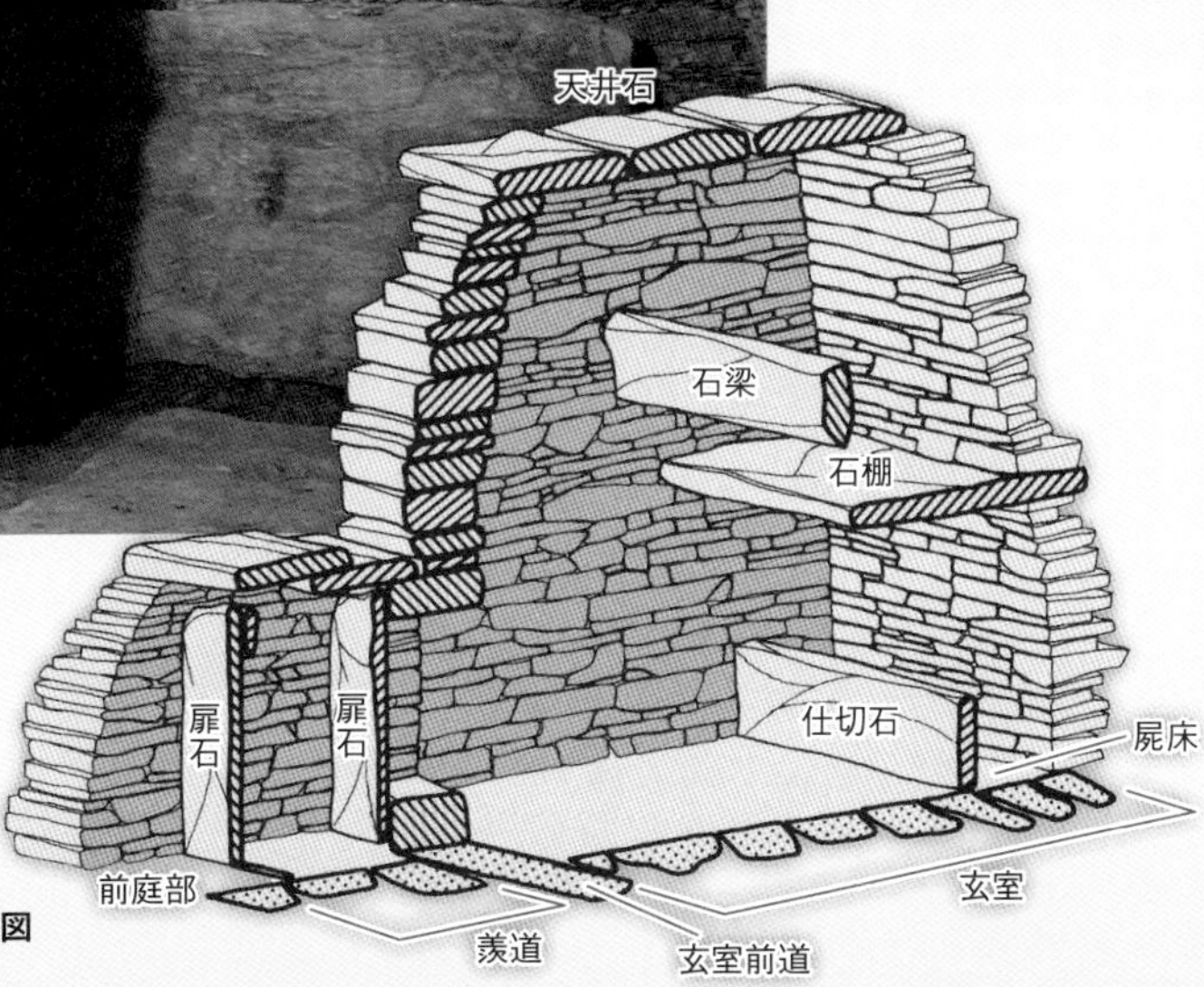

図5●岩橋型横穴式石室の模式図

25 謎の天井画

先にみたように、王塚《おうづか》古墳の玄室《げんしつ》天井石下面には高句麗系の星宿図《せいしゅくず》が描かれている。また、王塚古墳にやや先行する日岡《ひのおか》古墳と釜尾《かまお》古墳では、玄門《げんもん》の天井石下面に幅広の直線で区画された連続三角文を基調とする壁画が描かれている。時期が近似する横山《よこやま》古墳でも、調査時には玄門の天井石下面に三角文状の図文が観察されたという。[†1] また、日岡古墳では奥壁に架構された石棚の下面にも同様な壁画がみとめられる。

まず、玄門天井石の下面に描かれた天井画を比較してみよう。日岡古墳の天井石は（図1）、羨道部までをおおう大形石材を架構し、玄室側には石室主軸に直交する幅広の直線を赤・白・灰色を単色ないし重ね塗りして三段の区画を設け、そのあいだを同色の連続三角文で充填する。その外方に幅広の無文帯を置いて黒・灰・赤色で幅広の直線文を描く。天井石の外端は赤色で幅広の直線文を階段状に描き、先の直線文とのあいだに赤色の直線文と同心円文を重ねる不思議な構図だ。

一方、釜尾古墳の玄門天井石は（図2）、石室主軸上に赤色で幅広の直線文を描き、その左右に赤・白・灰色の三色を重ねた連続三角文で埋めている。いずれの天井画とも天井石の架構前に描かれたことは、壁体石材下に図文が隠れることから明らかだ。

つぎに石屋形《いしやがた》の天井石下面の壁画をみてみよう。釜尾古墳は（図5）、石室主軸に沿う中央に灰色で太めの直線を描き、その左側に玄門天井画と同様の連続三角

†1 上野辰男・桑原憲彰 一九八四「横山古墳」『熊本県装飾古墳総合調査報告書』（熊本県文化財調査報告六八）

文を二段に、右側は赤・白色を交互に配する三角文を二段に描く。弘化谷古墳は（図6）、赤色顔料を薄く塗った上に濃い赤色で図文を表現する特異な手法で大きめの連続三角文を三段に描く。

これにたいして王塚では（図7）、赤・黒・黄の三色で描いた連続三角文を巧みに組み合わせて、あたかも六角形を壁面全体に散らすような図文構成である。その巧みさには圧倒されるが、三角文に託した辟邪《へきじゃ》の観念を極度に文様化したものであろうか。

一方、これらの天井画に類似する壁画が朝鮮半島の古墳にもみとめられる。六世紀前葉に築造された小加耶《ソガヤ》の有力墓である松鶴洞《ソンハクドン》一B号墳一号石室（慶尚南道固城市）の玄室天井石にそれらしい痕跡が認められる（図3）。この古墳は直径二四メートル、高さ三・八メートルほどの円墳で、埋葬施設の横穴式石室は長鼓峰《チャンコボン》式とよぶ九州系の石室である。[†2] 調査報告書[†3]掲載の鮮明なカラー写真を検討すると、玄室奥壁寄りの二枚の天井石に、赤色顔料による石室主軸に直交する直線文と平行する直線文、さらに平行する直線文にそった連続三角文や、大きめの三角文などが観察される（図4）。また玄門天井石にも石室主軸方向の直線文と三角文らしきものがみえる。

天井画の構成は、釜尾古墳と日岡古墳の天井画をミックスした感がある。横穴式石室の構築とともに、肥後および筑後の絵師集団の関与が想定される。

†2 柳沢一男 二〇〇二「日本における横穴式石室受容の一側面—長鼓峰類型石室をめぐって—」『清蹊史学』一六・一七合輯

†3 東亜大学校博物館 二〇〇五『固城松鶴洞古墳群一号墳発掘調査報告書』（古蹟調査報告書三七）

天井画の連鎖

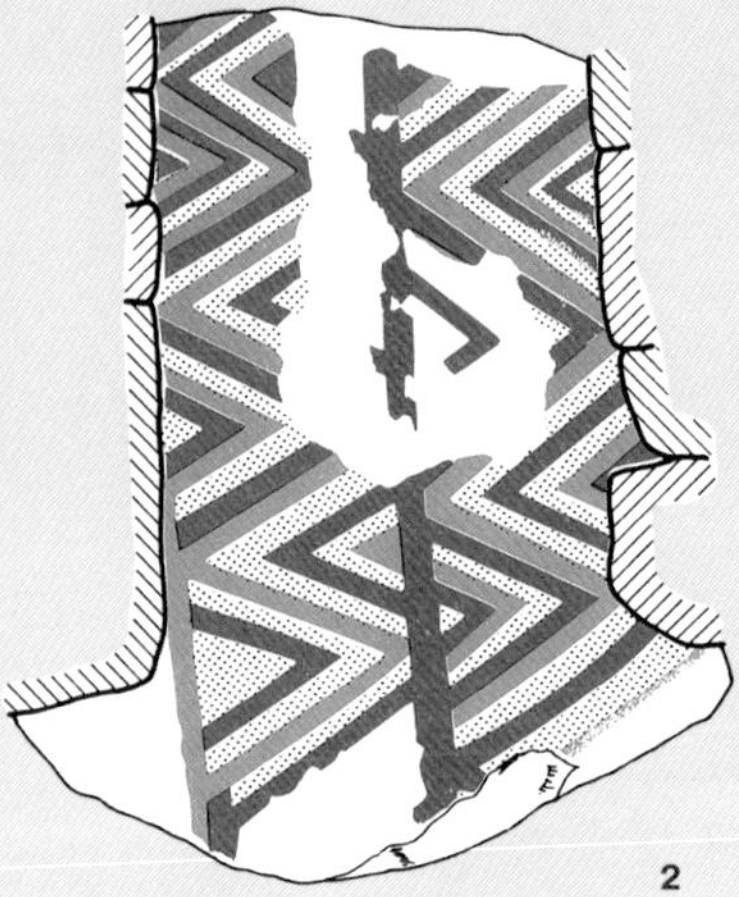

2

1

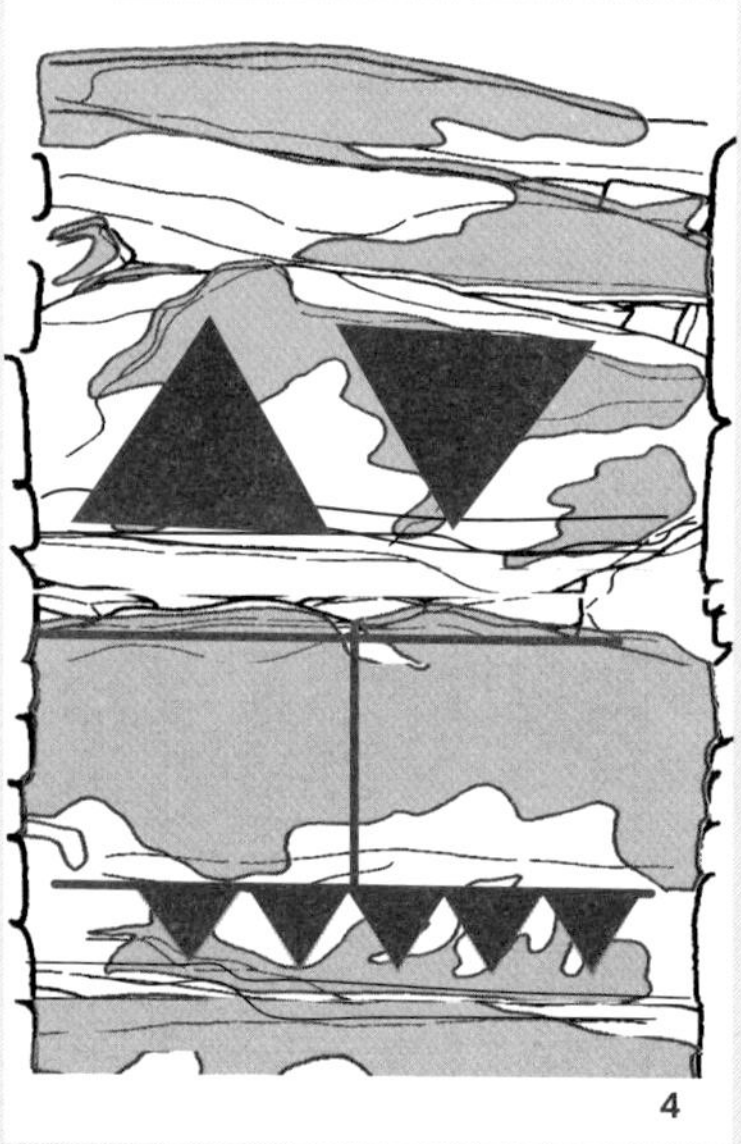

4

3

図1●日岡古墳の玄門天井石の図文　玄室側と羨道部側で別の図文で、羨道部側は直線と同心円文を重ねる不思議な構図。図のクリームは白色の顔料、黒は灰色の顔料。

図2●釜尾古墳の玄門天井石の図文　直線文のあいだを連続三角文で埋める。

図3●松鶴洞1B号墳1号石室の玄室天井石の図文　直線文と連続三角文や大きめの三角文などがみえる。

図4●同実測図　描き入れた文様は想定される図文（柳沢による）。

図5●釜尾古墳の石屋形蓋石下面の図文（日下八光氏復元図） 直線文のあいだを三角文、連続三角文で埋める。

図6●弘化谷古墳の石屋形天井石の図文 赤色顔料を薄く塗った上に濃い赤色で三角文を描く。

図7●王塚古墳の石屋形天井石の図文（日下八光氏復元図） 三角文を巧みに組み合わせて六角形にする。

26 朝鮮半島と九州のつながり

以上三項にわたって、双脚輪状文《そうきゃくりんじょうもん》と天井画の概略を記してきた。何度か指摘したように、この二つの図文の構図と装飾の部位には不思議なほどの共通性が認められる。とり上げた古墳の築造年代はおおよそ六世紀前葉、いずれも地域の有力首長墓であった。

壁画以外でも、王塚《おうづか》古墳と日岡《ひのおか》古墳の石室への石棚の設置は、たんなるアイデアの伝達だけで実現できるとは考えにくく、いち早く石棚を案出した和歌山市の岩橋《いわせ》型石室の工人集団との連携が想定される。

石屋形《いしやがた》では、王塚古墳のように石材が阿蘇石の場合、その構造から熊本県の菊池川中流域から輸送されたことが確実で、それには両地域の首長の緊密な関係が前提となる。また、装飾図文やこの段階から使用がはじまる灰色顔料を共通する点は、壁画を描いた絵師集団が同一か、あるいは異なる場合であっても緊密な情報伝達がおこなわれる関係にあったと思われる。

このような様相は、五世紀前葉〜末葉の有明海沿岸域の首長墓での横口式家形石棺の採用や石障《せきしょう》への図文装飾の連鎖と似ている。それを実現したのは、五世紀前葉にはじまる地域首長連合による多様な情報の共有であった。

六世紀初頭前後には、筑紫君磐井を盟主とする九州中北部首長間の連合関係が形成された可能性が高い。六世紀前葉における壁画系装飾古墳の拡散と装飾図文の連鎖は、こうした首長連合を背景にしたものであろう。

先述した韓国の松鶴洞《ソンハクドン》一B号墳一号石室の玄室《げんしつ》天文画の製作に日岡古墳・釜尾《かまお》古墳の壁画を描いた絵師集団の関与を想定したが、それはつぎのような九州中北部首長連合による朝鮮半島南部勢力との複雑な外交によって実現したのであろう。

一九九〇年以降の調査によって、五世紀末〜六世紀前葉にかけて全羅南《チョルナム》・北道《プット》一帯に一七基にのぼる前方後円墳の存在と、その埋葬施設のほとんどが九州中北部系の横穴式石室であること、[†1] それに加えて慶尚南道《チョンサンナムド》南部にも同時期の九州中北部系の横穴式石室が築造されたことが判明した。当時の倭王権による対朝鮮半島外交に、磐井を盟主とした九州中北部勢力が積極的に関与したことを示している。その過程で朝鮮半島の多くの勢力と接触したであろうことは容易に推測される。『日本書紀』にみえる「筑紫君磐井の乱」の記事には、百済・加耶・新羅・高句麗からの王権への朝貢船をはばみ、朝貢品を磐井が奪いとったとある。その記事にどれほどの真実性があるかわからないが、磐井を頂点とした九州中北部勢力が倭王権と敵対関係にあった新羅や高句麗と独自の外交をおこなった可能性は否定できない。[†2]

このような複雑な国際関係のなかで、磐井を盟主とする首長連合が高句麗と接触し、王塚古墳の天文図となる粉本《ふんぽん》が導入された可能性が想定される。あわせて、王塚・日岡古墳の横穴式石室全面を埋める壁画手法は高句麗壁画と通じるもので、粉本とともに絵師の招来も視野に入れるべきだろう。

†1 柳沢一男 二〇一四『筑紫君磐井と「磐井の乱」岩戸山古墳』新泉社／同 二〇一七「韓国で発見された横穴墓・地下式横穴墓と九州」『日本考古学協会二〇一七年度宮崎大会研究発表資料集』

†2 柳沢一男 二〇一四『筑紫君磐井と「磐井の乱」岩戸山古墳』新泉社

図1●岩戸山古墳(福岡県八女市)

北部九州最大の前方後円墳(墳丘長132m)。人物や動物、各種器材を模した膨大な数の「石製表飾(石人・石馬)」が採集・発掘されたこと、後円部に別区があることが特徴的。「磐井の乱」の当事者、筑紫君磐井の墓である可能性が高い。

図2●大形武人像頭部

岩戸山古墳を象徴する石製品(高さ70cm)。

図3●靫形石製品

靫の背面に顔面や両手、腰帯、刀子などを刻出している(高さ154cm)。

図4●朝鮮半島南部の前方後円墳と九州系横穴式石室墳の分布

墳丘長は 24 ～ 76m。栄山江流域と慶南地方に九州系横穴式石室墳が分布している。

図5●復元された月桂洞1号墳と石室

27 叙事的壁画の出現①―田代太田古墳

第2期における新たな装飾図文の出現と装飾部位の拡大を受けて、九州北部でほぼいっせいに装飾古墳の築造がはじまる。

熊本県の菊池川流域では装飾古墳が爆発的に増加し、横穴墓でも図文装飾が急増した。さらに、六世紀中葉ごろからさまざまな所作の人物像や多様な図文を描くことによって、儀礼場面などの叙事的図文が登場した。初期の二つの事例をとり上げよう。

田代太田《たしろおおた》古墳は、佐賀県鳥栖市にある直径三八メートル、高さ四・五メートルの大形円墳である[†1]（図1・2）。南に開口する横穴式石室は全長九・六メートル、前室・中室・後室（玄室《げんしつ》）の三室構造、各室壁体の最下段には大形の腰石を配し、上部を中小の転石で積み上げ大形の天井石を架構する（図3〜5）。

壁画は玄室奥壁、玄門《げんもん》の左右袖石《そでいし》の前面、および中室右側壁に赤・黒・緑の三色と岩肌をたくみに利用し、四色で描かれたようにもみえる。日下八光《くさかはっこう》氏よる現状模写をもとにした精緻な復元図によって図文の多くが判読できるようになった[†2]（図7）。

玄室奥壁の壁画は腰石全面に横位の連続三角文を八段に重ねて地文とし、そこに埋め込むように各種の図文が描かれる。

奥壁のほぼ中央、上から二〜四段目の連続三角文上にゴンドラ形の船に乗り両手を広げた人物、その右横に花文、またその右横に手を広げた人物を配置する。

†1 鳥栖市教育委員会 一九七六『田代太田古墳―調査及び保存工事報告書―』／同 二〇一〇『田代太田古墳―史跡周辺の範囲確認調査―』（鳥栖市文化財調査報告書八一）／森貞次郎 一九六四「太田古墳」『装飾古墳』平凡社

†2 佐賀県立博物館 一九七三『装飾古墳の壁画―原始美術の神秘をさぐる―』

連続三角文の上から五・六段目に重ねるように、大きな同心円文三個を均等に配置し、内部を黒色で埋め周囲を赤色で縁どった大形の「の」字状渦文四個を配置する。左と中央の同心円文のあいだには二艘のゴンドラ形の船を、中央と右の同心円文のあいだには騎馬人物を赤色顔料で描く。また右端の渦文と同心円文のあいだには二個の双脚輪状文《そうきゃくりんじょうもん》風の図文（高坏《たかつき》状の容器か）がある。最下段の右寄りには、本体を黒色に塗り外周を赤色や地肌で縁どった高さ五〇〜七〇センチの盾《たて》の図文を四つならべ、そのあいだに地肌で大刀状の図文を表現している。

玄門の左袖石には二つの同心円文とその横にゴンドラ形船に乗る人物と、その下は盾とその右横に一つ、下に二つの双脚輪状文状ないし高坏状の図文が観察される。右袖石には弓を引く騎馬人物像と同心円文が上下に描かれている。それ以外にも顔料がみえるが、詳細は不明だ。なお、中室右側壁の図文は赤色のみで一艘のゴンドラ形の船が描かれている（図8）。

これらの連続三角文や、盾・大刀などの具象文表現は、先述した王塚《おうづか》古墳との共通性が顕著だ。また奥壁に描かれた花文は中央の円文を七個の小円文がかこむ構図で、日本で唯一の例である。花文は高句麗壁画にみられる蓮華文に近似し、王塚古墳の天文図のモデルとなった真波里《チンパリ》四号墳天井壁画にも認められている。田代太田古墳の壁画製作には王塚の絵師集団の一部が関与した可能性が高い。

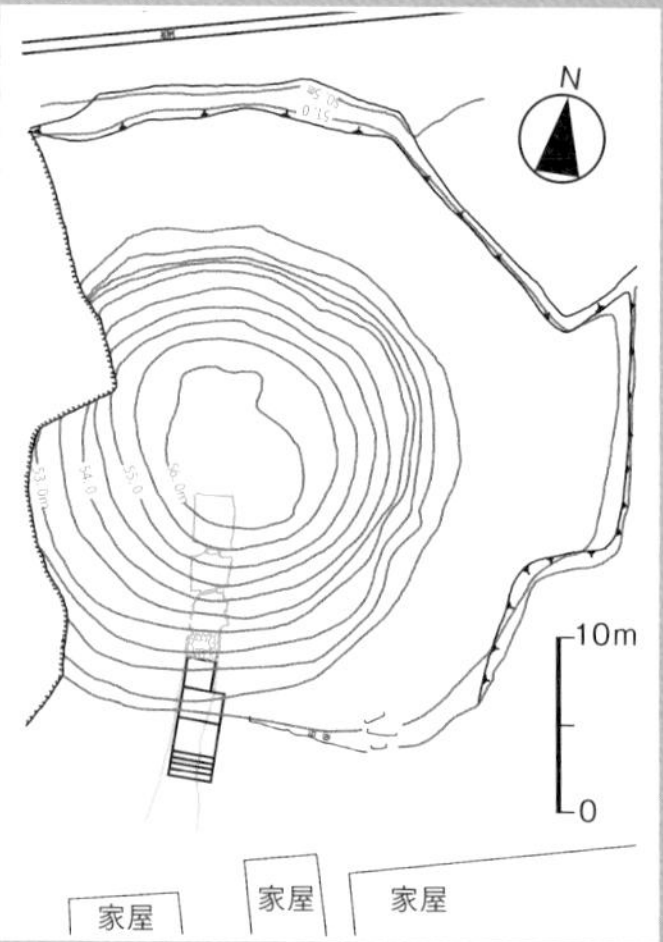

図2●墳丘図

6世紀後半の直径38m、高さ4.5mの大形円墳。

図1●田代太田古墳（佐賀県鳥栖市）

民家の敷地内にあり、年1回特別公開している。

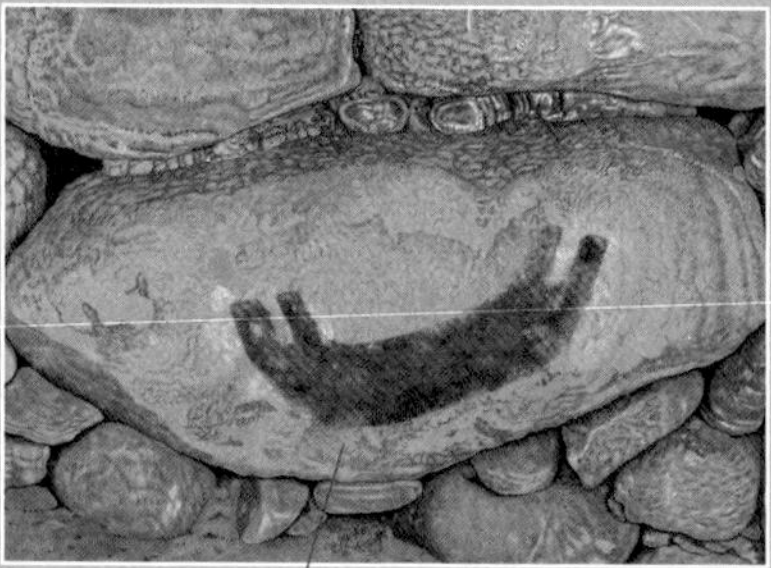

図8●中室右側壁のゴンドラ船

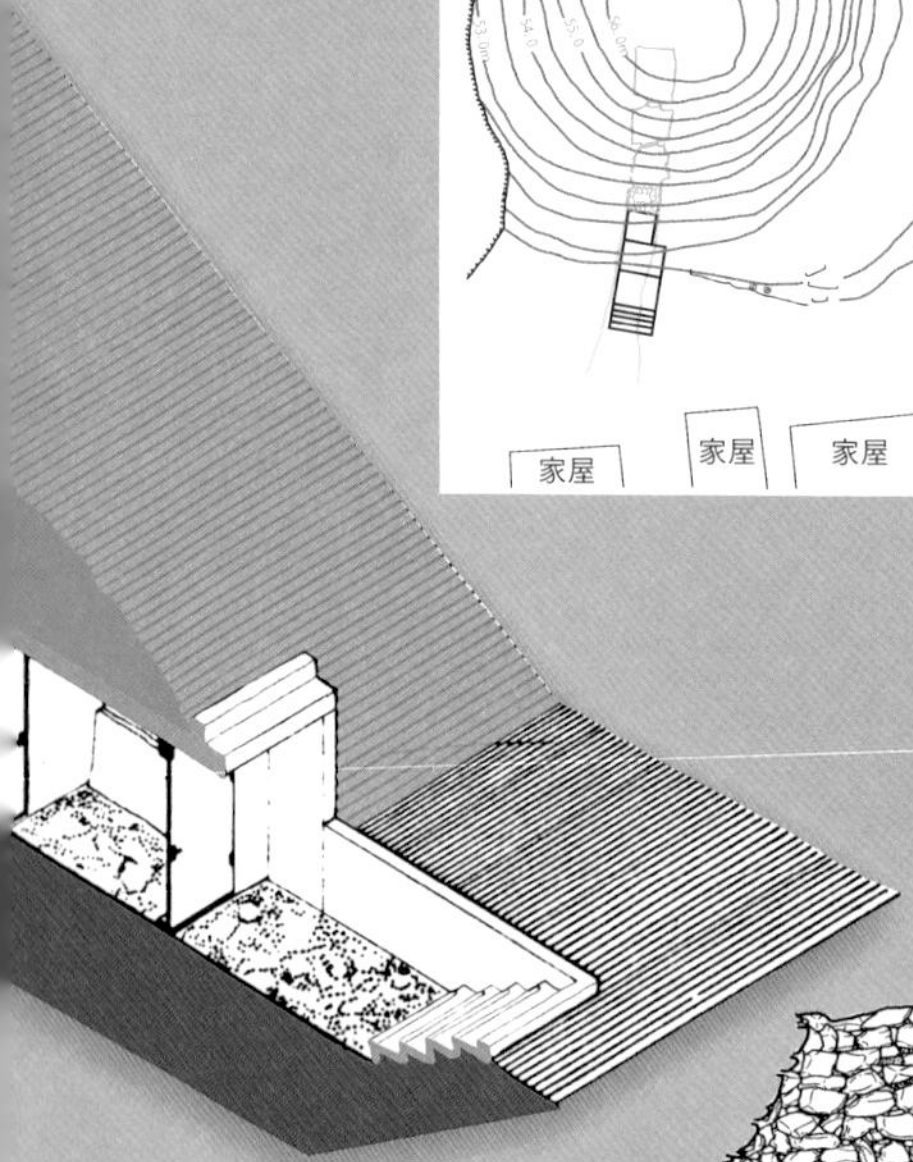

図3●石室整備状況断面図

前室・中室・後室（玄室）の3室構造になっている。

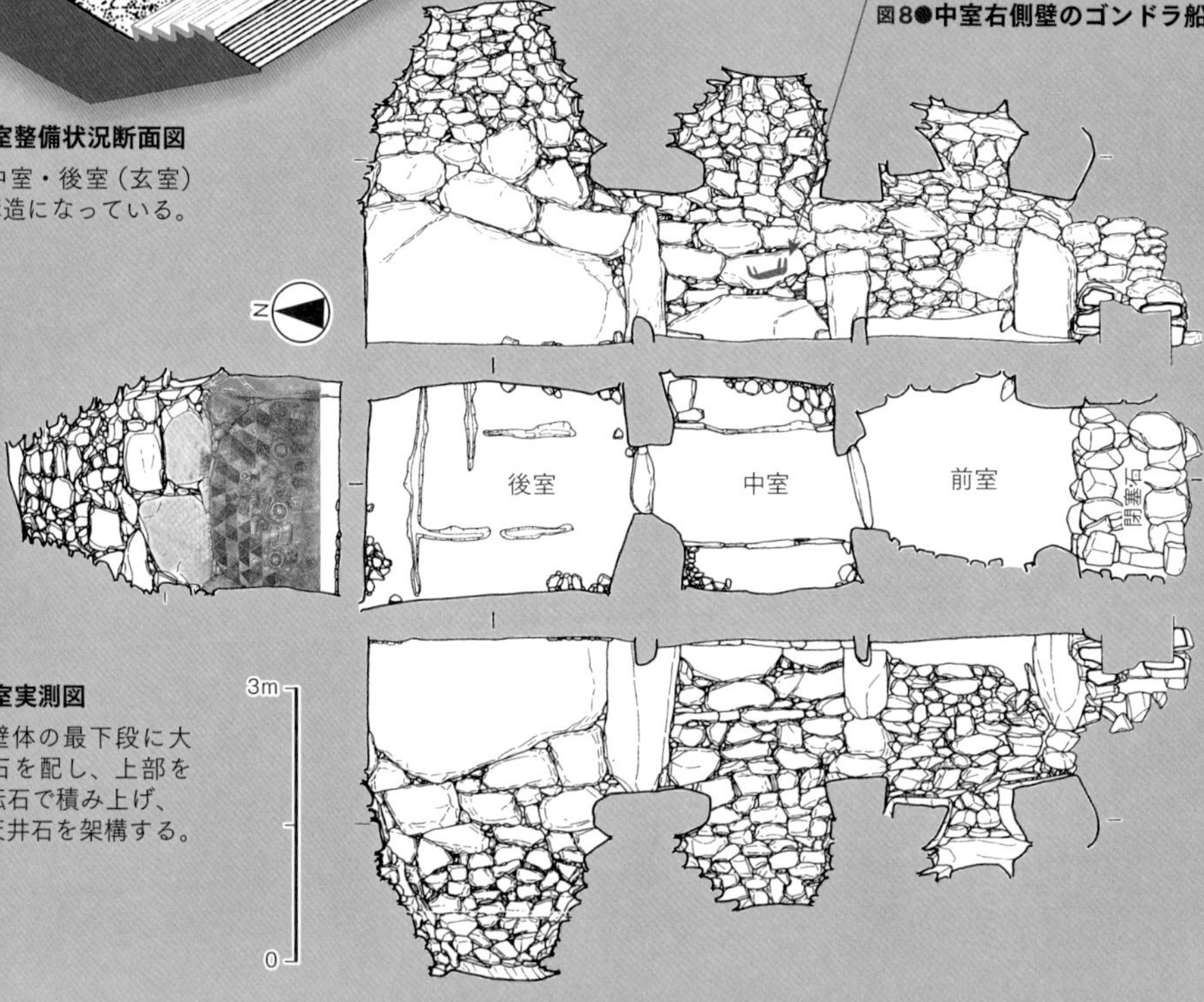

図4●石室実測図

各室の壁体の最下段に大形の腰石を配し、上部を中小の転石で積み上げ、大形の天井石を架構する。

図5●中室から玄室をみる

左右の玄門袖石の壁画はみえにくくなっている。
奥に奥壁の壁画がわずかにみえる。

図6●玄門袖石壁画の復元画

左にゴンドラ船に乗る人物、右に弓を引く騎馬人物像が描かれている。

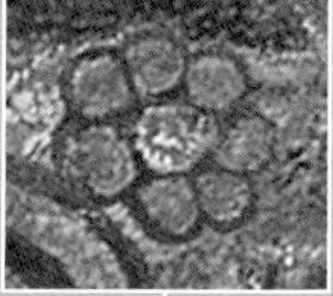

花文

図7●奥壁の復元画（日下八光氏）

ゴンドラ船やさまざまな所作の人物による叙事的図文が登場する。

28 叙事的壁画の出現②—五郎山古墳

叙事的壁画のもう一例として、福岡県筑紫野市の五郎山《ごろうやま》古墳をとり上げよう。

五郎山古墳は、福岡県中部にある直径三二メートル、高さ六メートルの、六世紀後葉に築造された大形円墳である（図1・2）。南西に開口する横穴式石室は全長一一・四メートルの複室構造で、壁体の最下段には大形の腰石を配し、上部を転石で積み上げ天井石を架構する†1（図3・4）。

壁画は玄室《げんしつ》の奥壁と左右側壁、および玄門袖石《げんもんそでいし》の側面と前面に、赤・黒・緑の三色で描かれている。ただ、袖石側面と玄室右側壁の玄門寄りの壁画では、顔料の剥落が著しく図形が不明な部分が多い。

多数の図文のなかでもっとも目立つのは、玄室の奥壁・側壁と玄門右袖石の前面に描かれた五艘の船である。なかでも玄室左右の側壁に描かれた二艘は一メートルほどの長さがある。

いずれも赤と黒の二色で表現され、竪板をもつゴンドラ形で、船上に長方形の箱を乗せる。船首は石室入口方向にむかう。左側壁に描かれた船の上方周囲には星とおぼしき一五個の珠文をめぐらせている。

奥壁腰石（幅二・五メートル、高さ一・二メートル）の壁画は、左右の端部と下部を除くほぼ全面に各種の図文が描かれている（図5）。中央上端に蕨手《わらびて》状の鳥、その下から右辺にかけてそれぞれ図形表現を異にする高さ四〇センチほどの靫《ゆき》三個を配置し、右端と中央の靫のあいだに弓と鞆《とも》を各一つずつ描く。中央の靫の下に

†1 筑紫野市教育委員会 一九九八『国史跡五郎山古墳—保存整備事業に伴う発掘調査』（筑紫野市文化財調査報告書五七）

は竪板を省略したゴンドラ形の船を大きく表現する。

画面の左端には上部に建物、下部に馬ないし犬とみられる動物を描く。中央の靫と建物のあいだには、弓を引く人物一体、騎馬人物二体、両手を広げた人物一体、頭と両手を斜め上方に上げた女性一体とその上方に動物を描く。

また中央の靫の右辺には同心円文一個とやや大きめの珠文四個を描くほか、左手を腰におき右手を大きく上げる人物二体、両手を上げた人物一体、左手に弓を右手に矢を持つ人物一体のほか、背中に矢が刺さった動物（猪か）とむかいあわせの小さな動物などが描かれている。

奥壁腰石上の中央壁石には、小さな動物に矢をむける人物を乗せた馬の背には、斜め上方に伸びる旗指物の竿とその上に長方形の旗が描かれる。その左には左手を腰におき右手を大きく振り上げた人物二体と同心円文などがある。

このような多様な所作の人物像と動物群の構図は狩猟の様子を表現したものであろう。また右手をあげ、左手を腰にあてた人物像は、人物埴輪に造形された力士像と等しい。辰巳和弘氏は、力士像を相撲をとることで王権や地方首長に奉仕する俳優《わざおぎ》の人びととし、「大地を踏み鎮め地霊を圧服する呪力」（反閇《へんばい》とよぶ祭儀行為）を想定した。そのうえで、この壁画を「他界で新たな命をえた被葬者が山野の生命力を我がものとし、地霊を圧伏させ、己が支配の永続と繁栄を願う狩猟儀礼をおこなうさまを描いた」†2という。同感である。

†2 辰巳和弘　二〇〇一「古墳壁画にみる古代人の〝こころ〟」『五郎山古墳展』ふるさと館ちくしの

図1●五郎山古墳（福岡県筑紫野市）
墳丘は復元整備された。

図3●横穴式石室の玄室奥壁（床面は調査後の修理による）

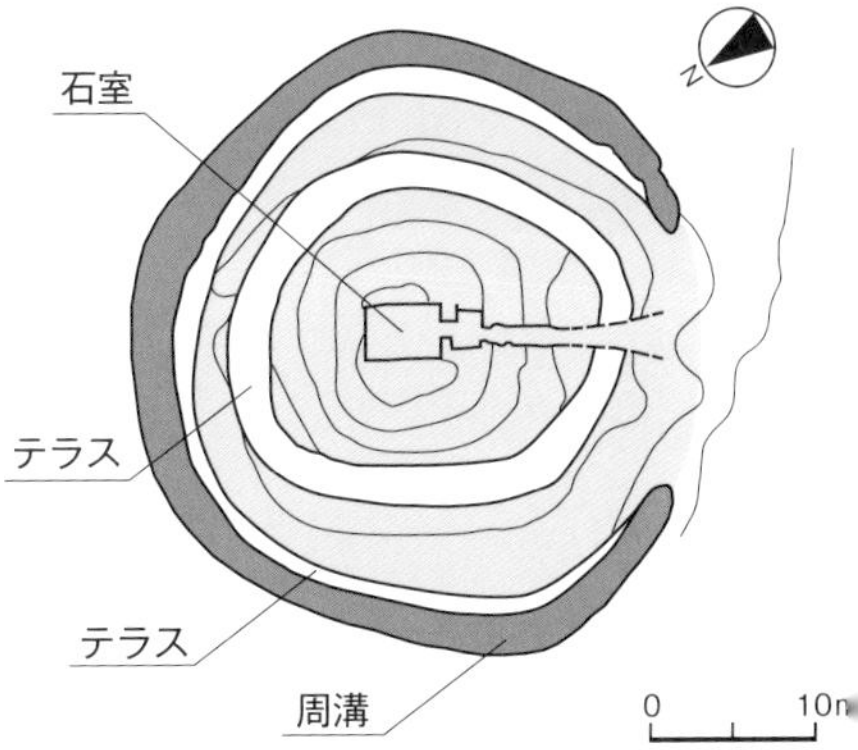

図2●平面図

6世紀後葉に築造された直径32m、高さ6mの大形円墳。

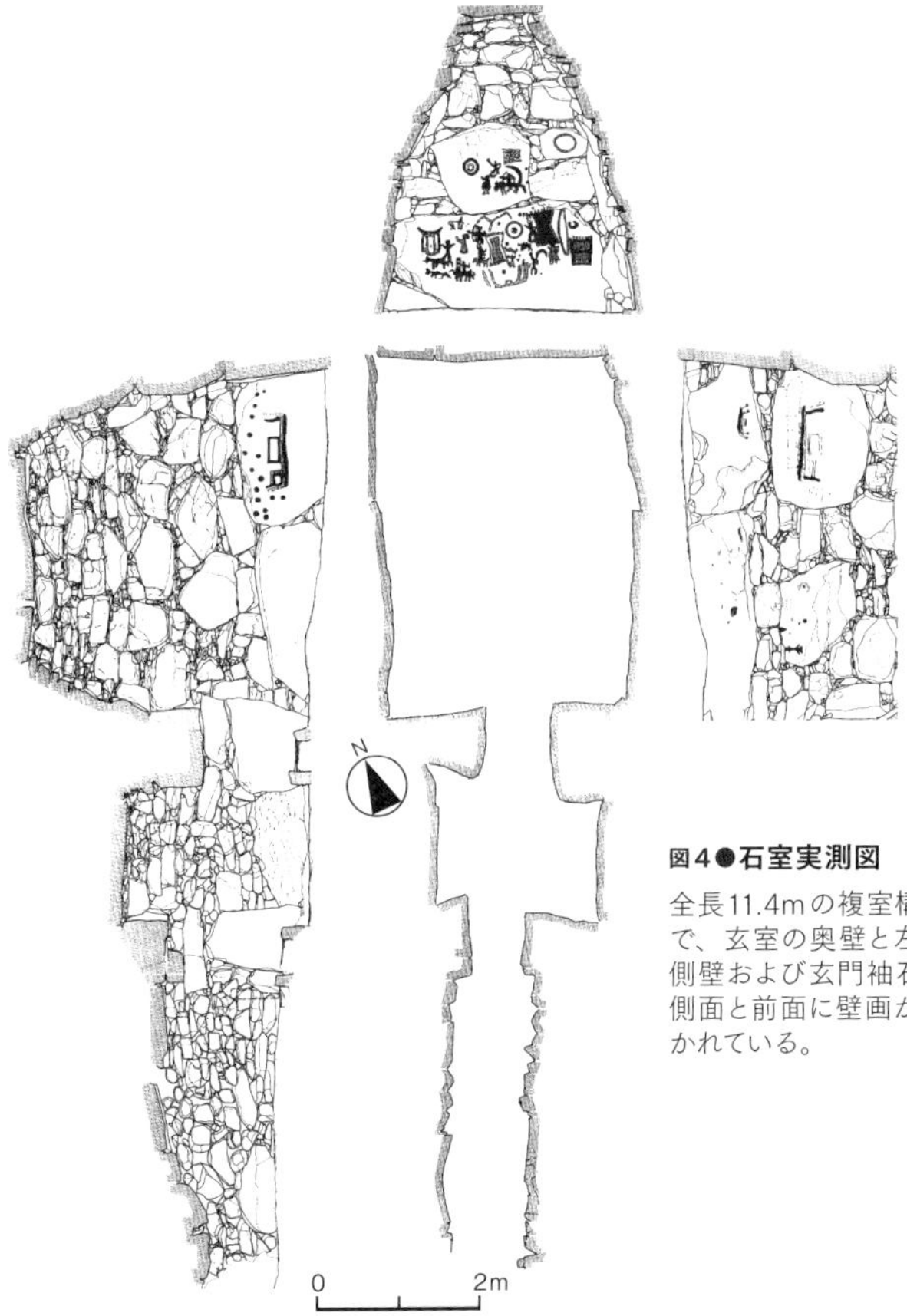

図4●石室実測図

全長11.4mの複室構造で、玄室の奥壁と左右側壁および玄門袖石の側面と前面に壁画が描かれている。

図5●奥壁腰石壁画の復元画（日下八光氏）

多様な所作の人物像と動物群の構図は狩猟の様子を表現したものであろう。また右手をあげ、左手を腰にあてた人物像は人物埴輪に造形された力士像と等しい。

29 高句麗系図文の登場①—竹原古墳

九州北部の広域に壁画系装飾古墳が展開した六世紀後葉になると、個性的な図文を描く壁画が登場する。そのなかには、王塚《おうづか》古墳の天文図とは異なる高句麗壁画に類似する図文を描いたものがある。代表的な例として福岡県宮若市の竹原《たけはら》古墳と同うきは市の珍敷塚《めずらしつか》古墳の二例をとり上げよう。

竹原古墳は王塚古墳から北に一五キロにある円墳で六世紀後葉の築造である[†1]（図1・2）。南西方向に開口する横穴式石室は全長約六・五メートルの複室構造で（図5）、玄室《げんしつ》は奥壁のなかほどに石棚《いしだな》を架構した精美な構造である（図4）。

壁画は玄室奥壁と玄門《げんもん》の左右袖石《そでいし》前面に赤と黒の二色で描かれている（図3）。奥壁の壁画は、石棚下の大形腰石《こしいし》のほぼ中央に縦横約一・二メートルの範囲に大胆な図文を配置している（図7）。

壁画の左右端には高さ一メートルほどの長柄の翳《さしば》を配し、その下端の左右を結ぶように左右二つずつの蕨手文がなかにむかうように描かれ、その上にはゴンドラ形の船が配される。図文群のほぼ中央左寄りには馬をひく人物を、翳上部のあいだには荒々しい怪獣風の図文とその頭部左側に小さな船を、また右端の翳の長柄の左側には縦位の連続三角文が描かれる。それぞれ個性的な表現だ。

馬をひく人物は赤く塗られた顔の左右に美豆良《みずら》を垂らし、頭には先端が内反りの尖り帽子をかぶる。衣服は上衣と下衣を分け、膝頭を足結《あゆい》で結び膨らませた袴を表現し、先端の尖った靴を描く。馬とほぼ同じサイズの人物を描く構図はほか

†1 森貞次郎　一九六四「竹原古墳」『装飾古墳』平凡社／若宮町教育委員会　一九八二『竹原古墳—保存修理概要報告—』（若宮町文化財調査報告書四）

に例がない。その上部に描かれた怪獣状の図文は、赤い舌を出し、尾部を大きく上方にはね上げ、体外にのびる棘状の線や、四足の先端を赤色で鉤爪を表現する。まさに怪獣である。

この特異な壁画については多くの見解が提示されているが、なかでも水中から出現した龍の種を得て駿馬を得ることを願ったという古代中国の龍媒《りゅうばい》伝説にならったとみる金関丈夫《かなせきたけお》氏の説は著明だ。[†2] 一方、怪獣風の図文については、玄門の左右袖石前面に描かれた図文との関係から、中国・高句麗壁画の青龍《せいりゅう》とみる見解も根強い。[†3]

玄門の袖石下段に描かれた図文はほかに例のない特異な構図である（**図6**）。右袖石には尾羽を大きく上方に上げた鶏状の図文が、左袖石には奥壁の翳の団扇《うちわ》に類似した楕円形とその上方に蛇行する線が描かれているが、詳細は不明である。鶏状の図文は中国・高句麗壁画の朱雀《すざく》を、楕円形図文は玄武《げんぶ》をモデルとした可能性が高く、私は四神図の一部が描かれたと思う。

こうした図文の解釈について辰巳和弘氏は、奥壁壁画を「二股船と馬により他界へと転生したことの象徴として駿馬（怪獣風図文：筆者補）と小船が描出された」とみて、「被葬者の他界への転生の観念」を描いたものとしている。[†4] 私は、奥壁の左右の翳間に描かれた馬をひく人物は他界へと赴く被葬者像を象徴しており、壁画全体の構図は高句麗壁画からの強い影響があったと想定したい。

†2 金関丈夫　一九六九「竹原古墳奥室の壁画」『MUSEUM』二一五

†3 斎藤忠　一九八三「大陸の図文と日本の図文との比較」『装飾古墳・図文からみた日本と大陸文化』日本書籍

†4 辰巳和弘　二〇一八「新解、竹原古墳壁画」『実証の考古学―松藤和人先生退職記念論文集』

図2●整備された墳丘

直径17m、高さ5mの6世紀後葉の円墳。羨道部分に竹原古墳保存観察施設が設置され、石室内をみることができる。

図1●竹原古墳（福岡県宮若市）の入口

王塚古墳から北に15kmの場所にある。

図3●石室

複室構造の横穴式石室で、左右袖石と玄室奥壁の腰石に壁画がある。

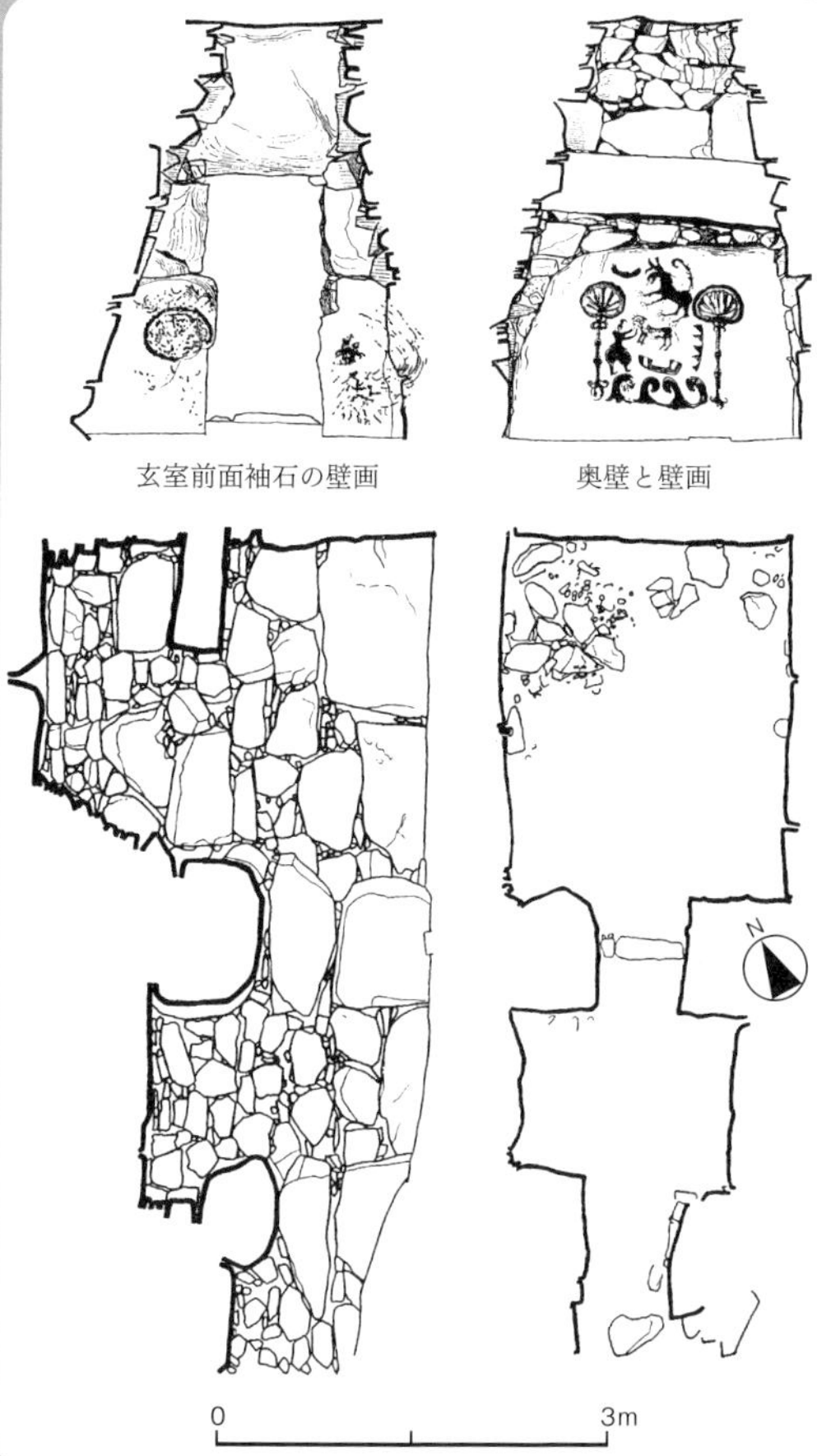

図5●石室実測図
玄室は長さ約2.6m、幅約2.1m、高さ約3m。

図4●玄室の奥壁に描かれた壁画
腰石の縦横1.2mの範囲に特異な壁画が描かれている。

図7●奥壁腰石の壁画（日下八光氏模写図）
長柄の翳、ゴンドラ形の船、馬をひく人物、怪獣風の図文など特異な壁画。
高句麗壁画からの強い影響があったと思われる。

図6●玄室前面右袖石壁画（日下八光氏模写図）
尾羽を大きく上方に上げた鶏状の図文。

30 高句麗系図文の登場②——珍敷塚古墳

珍敷塚《めずらしづか》古墳は福岡県県南部の筑後川流域の耳納山《みのうさん》北麓にある。早くに墳丘と横穴式石室の上部が削平されていたが、一九五〇年の採土工事によって横穴式石室が発掘され、その壁面に彩色壁画が発見された[†1]（図1）。発見時の所見によれば、玄室は長さ四メートル、幅二メートル程度で、壁画は奥壁のほかに右側壁でも確認されたらしい（図2）。

奥壁の腰石に描かれた壁画は、周囲にわずかな余白を残して赤と灰色の二色を使って描かれるが、石材（花崗岩）の地肌の黄褐色をうまく利用してあたかも三色で描いたようにみえる（図3・4）。腰石には二つの靫《ゆき》をいだく大きな蕨手文《わらびてもん》とその右にもう一つの靫を配し、その左右に繊細な表現の図文を描く。靫の図形はデフォルメが著しいが、上端に鏃を表現する。

靫の左側には、同心円で外周に珠文《しゅもん》をめぐらす図文の下に舳先に鳥がとまったゴンドラ形の船を描く。船上には前方に簱《はた》を立て後方に櫂《かい》を手にした人物が乗る。人物は頭部を赤色で縁どりするだけで、身体の部分は岩肌で表現している。

靫の右側には、上から盾《たて》をもつ人物、円文、蟾蜍《せんじょ》の上面図と正面図、箱状の組み物の左端に鳥状の図文を描く。蟾蜍は古代中国の神話で月の精とされるから、右手に描かれた同心円文は月であろう。とすれば、左側の船上に描かれた大きな同心円文は太陽となる。壁画の下段には赤・岩肌・灰・赤の順で画面全体に描かれた帯状表現があり、岩肌と灰色の帯には赤色の列点が描かれる。この不思議な

†1 森貞次郎 一九六四「珍敷塚古墳」『装飾古墳』平凡社

図文について、辰巳和弘氏は「画面の左に太陽、右に月ならば、この列点は星であり、列点を抱く流れは天の河にほかならない」とし、画面上段の「蕨手文におおわれ、日月によって常に明るく照らされた珍敷塚古墳の壁画が描く世界は無限の世界、すなわち常世」という。[†2]

珍敷塚古墳に近接して、船を中心的図文とする壁画古墳が二基（原《はる》古墳、鳥船塚《とりふねづか》古墳）ある。そのうちの一つ、鳥船塚古墳は壁画のある奥壁の二石のみが保存されている（図5・6）。腰石には赤一色で同心円文とゴンドラ形の船と、その左上には小さな靫と大刀の組合せが二組描かれる。船の両端には舳先《へさき》方向をむく鳥と、艫《とも》寄りの船上に櫂《かい》をあやつる人物が描かれる。船の前方と後方のマスト状の線は籏《はた》の表現であろうか。なお、舳先の右側には二本の平行線が直角に交わる。これを船着き場とすれば、死者の霊魂を乗せた船が他界に到達したことになる。[†3]

珍敷塚の壁画右端にも鳥船塚の船着き場に似た図形が描かれている。広瀬和雄氏は、こうした構図を「横穴式石室の玄室そのものが船の目標地点」とみて、「それとは逆に出発風景を描いたのは一例もないから、海上のどこかに仮想された他界へ霊魂が運ばれるといった解釈は（中略）成立しがたい」と海上他界説を批判したうえで、「もし死者の魂が横穴式石室以外の「他界」へ運ばれてしまったならば、石室内部に文様・壁画が描かれる意味が説明できない」と述べる。[†4]この点については最終項（まとめに代えて）で私見を述べる。

†2 辰巳和弘　二〇一一「古墳壁画の世界」『他界へ翔る船』新泉社

†3 森貞次郎　一九六四「鳥船塚古墳」『装飾古墳』平凡社

†4 広瀬和雄　二〇〇九「装飾古墳の変遷と意義―霊魂観の成立をめぐって―」『国立歴史民俗博物館研究報告』一五二

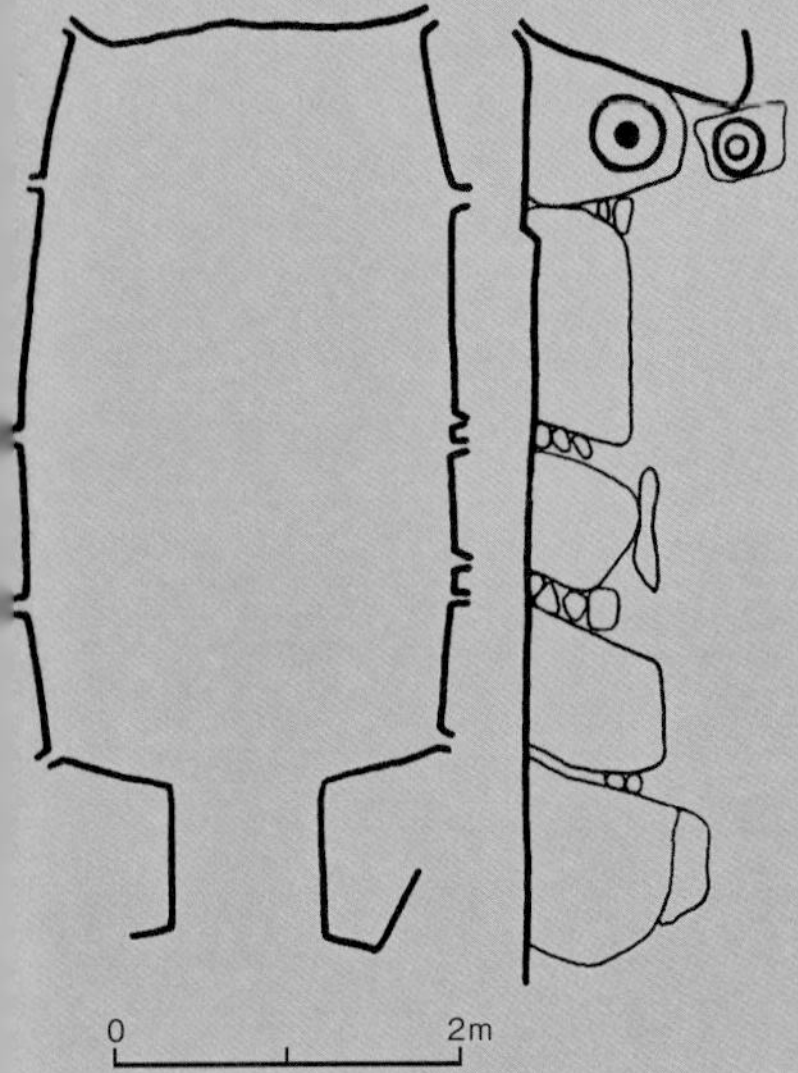

図2●石室の実測図

6世紀の円墳で、横穴式石室の玄室は長さ約4m、幅約2m。壁画は奥壁の腰石と右側壁に描かれている。

図1●珍敷塚古墳（福岡県うきは市）の覆屋

現在は奥壁と右側壁が保存されていて、限定公開している。

図3●奥壁の腰石

赤と灰色の2色を使い、花崗岩の地肌の黄褐色も効果的に用いて描かれている。

図4●壁画の日下八光氏復元図

鳥船塚古墳

図5●鳥船塚古墳の奥壁

1950年代の前半、採石のために横穴式石室が破壊されたが、装飾がある2つの石は地元の協力を得て保存された。長らく露出状態が続いたため壁画はかすんでしまったが、図6の実測図が石室破壊前に作成されていたため、描かれた文様を知ることができる。

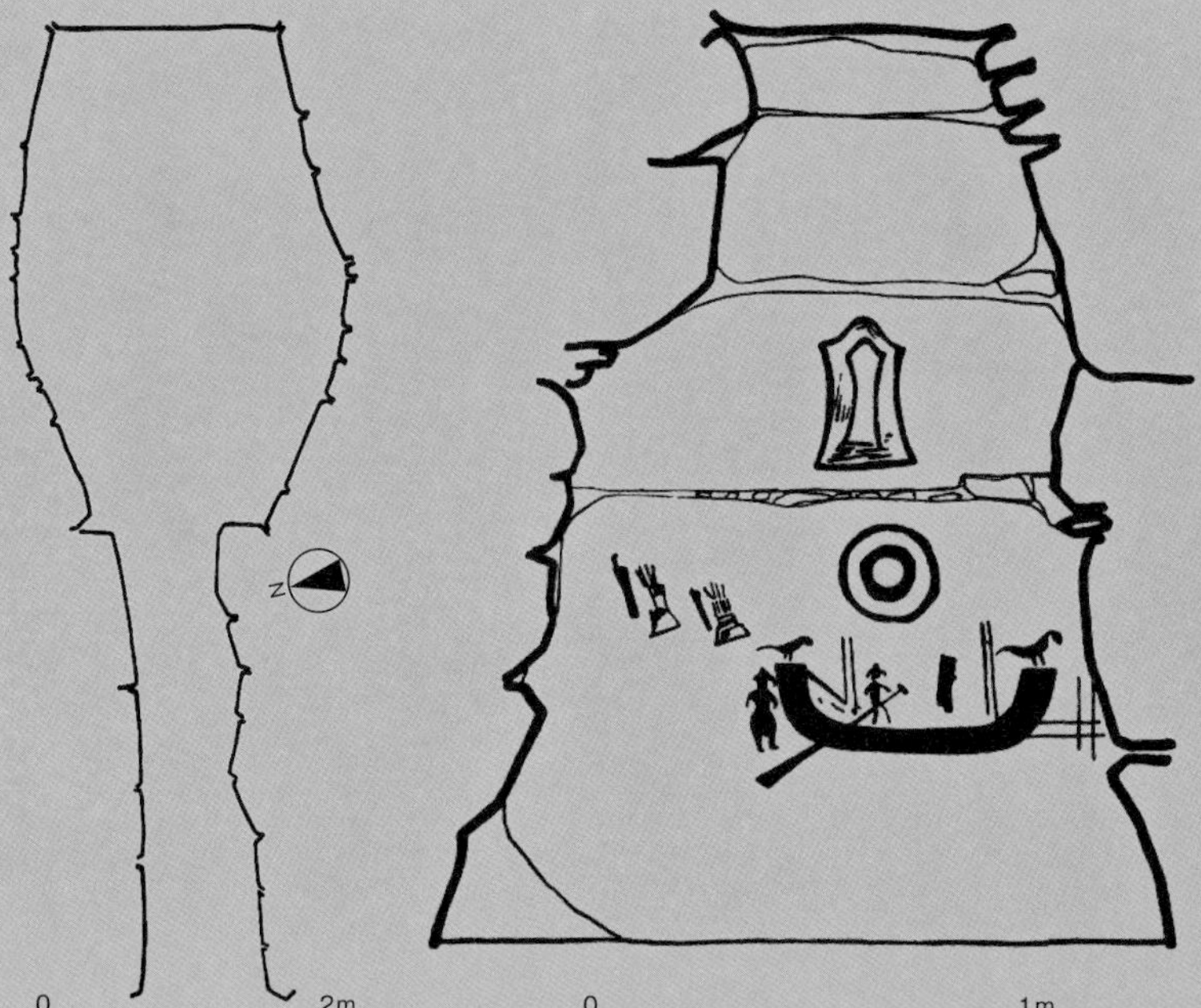

図6●石室の実測図

腰石に赤1色で同心円文とゴンドラ形の船とその左上には小さな靫と大刀の組合せが2組描かれ、その上の石に盾が描かれている。

31 横穴墓の図文装飾

五世紀後葉、福岡県北東部から大分県北部の海岸平野部に出現した横穴墓《よこあなぼ》は、六世紀代に入ると佐賀・長崎県を除く九州各地へと広がり、六世紀前葉には横穴式石室の影響下に各種の図文を表現するようになった。

横穴墓の装飾は、玄室《げんしつ》の壁面に線刻や彩色で各種の図文を表現するのが一般的だが、熊本県と大分県の一部では入口部に設けられた飾り縁に図文を表現するものや、その外側崖面に図文を浮彫《うきぼり》するものがある。装飾横穴墓は出土遺物が少なく築造年代の不明な例が多いが、構造などから六世紀前葉ごろから七世紀中葉ごろまでの築造とみられる。ここではまず、装飾横穴墓が集中する熊本県域に特徴的な事例、なかでも初現期の例として、玉名市の石貫《いしぬき》ナギノ八号墓（図1）と人吉市の大村《おおむら》一五b号墓（図5・6）をとり上げよう。

石貫ナギノ八号横穴墓は、幅二・七メートル、長さ一・七メートルの玄室の奥壁に石屋形《いしやがた》を掘り込んだ特異な形式だ（図2・3）。玄室の左右側壁に軒を掘り込んで家形を造形し、石屋形の奥壁と前面の左右袖石、寄棟形の屋根に装飾がほどこされる。石屋形の前面屋根には線刻でいくつもの弓を描き、なかには矢をつがえたものもある。奥壁には横にならべた同心円文群の上に横位の連続三角文を、下に対角線文を線刻する。左右の袖石は線刻で縦位の連続三角文を二列ならべ、さらに石屋形の左袖石と側壁の間の狭い奥壁に大刀を浮彫している。飾り縁には同心円文と三角文が線刻され、それぞれの内部を赤色顔料で塗り分ける[†1]（図4）。

†1 高木正文　一九八四「石貫ナギノ横穴墓群」『熊本県装飾古墳総合調査報告書』（熊本県文化財調査報告六八）

大村一五b号横穴墓の玄室は、一辺約二・四メートル、高さ一・五メートルで、装飾は玄室奥壁と入口部前面の飾り縁、および外壁にある（図7）。玄室奥壁には軒のすぐ下に、中央を刳り残した直径一〇センチほどの環状の円文五個を等間隔にならべる。退色が著しいが、玄室壁面の軒下には赤色顔料が塗布されていたらしい。飾り縁は破損が著しいが、方形に加工された二段構成で、環状に刻出された円文が等間隔でならぶ（図8）。飾り縁も赤色顔料が塗布されたらしい。また、飾り縁の右側外壁には靫《ゆき》と弓を線刻であらわす。弓は線刻部分に赤色顔料を塗り、靫は上端に三本の鏃を表現する。[†2]

石貫ナギノ八号横穴墓の石屋形は、形状や装飾図文の構成からみて近在するチブサン古墳などの影響下に出現したことはまちがいないが、飾り縁の造形や装飾図文表現は新たな発案とみられる。大村一五b号横穴墓の奥壁にみられる円文の配置は、球磨《くま》川下流域の横穴式石室の図文構成と類似する一方、入口部の外壁に武器類などの図文を浮彫・線刻で表現する手法はこの地域で生み出されたのち、菊池川流域にも拡散した特徴的な手法である。

これらの横穴墓に描かれた装飾図文は図形表現が多様だが、前段階からの円文や三角文を基調とし、連続三角文や各種の武器・武具は辟邪《へきじゃ》の威力をしめす。死者を安置する墓室は横穴式石室、横穴墓を問わず、邪悪なものから護らなければならない永遠の住処と思念されたのである。

†2 高木正文 一九八四「大村横穴墓群」『熊本県装飾古墳総合調査報告書』（熊本県文化財調査報告六八）

図1●石貫ナギノ横穴墓群

阿蘇溶結凝灰岩の崖面を250mにわたって48基の横穴墓が連なり、そのうち15基に装飾が確認されている。

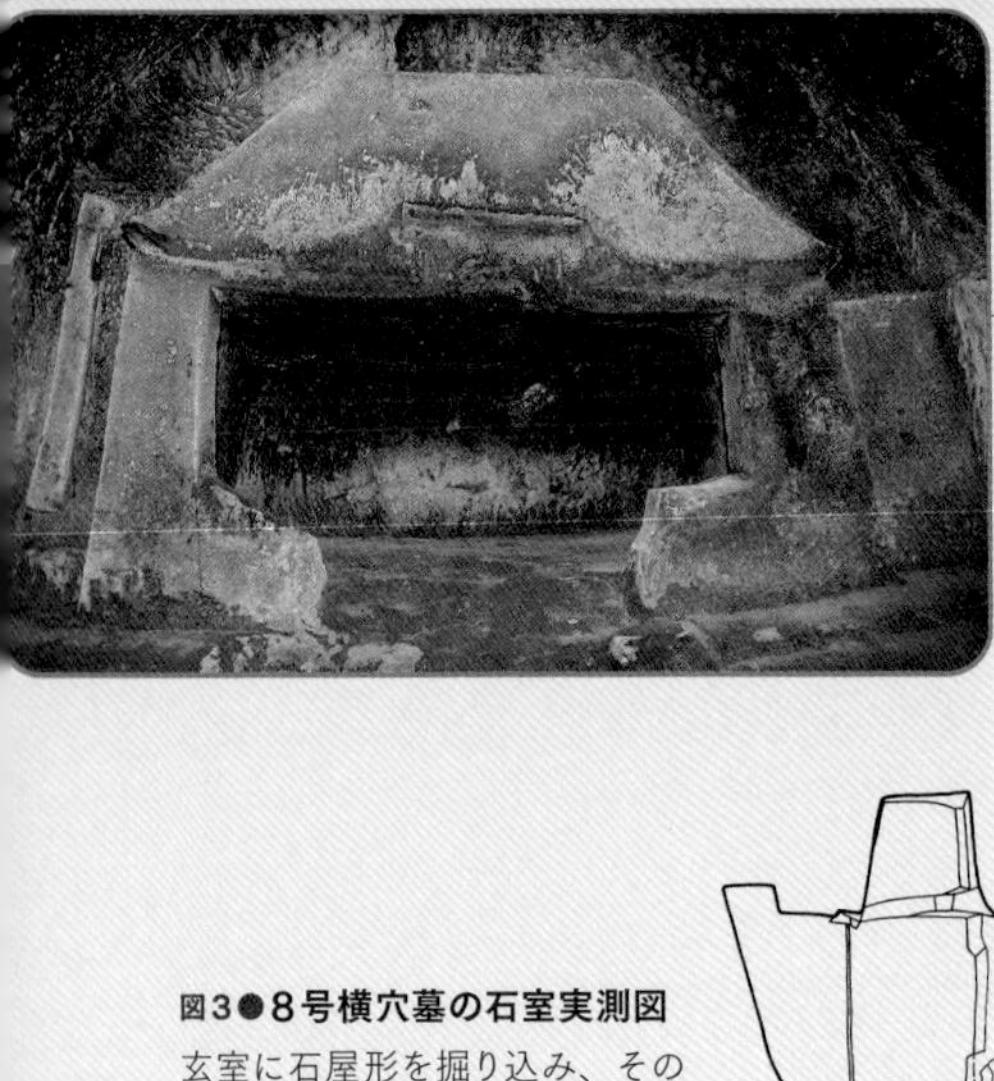

図2●8号横穴墓の石屋形

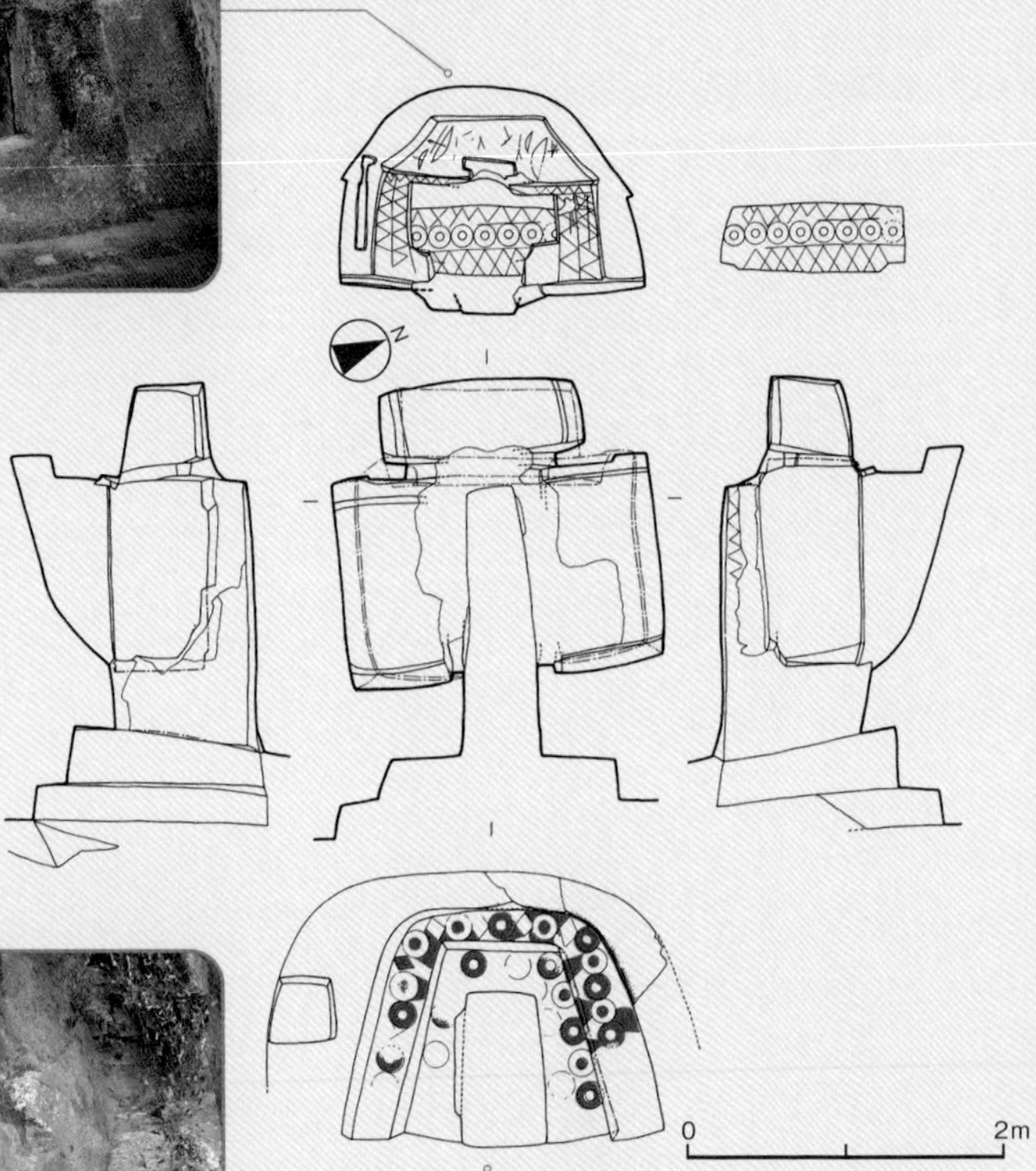

図3●8号横穴墓の石室実測図

玄室に石屋形を掘り込み、その奥壁に同心円文と連続の三角文と対角線文を、袖部に対角線文を刻む。

図4●8号横穴墓の入口部

飾り縁に赤色で同心円文を描く。

大村15b横穴墓

図5・6●大村横穴墓群

JR人吉駅裏の阿蘇溶結凝灰岩の崖面を550mにわたって26基の横穴墓があり、そのうち7基に装飾が確認されている。その7基すべての入口部外壁に各種の図文が彫刻されている。

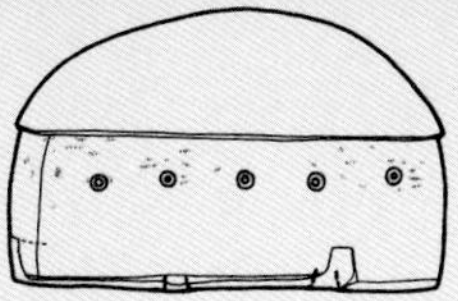

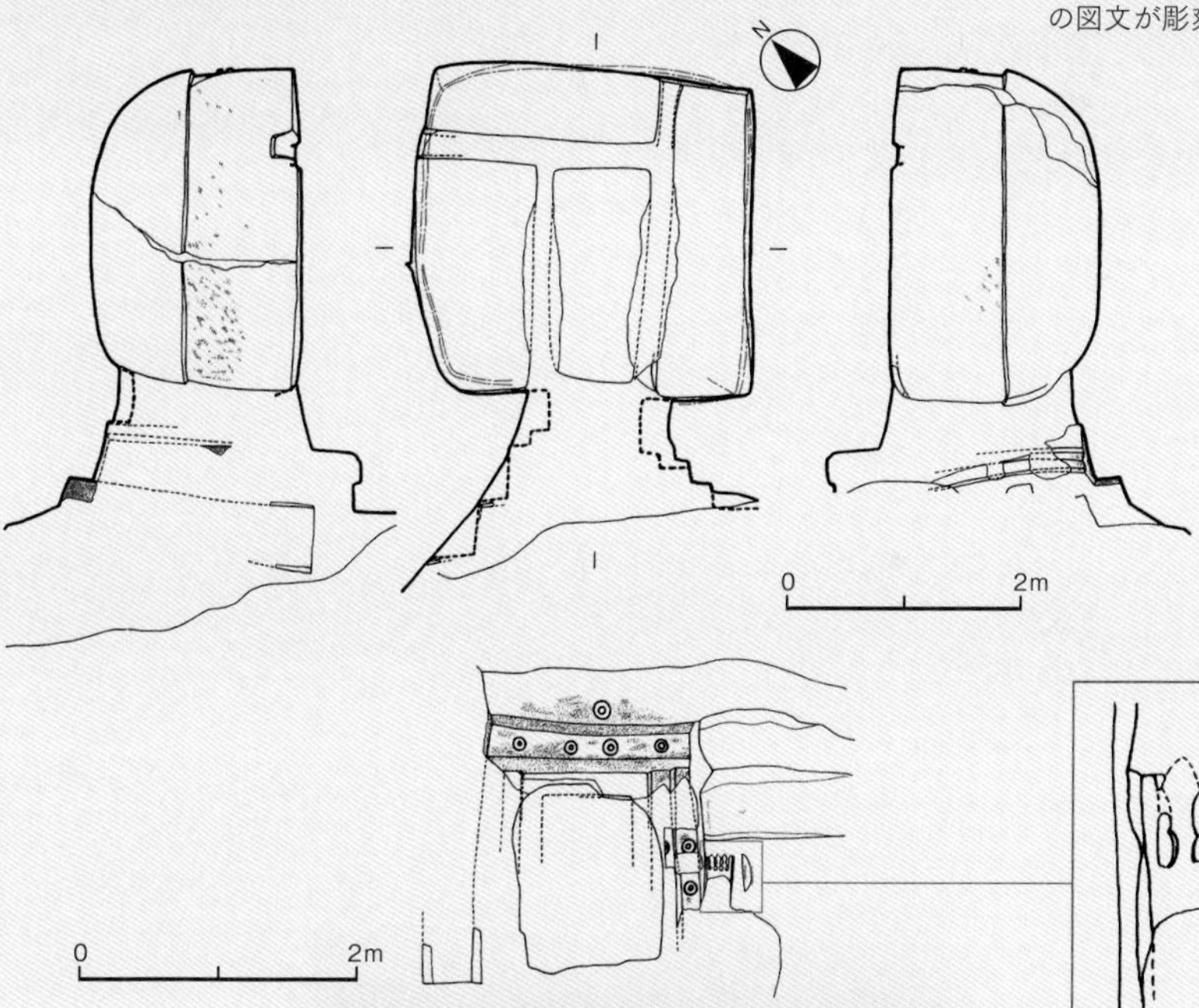

図7●大村15b横穴墓の石室実測図

玄室奥壁に中央を刳り残した10cmほどの円文5個が等間隔にならぶ。

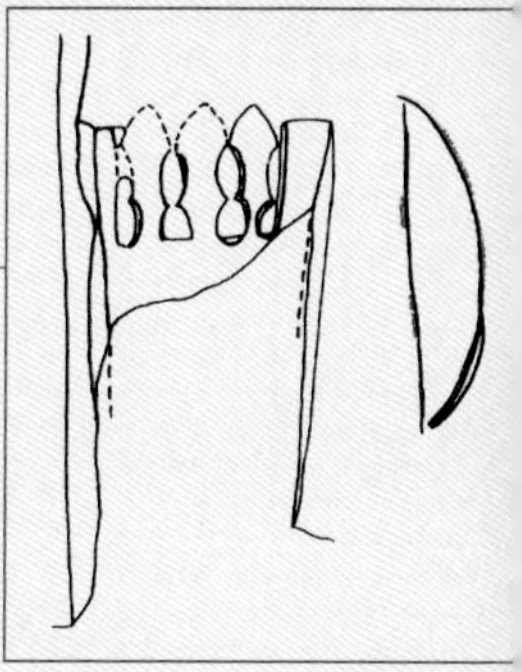

図8●大村15b横穴墓の入口部

飾り縁に円文が等間隔にならび、右外壁に靫と弓を線刻であらわしている。

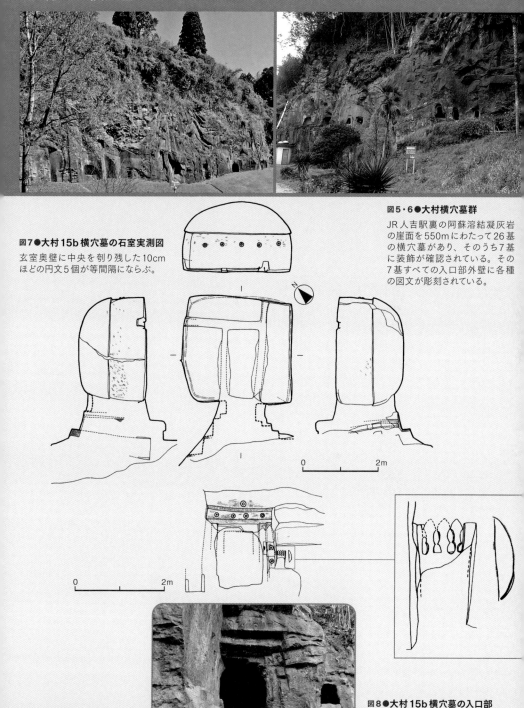

第3期の装飾古墳

鯨・イルカ猟を描いた線刻画 32

六世紀末ごろから、装飾古墳の図文表現は彩色壁画にかわって線刻画が主流となる。これ以降を第3期としよう。

とはいえ、彩色壁画がまったくみられないこともない。たとえば、福岡県筑紫野市の砥上《とがみ》観音塚《かんのんづか》古墳は横口式石槨《せっかく》の影響を受けた横穴式石室だが、玄門《げんもん》右袖石《そでいし》に盾《たて》をもつ人物・同心円文、奥壁に人物が乗る船のほか数艘の船や星状の図文などが描かれている[†1]（図1）。また横穴墓でも大分県宇佐市の貴舟平下裏山《きふねびらしたうらやま》装飾横穴《よこあな》墓《ぼ》のように、羨門《せんもん》前面に方形に加工した二段の飾り縁の上部に三個の同心円文と左右に「蕨手《わらびて》同心円文」とよぶ図形が上下に二個ずつ赤色顔料で描かれる[†2]（図2）。この図形は、同心円のまわりに六本の鉤状蕨手文をめぐらせた構図からみて、双《そう》脚輪状文《きゃくりんじょうもん》がデフォルメされた可能性が高い。

線刻画の図文は第2期からつづく船や格子文のほか、一部に円文・連続三角文がみられる程度となり、武器・武具が描かれることはまれとなる。それにかわって樹木や木葉などの図文が新たに加わる。また、線刻画ゆえに多様な表現が可能となったためか、森貞次郎氏が「自由画風線刻画」とよぶ自由闊達な壁画が登場する[†3]。以下、画題を異にする二つの事例を紹介しよう。

長崎県の二基の古墳に、鯨・イルカ猟を描いた線刻画がある。諫早市の長戸《ながと》鬼《おに》塚《づか》古墳は直径一八メートルの円墳で（図3）、複室構造の横穴式石室の前室、右側壁腰石《こしいし》に、一艘の船と頭部が長く尖り細長い胴部に尻尾がT字形の大形海棲動物

†1 森貞次郎　一九六四「砥上観音塚古墳」『装飾古墳』平凡社

†2 村上久和　一九九五「貴舟平下の裏山装飾横穴墓」『大分の装飾古墳』（大分県文化財調査報告書九二）

†3 森貞次郎　一九九三「自由画風線刻画人物像にみる六朝文化類型―装飾古墳雑考―」『考古学雑誌』七九―一

が描かれる[†4]（図4）。魚類にくわしい国立水産大学校の立平進氏は、この図形を鯨と見抜き「頭部が平たく、長い胴部が尾部で内側に曲がり、何本もの銛が突き刺さった情景」とし、「その銛も頭部と背尾部に集中的に刺さり、胴部の一部には綱を打たれたと思われる線もみられる」と読み解いた。そうして「鼻先が曲がっているところから小型のハクジラ類かもしれない[†5]」という。

壱岐の鬼屋窪《おにやくぼ》古墳は破壊が著しく、複室構造の横穴式石室の一部が遺存するにすぎないが（図5）、前室右側壁の腰石に漁撈の線刻画が描かれている[†6]（図6）。そこには二艘の船の舳先に大小二頭の魚体が描かれ、一頭に銛が打ち込まれて、それに櫂で漕ぎ迫る情景である。立平氏は絵の魚体からイルカではないかと想定し、「二頭が並んで遊泳する姿は、イルカの習性をあらわしている」という。

玄界灘に浮かぶ壱岐島と有明海に突き出た丘陵上に築造された二つの古墳の被葬者は、生前に漁撈にたずさわったか、漁民を束ねる有力層であった可能性が高い。

ここで想起されるのは、前述した五郎山古墳の壁画に描かれた狩猟図である。辰巳和弘氏の見解を敷衍すれば、狩猟図と同様に「他界（常世）で新たな生を得た被葬者に、支配の永続と繁栄を願う[†7]」観念のもとに表現されたのではないかと思う。墓室に描かれた壁画は、そこに安住すると霊魂によかれと思念された情景であった。

†4 小長井町教育委員会　一九九八『長戸鬼塚古墳』（小長井町文化財調査報告書一）

†5 立平進　一九九八「装飾古墳の壁画について—鯨の線刻画などを例に—」『佐賀県・長崎県の装飾古墳』（熊本県立装飾古墳館）

†6 壱岐郷土館　一九八二『郷ノ浦町の古墳』（壱岐郷土館報二）

†7 辰巳和弘　二〇〇一「古墳壁画にみる古代人の〝こころ〟」『五郎山古墳展』ふるさと館ちくしの

図1●砥上観音塚古墳（福岡県筑紫野市）の横穴式石室

玄門右袖石に盾をもつ人物・同心円文、奥壁に人物が乗る船のほか数艘の船や星状の図文などが描かれる。

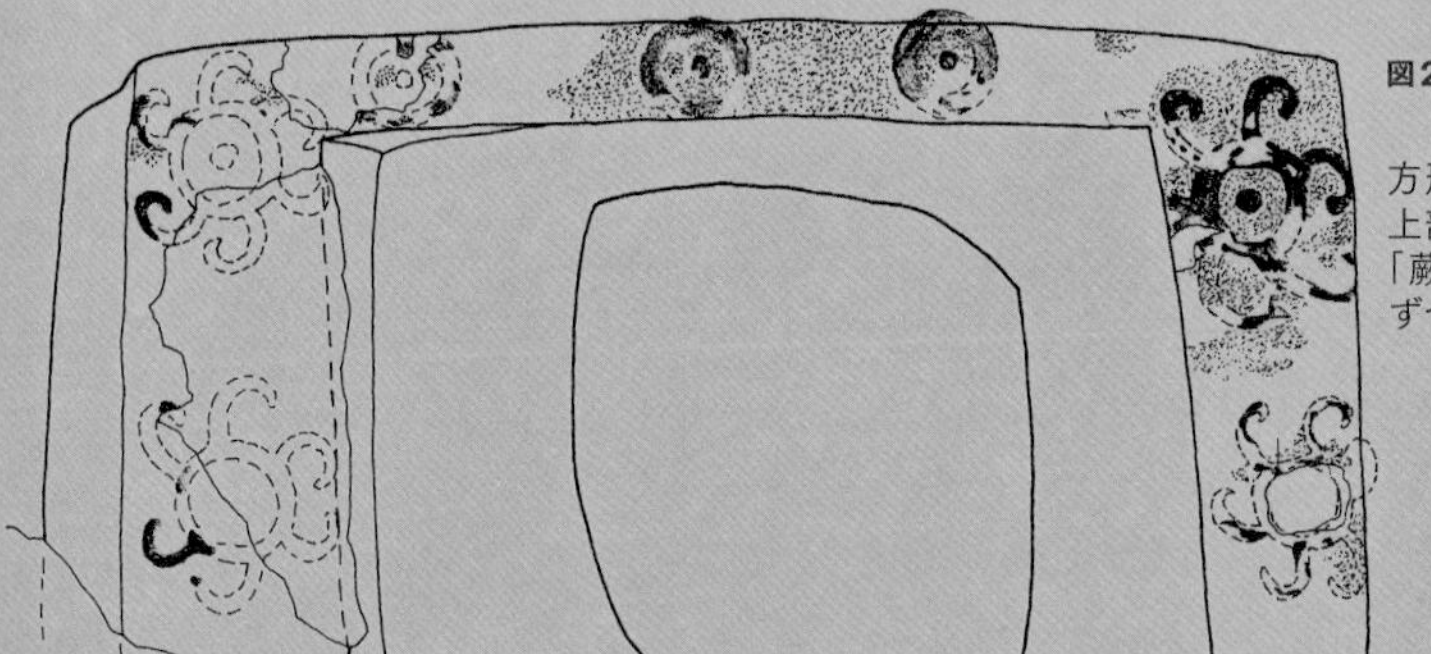

図2●貴舟平下裏山装飾横穴墓（大分県宇佐市）の羨門

方形に加工した２段の飾り縁の上部に３個の同心円文と左右に「蕨手同心円文」が上下に２個ずつ赤色顔料で描かれる。

鯨・イルカ猟を描いた線刻画

図3●長戸鬼塚古墳（長崎県諫早市）
直径18mの円墳。

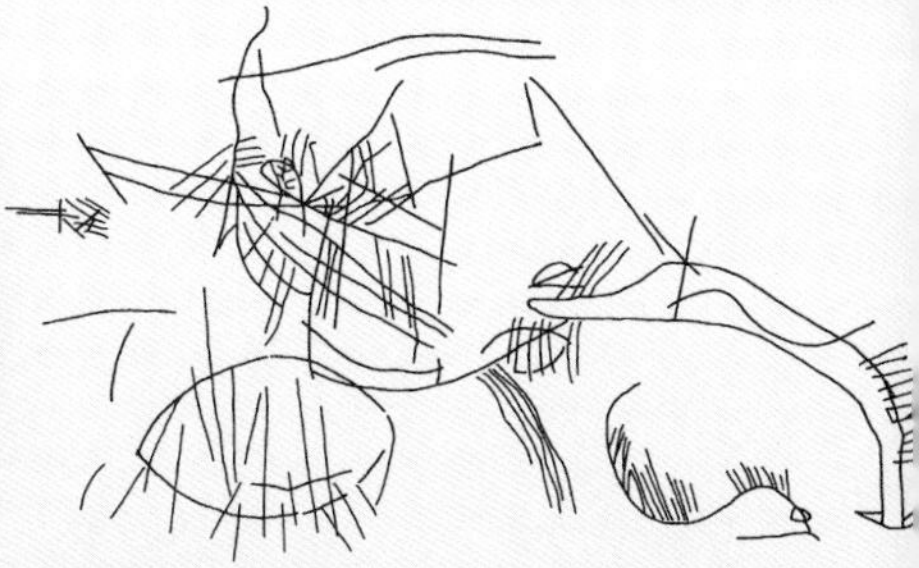

図4●鯨漁の線刻画
前室の右側壁の腰石にあり、1艘の船と頭部が長く尖り細長い胴部に尻尾がT字形の大形海棲動物が描かれる。

図5●鬼屋窪古墳（長崎県壱岐市）

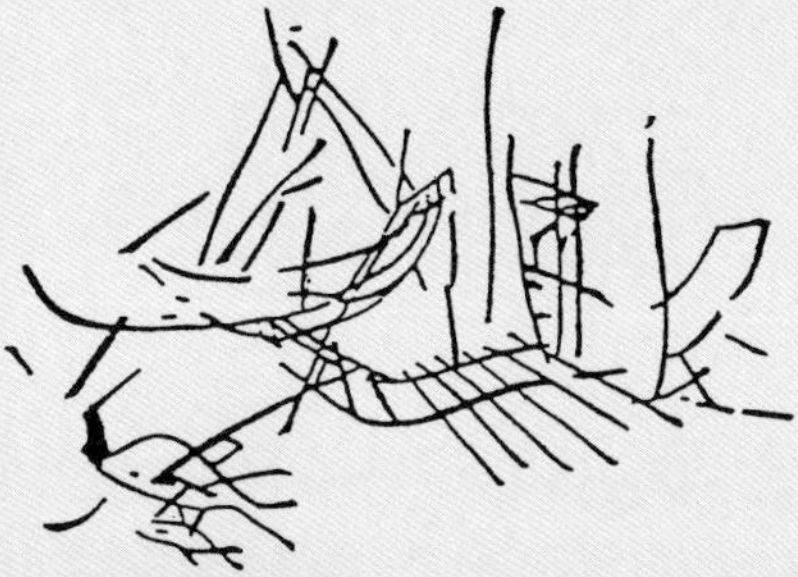

図6●イルカ漁の線刻画
前室右側壁の腰石にあり、2艘の船の舳先に大小2頭の魚体が描かれ、1頭に銛が打ち込まれて、それに櫂で漕ぎ迫る情景。

33 鬼面文を描いた線刻画

宮崎県宮崎市の蓮《はす》ケ《が》池《いけ》横穴墓《よこあなぼ》群は八〇基ほどの群集墓で、五三号横穴墓（図1）には比類のない図文を含む線刻画がみられる。七世紀前半に築造されたこの横穴墓の線刻画は、左右の側壁の四カ所にまとまって描かれている[†1]（図3）。右側壁の壁画（図2・4）は、天井屋根の側面に、舳先を奥壁側にむけた長さ一・一メートルの船を線刻し、船の上に二ないし三体の人物の顔面（高さ二〇センチ前後）を、船の下の左右に二体の人物の顔面を描き、そのあいだに二ないし三体の人物の茫洋とした顔面らしい輪郭を描く。船の舳先と艫にも人物の顔面を配し、舳先の人物の頭部に重なるように羽を広げた鳥を、また艫の上方にも同様の鳥を描いている。人物の顔面は頭部の右側輪郭のなかに目と大きく開いた口を、その口の下部には顎鬚《あごひげ》を表現し、全体に舳先方向をむける。艫側人物の外方には格子文が、船の舳先前方には三角文らしい図形の一部が認められる。

左側壁には、類例のない鬼面文とその左右に人物の顔面像が配される（図5）。鬼面文は人物顔面像よりも一まわり大きく表現される。顔の輪郭線はなく、顔面上部の鼻梁は一本の縦線であらわされ、その左右に斜め上方にのびる長い線がある。左右の目は鋭く斜め上方につり上がり、その下方に平行する長い線は髭であろうか。口は左右に大きく開き、むかって右側の下歯が斜め上方に描かれる。牙の表現であろうか。左右の人物顔面像は鬼面文よりも一段低い位置に小さく描かれる。口の下には顎鬚が描かれ、左側の顔面像の額部分には格子文が加えられる。

†1 柳沢一男 一九九八「宮崎市蓮ケ池横穴墓群の墳丘を有する横穴墓と線刻壁画」『宮崎考古』一六

これらの図文は鬼面文を中心とした三位一体の構図であることが注意される。

ほかに、鬼面文上部に顎髭をもつ三体の人物顔面像を横方向にならべて描く。左右の顔面像の目は左方向（横穴墓入口側）にむけられる。また、奥壁寄りに顎髭をもつ三体の人物顔面像をならべ、その上方に朦朧とした人物像を描きその胴部に細かな縦線を加える。いずれの人物顔面像も口を丸く大きく表現している。

このように壁画は四カ所に分散しているが、一つのテーマを描いたのではないかと思う。右側壁の船は鳥に導かれて他界へと出立する情景で、船下に頭部の輪郭のみが茫洋と描かれた二〜三体は船に乗る死者の霊魂を示すのではないか。その対面に描かれた鬼面文は船の出立の場に邪悪なものを寄せ付けまいとする辟邪《へきじゃ》の想いが表現され、船の周辺や左側壁の二カ所に描かれた顎髭をもつ人物顔面像の多くは、船の進む舳先の方向に目をむけ、口を大きく開き、他界へと出立する船と霊魂を唱和と詠唱で見送ろうとする想いを描いたのではないか。

それではこの鬼面文とは何か。直接対比できる資料はないが、日本列島で六〜七世紀に鬼面文に類似する器物に獅噛環頭柄頭《しがみかんとうつかがしら》があり（図6①）、さらに類似するものに香川県観音寺市の母神山《はがみやま》古墳群採集の青銅製柄頭がある（図6②）。町田章氏は、六世紀前半ごろに百済もしくは加耶で製作された製品と想定する。[†2] また、この時期の百済では仏教寺院の床に鬼形文塼を敷くこともあった（図6③）。鬼面文を刻出した絵師はこうした事情を知る渡来系の人物であった可能性が高い。

†2 町田章 一九九一「鬼面紋象嵌柄頭について」『瀬戸内海歴史民俗資料館紀要』六

図1●蓮ヶ池53号横穴墓（宮崎市）

7世紀前半に築造された横穴墓。奥幅4m、前幅2.9m、長さ4.6m、高さ約2.4mの玄室と羨道部からなり、玄室天井部が寄棟形に加工された家形の造形である。

図2●右側壁（A）の壁画

船（長さ1.1m）と人物の顔面（高さ20cm前後）が線刻されている。

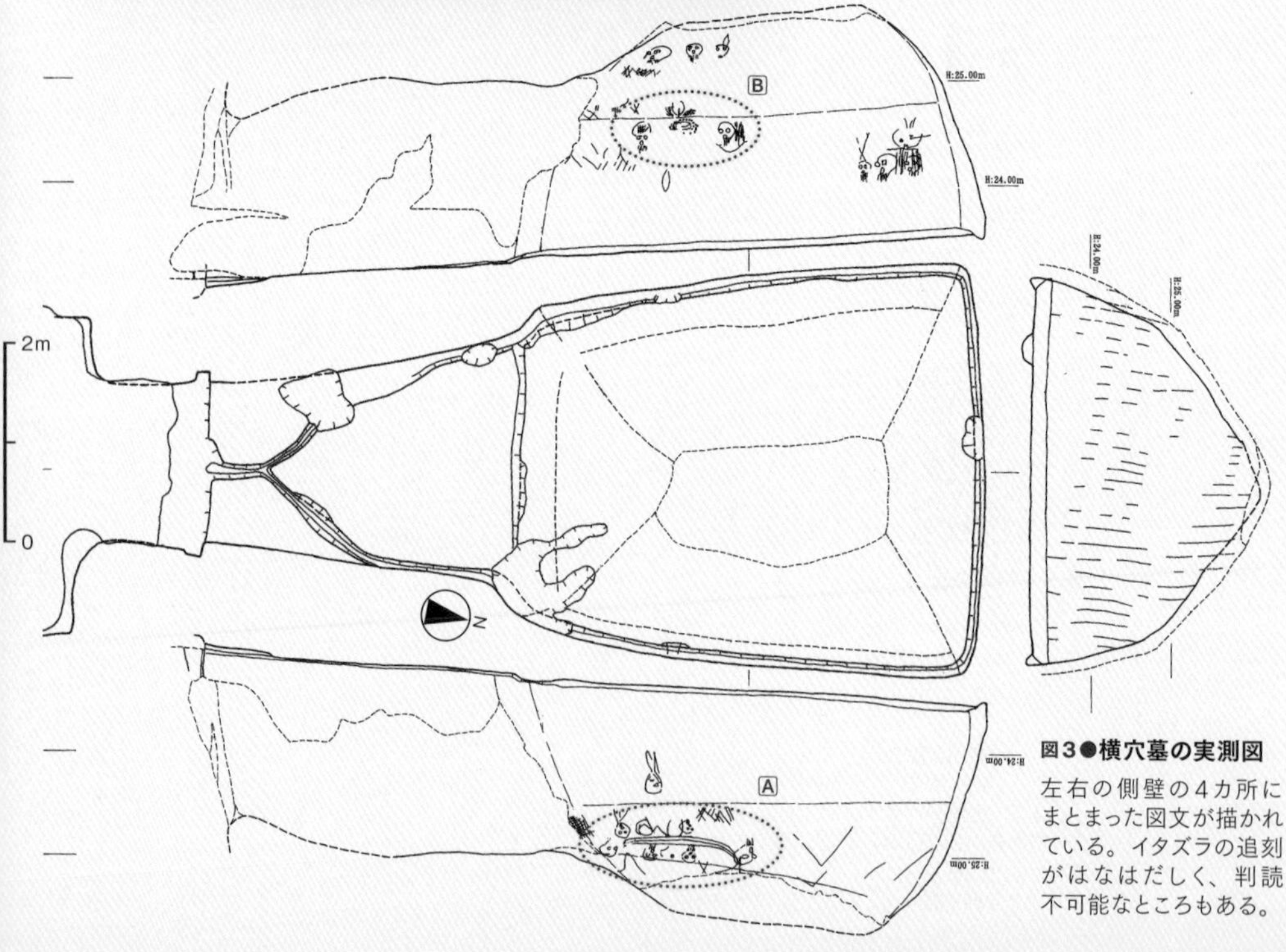

図3●横穴墓の実測図

左右の側壁の4カ所にまとまった図文が描かれている。イタズラの追刻がはなはだしく、判読不可能なところもある。

A

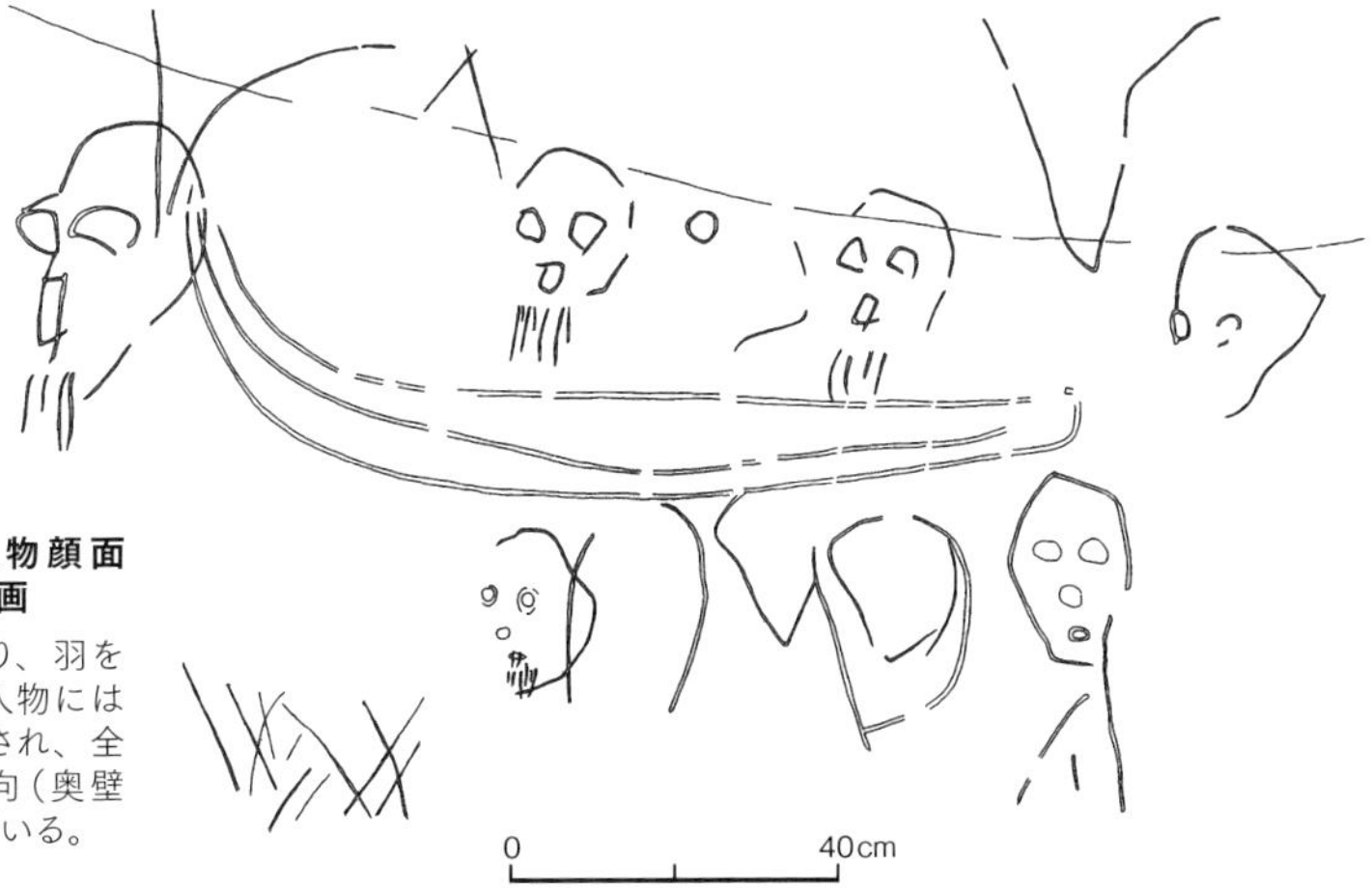

図4●船と人物顔面の線刻画

右側壁にあり、羽を広げた鳥や人物には顎髭が表現され、全体に舳先方向（奥壁側）をむいている。

B

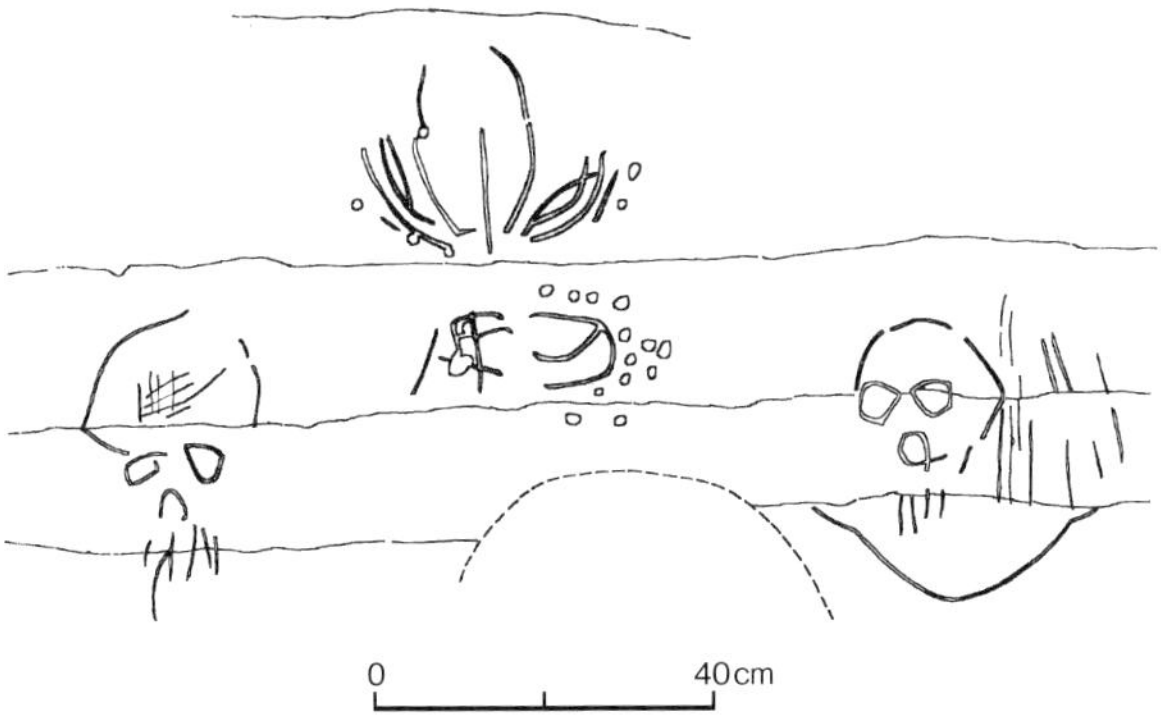

図5●鬼面文を中心とした三位一体の線刻画

左側壁にあり、鬼面に顔の輪郭線はない。ひとまわり大きな顔はまさしく鬼面だ。

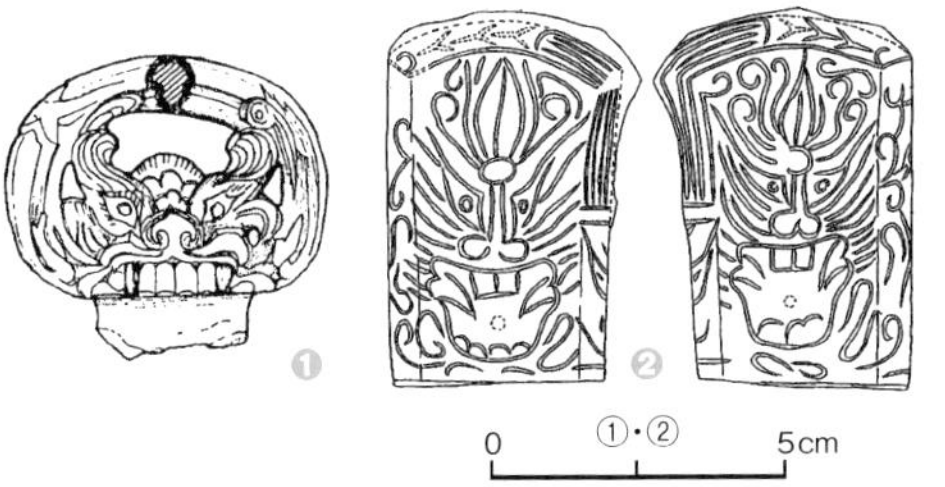

①**獅噛環頭柄頭（旧山本コレクション）**

②**母神山古墳群（香川県観音寺市）採集の青銅製柄頭**

図6●鬼面文の源流

鬼面は、もともと中国殷・周代の青銅器にあらわされた辟邪の図文に起源をもつ。春秋・戦国時代以降に扉の鋪首（ノッカー）や器物の獣環（把手）に表現された。隋・唐代の壁画墓や高句麗の古墳壁画にも獣面・畏獣などとともに描かれる（林巳奈夫 1985「獣環・鋪首の若干をめぐって」『東方学報』57、町田章 1987『古代東アジアの装飾墓』同朋舎、東潮 1995「古墳壁画と高句麗社会」『高句麗の歴史と遺跡』中央公論社など参照）。

③**扶余窺顔面鬼形文磚**

百済では仏教寺院の床に鬼形文磚を敷くこともあった。

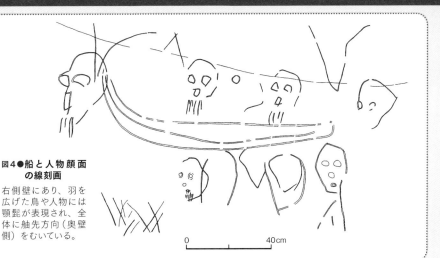

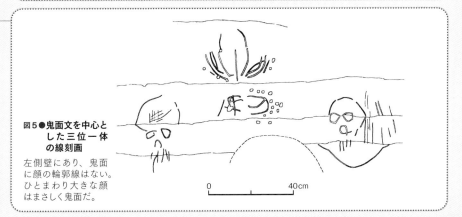

34 樹木・木葉・鳥の線刻画

第3期に特徴的な樹木や木葉の図文は、単独で描かれるもの、船の図文と組み合わされるもの、さらに人物・鳥・魚などの具象文と複雑に重ねて描かれるものなどがある。ここでは各種の図文が重ねて描かれた二つの例、大分県国東市の伊《い》美鬼塚《みおにづか》古墳、福岡県上毛町《こうげまち》の穴ケ葉山《あながばやま》一号墳をとり上げよう。

伊美鬼塚古墳は、国東半島北端にある直径一三メートルほどの小円墳である[†1]（図1）。南に開口する横穴式石室の玄室《げんしつ》奥壁と側壁に興味深い線刻画が描かれている（図2・3）。

奥壁の線刻画は高さ一・四メートル、幅一メートルほどの範囲に、複数の樹木、木葉、各種の船、船に乗る二名の人物が錯綜するように重ねて描かれる。調査報告書は、最下段の二本の曲線と短い一本の直線によって斜めむきのU字形を描き、このU字を軸線としてたくさんの短い線を交差するように表現した図形を簗《やな》とみる。そしてその左上方の構図下半部は漁撈の光景を描いたと想定する。

左側壁の線刻画は、左をむく大小八羽の鳥と右をむく一羽、それに重なるように樹木と思われる縦線と木葉らしい図形のほか、船の図形を重ねる。右側壁には丹頂の求愛の踊りに似たむきあう鳥が線刻されている。

この線刻画の思惟を読みとることは困難だが、樹木や木葉はたどり着いた他界が山中ないし緑豊かな環境にあることを、生前の漁撈活動の光景や、嘴《くちばし》をあわせるように画かれた鳥は、他界での安寧な生活を期待して描かれたのであろうか。

†1 大分県国見町 一九八六『鬼塚古墳保存修理報告書』／小柳和宏 一九九五「伊美鬼塚古墳」『大分の装飾古墳』（大分県文化財調査報告書九二）

もう一つの穴ケ葉山一号墳は、直径二三メートルほどの中形円墳で、長さが一〇メートルを超える大形の横穴式石室が南西に開口する（図4）。

石室は早くから開口していたため壁面にイタズラ書きが多いが、明確な装飾図文と考えられるものは羨道《せんどう》の左右壁面の五カ所に、樹木・木葉のほか鳥・魚・人物・籏《はた》ないし幟《のぼり》？・格子などがある。[†2] 玄室寄りの羨道左側壁に線刻された木葉（図6）は、高さが五二センチ、幅三二センチと巨大なもので、綾杉状の葉脈がしっかり表現される。その入口側には巨大な木葉と左右に木葉がのびる樹木と左むきの鳥を描く（図5・6）。

樹木や木葉を描いた線刻画は、関東以西で三五基が確認されている。このうち、神奈川県川崎市の王禅寺《おうぜんじ》白山《はくさん》第一号横穴墓《よこあなぼ》の玄室に描かれた線刻画はじつに興味深い内容をしめしている[†3]（図7）。玄室の奥壁と左右の側壁のほぼ全面に多くの樹木と木葉を描き、その余白を茫洋とした人物像・人物顔面・翳《さしば》？・幟？・家・魚・動物のほか形状不明の図形で埋める。そして、玄室右壁には横穴墓の入口に矢をむけた八本もの弓が描かれる。

樹木・木葉を描いた壁画でこれほど生活の情景を描いた例はない。この壁画のモチーフは、亡き死者の霊魂が安住すると思念された他界＝山中・山岳での生活場面を描いたのではないか。こうみてよければ、想像上の他界の具体像を描いた事例として特筆されよう。

†2 大平村教育委員会 一九八五『穴ケ葉山古墳群』（大平村文化財調査報告書三）

†3 村田文夫・浜田晋介 一九九三『線刻画王禅寺白山横穴墓群の調査』（川崎市民ミュージアム考古学叢書一）

図1●伊美鬼塚古墳（大分県国東市）
国東半島北端にある直径約13mの小円墳。

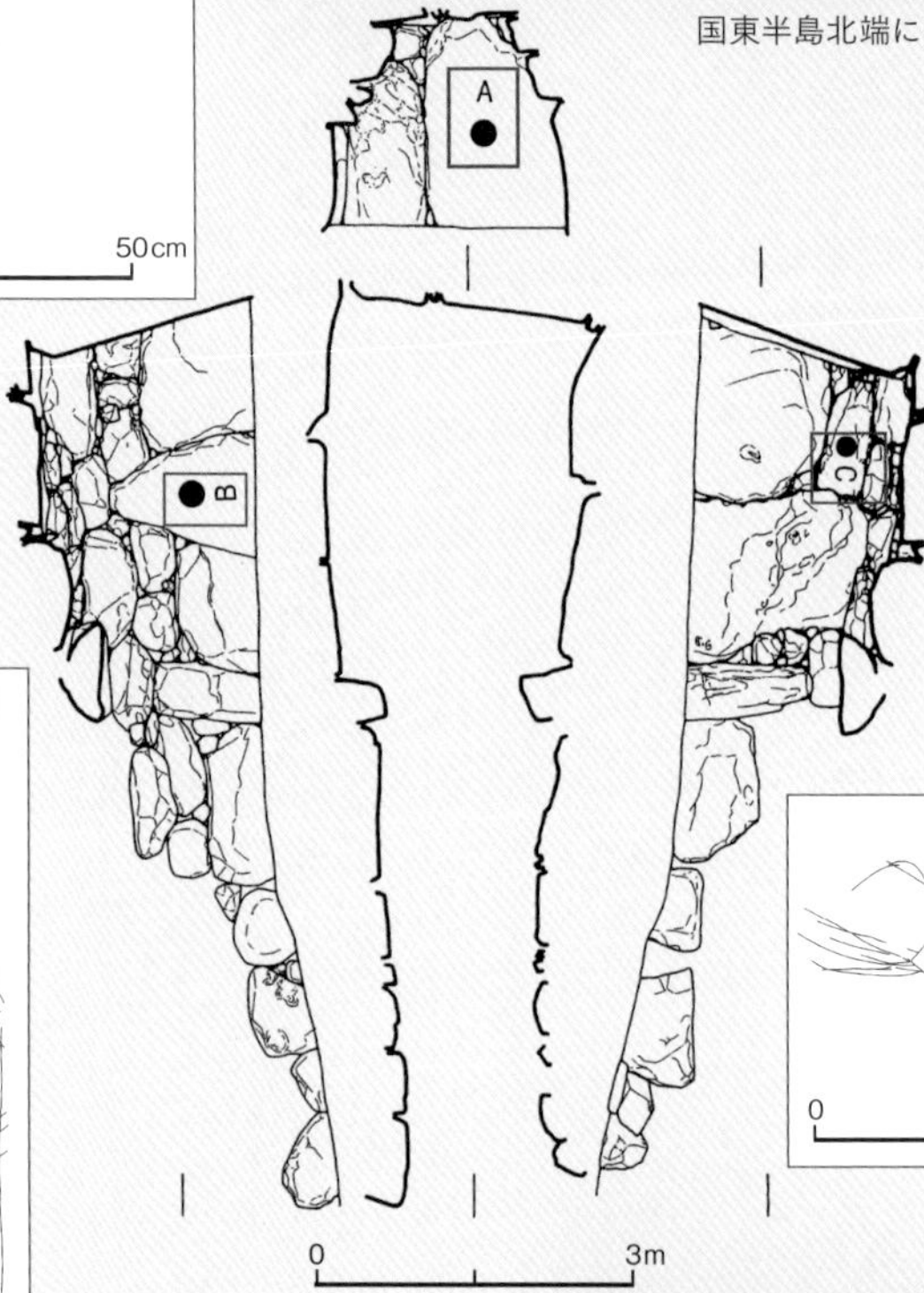

図2●石室の実測図と線刻画
たどり着いた他界の風景や他界での安寧な生活を描いているのであろうか。

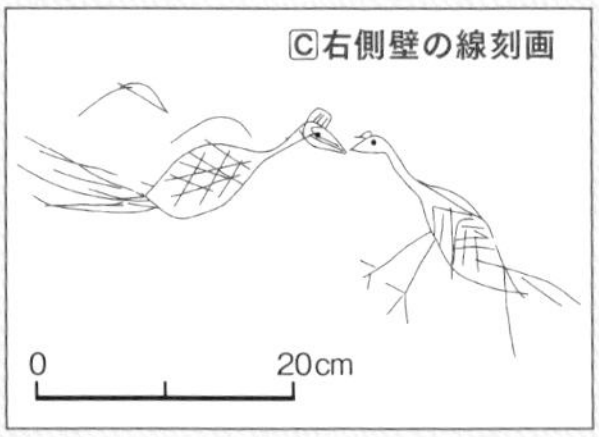

図3●右側壁の鳥の線刻画
嘴を接するようにむきあう鳥が描かれている。

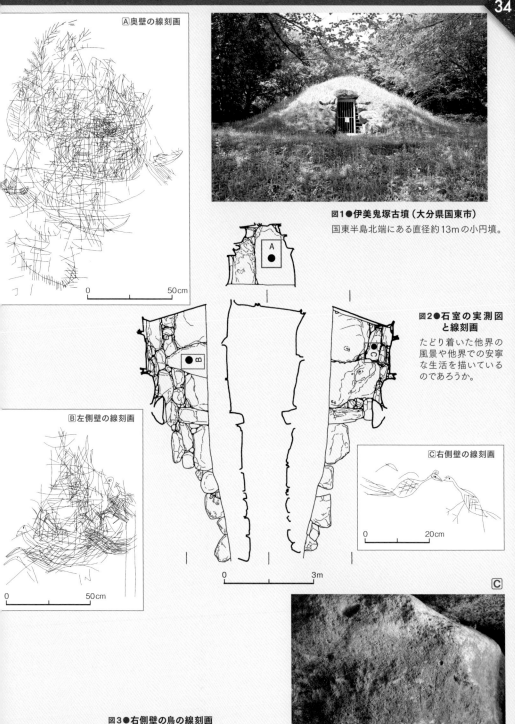

穴ケ葉山1号墳

図5●左側壁の線刻画

巨大な木葉と左右に木葉がのびる樹木と
左むきの鳥が描かれている。

図4●穴ケ葉山1号墳（福岡県上毛町）

直径23mほどの中形円墳。

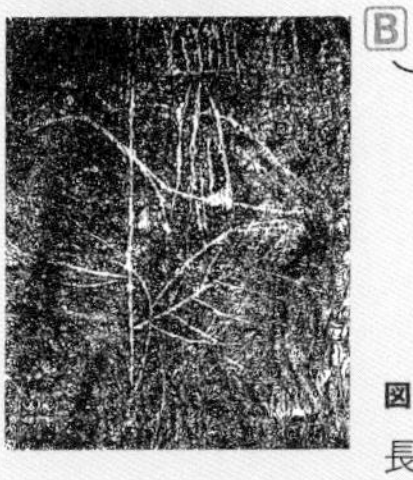

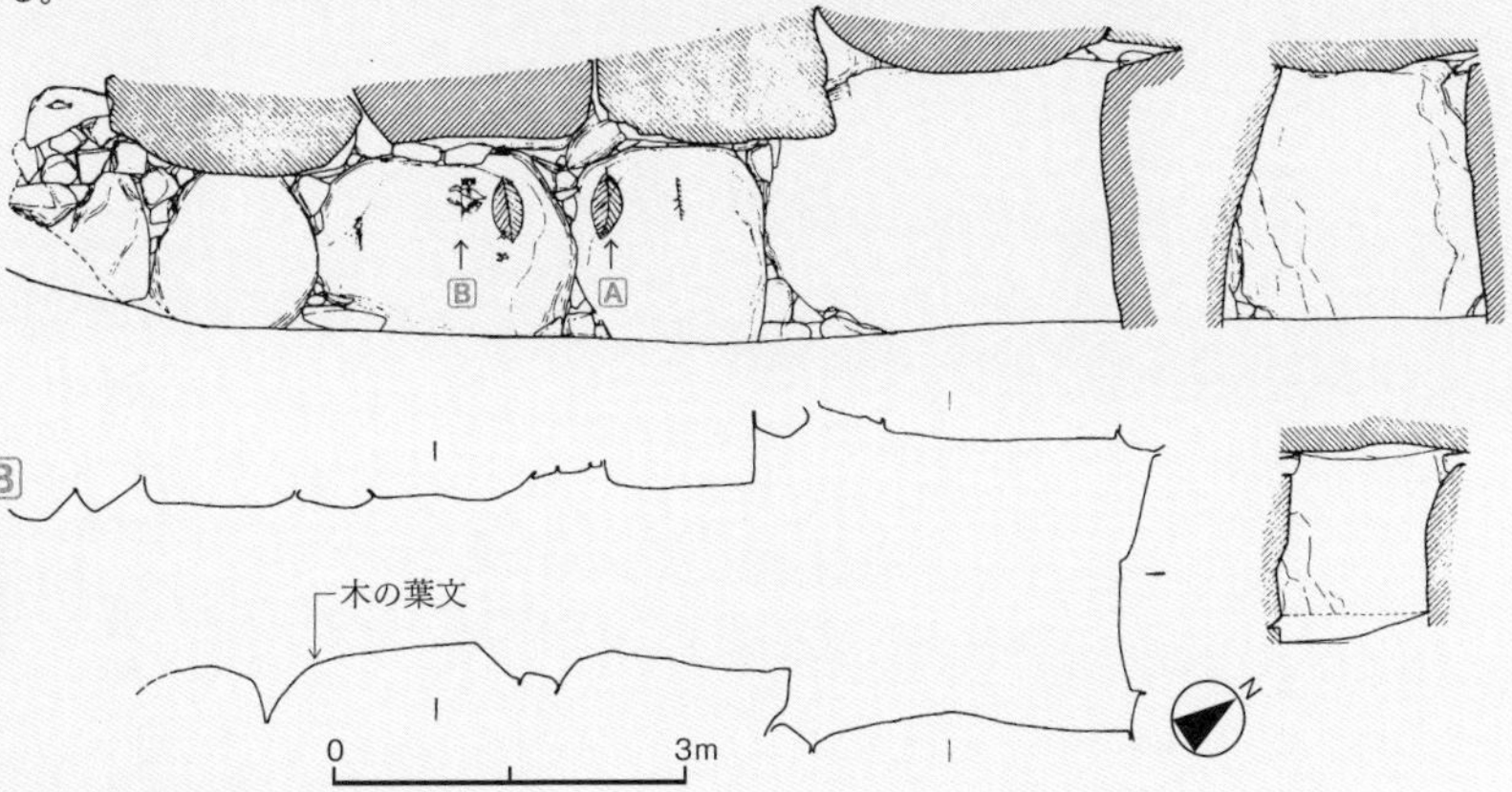

図6●石室の実測図と線刻画

長さ10mを超える大形の横穴式石室。Aは高さ52cm、幅31cmの巨大な木葉。
綾杉状の葉脈がしっかり表現される。

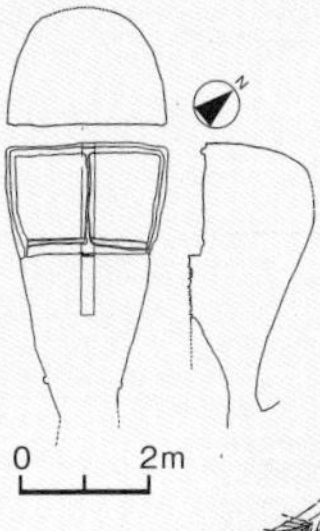

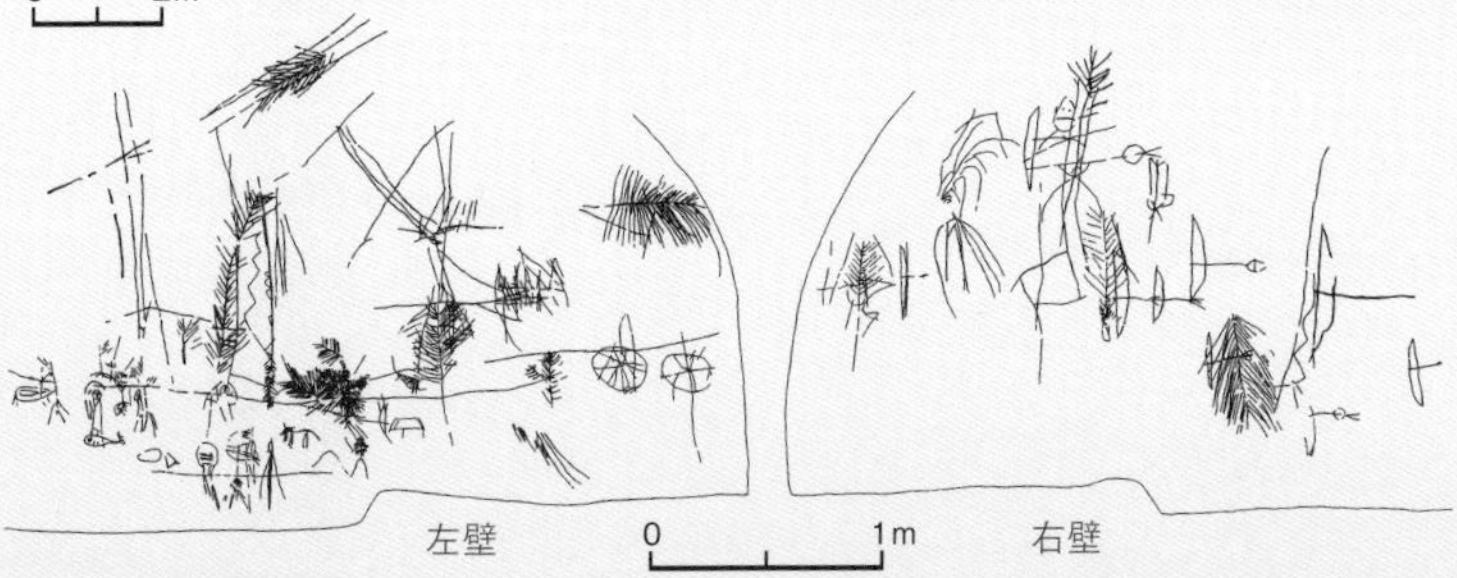

図7●王禅寺白山第1号横穴墓（神奈川県川崎市）の実測図と線刻画

樹木・木葉を描いた壁画でこれほど生活の情景を描いた例はない。

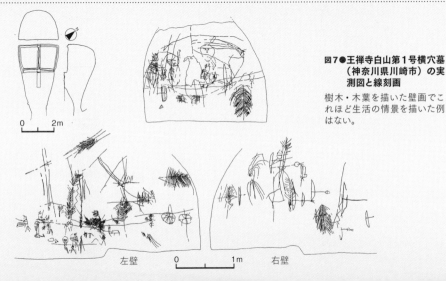

35 描かれた船と馬

日本の装飾古墳のうち、船の図文を描いた壁画は約八〇基あまり（彩色約二〇基、線刻約六〇基）、具象図文ではもっとも多く描かれた図文だ。いくつかの集中域はあるものの、ほぼ装飾古墳分布の全域に広がる。

図文の初出は五世紀前葉、先述したヤンボシ塚古墳である（09項の図4参照）。ヤンボシ塚古墳では、横穴式石室の玄門立柱石《げんもんりっちゅうせき》と左壁石にゴンドラ形と舳艫形の二隻が刻出され、両者とも先端になんらかの飾りを表現した棒状表現が船体中央に表現されている。

彩色で描かれた船は、六世紀前葉の日岡《ひのおか》古墳と王塚《おうづか》古墳が初出である（21項の図4、18項の図7参照）。日岡古墳のある筑後川中流域は、船を描いた壁画が集中する地域である。なかでも、奥壁画のほぼ中央上部に大きく開く蕨手文《わらびてもん》をおき、その下に並列する三個の靫《ゆき》の左側に、舳先に鳥がとまるゴンドラ形の船を描いた珍敷塚《めずらしづか》古墳と、酷似する船を描いた鳥船塚《とりふねづか》古墳の壁画は著明である（30項の図4・6参照）。これらの壁画をいちはやく紹介した森貞次郎氏の所論は先述したとおりだ。[†1]

また五郎山《ごろうやま》古墳の壁画にみられる四隻の船のうち、玄室《げんしつ》左壁に描かれた船は上方をおおうように珠文群が配される（28項の図4参照）。宮城県大崎市の高岩《たかいわ》一八号横穴墓の玄室周壁の下半部には、顔料によって珠文群が描かれ、左壁には珠文群の上に長さ二メートルを超える大形の船が線刻されている[†2]（図6）。天翔る船である。船は川や海上の運行だけを想定されたものではなかった。

†1 森貞次郎 一九六四「珍敷塚古墳」『装飾古墳』平凡社

†2 鹿島台町教育委員会 一九七七『大迫横穴墓群』（鹿島台町文化財調査報告一）

はるか彼方の他界への旅立ち願望は壁画にとどまらず、熊本県の横穴墓《よこあなぼ》では屍《し》床《しょう》仕切石をゴンドラ形の船状に造形したほか、形象埴輪にも多様な船形埴輪として造形された。奈良県天理市の東殿塚《ひがしとのづか》古墳（図1）の円筒埴輪に線刻された葬船（図2）は、古墳前期の人びとのなかにそうした願望が芽生えていたことを示している。辰巳和弘氏は、その背景に死者の遺骸をおさめる船形木棺の存在を重視する。

近年、愛知県名古屋市の平手町《ひらでちょう》遺跡で弥生時代中期後半の方形周溝墓《ほうけいしゅうこうぼ》から船形木棺が発見され（図3）、その使用年代が大幅にさかのぼった。さらに弥生時代早・前期の福岡県粕屋町の江辻《えつじ》遺跡では船形木棺《もっかん》を埋置した可能性のある墓壙があり、水田稲作文化複合の一つとして伝来した可能性を指摘する。[†3]なお、船形木棺については実際の「船葬」を視野に含めるべきだとする所論もあるが、[†4]あくまでも思惟の造形とみたい。

壁画の馬の図文は、先に述べた六世紀前葉の日岡・王塚古墳にはじまる。馬を描いた古墳は三〇基弱だが装飾古墳分布のほぼ全域にみとめられる。すでに多くが説くように、船と同様に死者の霊魂を他界へと運ぶ乗り物として描かれたことはまちがいない（図5）。馬は五世紀を前後するころに朝鮮半島から日本列島に持ち込まれたが、その源流は大陸の草原地帯にある。中国の後漢代には死者やその霊魂が馬に乗って遠方の他界（仙界）へおもむくとする思惟があったという。[†5]馬とともに日本に伝えられた思想である。

†3 辰巳和弘 二〇一一「古墳壁画の世界」『他界へ翔る船』新泉社

†4 磯部武男 一九八三「古代日本の舟葬について(上)」『信濃』三五―一二／同 一九八九「舟葬考―古墳時代の特殊葬法をめぐって―」『藤枝市郷土博物館紀要』一／岡本東三 二〇〇〇「舟葬説再論―「死者の舟」の表象―」『大塚初重先生頌寿記念考古学論集』

†5 甲元真之 一九九八「船に乗る馬―装飾絵画の一考察―」『熊本大学文学部論叢』六一

図1●東殿塚古墳（奈良県天理市、写真手前）
墳頂175mの古墳時代前期の前方後円墳。奥は西殿塚古墳。

図2●円筒埴輪に線刻された葬船
写真右側が舳先で、船体には7本のオールと舵があり、船上には屋形、蓋、大刀、旗が描かれている。

図3●平手町遺跡（愛知県名古屋市）の方形周溝墓
弥生時代中期後半のもので、船形木棺がみつかった。

弁慶ヶ穴古墳・高岩18号横穴墓

図4●弁慶ヶ穴古墳（熊本県山鹿市）

古墳時代後期の径15mの円墳。保護のため一般公開していない。

図5●馬を乗せた船の図文

複室構造の横穴式石室の左玄門側壁に描かれている。

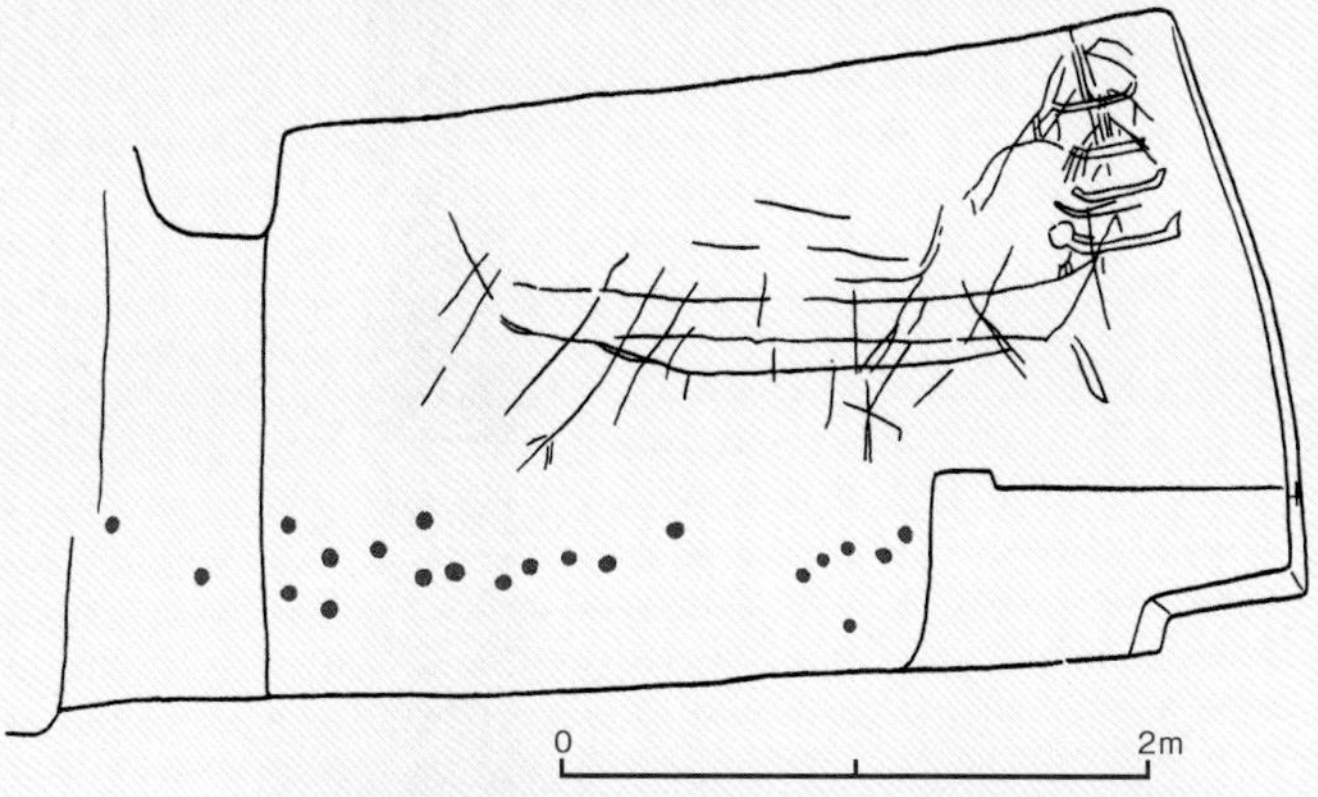

図6●高岩18号横穴墓（宮城県大崎市）

7世紀後葉の横穴墓。幅2.7m、長さ3.5m、高さ約2m、アーチ形天井の玄室壁面に赤色顔料で天界を象徴する多数の珠文が描かれている。左側壁には珠文の上部に長さが2.3mあまりの船が線刻されている。船体の横には多数の櫂が、また奥壁側に舵と思われる表現がある。これが船の進行方向を示すとすれば、墓室から死者の霊魂を他界へと送る天界を翔る船だ。

まとめに代えて

かけ足で九州の主要な装飾古墳をとり上げ、装飾図文の概要、図文の表現手法の変化や多様性をたどり、時として装飾図文の思惟について思いをめぐらせてきた。

あらためていうことでもないけれども、棺や墓室内に描かれた多様な図文はたんなる飾りでなく、古墳時代の人びとによる死者への想いが表現されたものである。その想いは、古代の人びとが死後の世界（他界）をどのように思念していたか、という問いに接近する手立てでもある。

近年、何人かの研究者がこの問題に積極的に発言している。これまで壁画解釈においてしばしば引用してきた辰巳和弘氏は、古墳のなかは時間の流れのない不老不死の世界、死者が永遠の生を送る神仙世界とし、現実のこの世（此界）につくられた他界だと述べる。[†1] 和田晴吾氏も、ほぼ同様な見解を示し、古墳は「他界の擬《なぞら》えもの」と述べ、「魂（魂気）は船に乗って他界へと赴くと考えられていたが、遺体（形魄）は棺・槨のなかに密閉され、そこでは生前のように日常的な生活を送るとは考えられていなかった」とする。[†2]

一方、広瀬和雄氏は、古墳時代における「霊肉分離」の霊魂観の成立は六世紀代に

†1 辰巳和弘　二〇〇四「他界はいずこ」『王の墓と奉仕する人びと』（歴博フォーラム）山川出版社

†2 和田晴吾　二〇〇九「古墳の他界観」『国立歴史民俗博物館研究報告』一五二

下るとし、それ以前は「肉体と霊魂はまだ不即不離の関係にあった。霊魂はどこへも行かず、墓室のなかで辟邪《へきじゃ》すべき対象と観念されたのであって、そこは聖なる場であった」という。[†3]

それでは、死者の霊魂が鳥に先導された船や馬でおもむく他界はどこと思念されたのであろうか。この点で興味深いのは、34項でとり上げた木葉や樹木の線刻画である。その最後に紹介した王禅《おうぜん》寺《じ》白山《はくさん》第一号横穴墓《よこあなぼ》の壁面に描かれた線刻画のモチーフは、死者の霊魂が安住すると思念された他界＝山中・山岳での生活場面を描いたのではないか。死者が埋葬される墓室そのものが他界と表現されたのだと思う。

といっても、亡き人びとがおもむく他界は山中・山岳だけではあるまい。日本には幸い七、八世紀の人びとが詠んだ歌を編集した『万葉集』がある。『万葉集』におさめられた挽歌を検討した民俗学者の堀一郎氏は、挽歌にうたわれた死者の行方や他界は、山岳や山中、天上、海辺や島、野や川、谷、樹木、黄泉や地下などじつに多様だという。[†4]これは「古墳時代の祖先たちは、彼らが生活の基盤とするそれぞれの地域における、漠然とした「はるか彼方」に他界をみていた」という辰巳氏の指摘に通じる。[†5]

墓室や石棺は死者（霊魂）の永遠の住まいと思念され、家形に造形されることも少なくない。横穴墓や地下式横穴墓はとくに墓室の家形表現が顕著だ。また墓室には、被葬者の威信表示とともに辟邪を願う鏡や武器・武具のほか、農具や漁猟具などが副葬された。六世紀以降には他界での生活に必要な食料供献を象徴する各種の容器（土

†3 広瀬和雄 二〇〇九「装飾古墳の変遷と意義―霊魂観の成立をめぐって―」『国立歴史民俗博物館研究報告』一五二

†4 堀一郎 一九五三「万葉集にあらわれた葬制と他界観・霊魂観について」『万葉集大成』八、平凡社

†5 辰巳和弘 二〇一一「古墳壁画の世界」『他界へ翔る船』新泉社

師器や須恵器）副葬が一般的になった。
　中国古代史学者の伊藤清司氏は、古代中国における墳墓の実体と壁画画題との乖離を「死者は墳墓内での生活とともに天上、または山上でも暮らしているとする、二重構造の冥界観念をもつようになった」と指摘する。[†6]
　日本の古墳時代の他界観もそれに近いのではないか。死者（霊魂）の棺・槨・室内での安住と、壁画に表現された船・馬などの乗り物で旅立つ他界での安寧な生活を願う二重の他界観念が醸成されていた、と思う。

†6 伊藤清司　一九九八『死者の棲む楽園―古代中国の死生観―』角川選書

　末筆ながら、日下《くさか》八光《はっこう》氏の模写図や復元図の掲載をご許可いただいた国立歴史民俗博物館をはじめ、貴重な写真を提供いただいた研究機関や自治体ならびに関係者の方々に厚くお礼申しあげます。
　なお本書は、二〇一七年に韓国の周留城社から刊行された『四～五世紀東北アジアの高句麗系壁画古墳の理解』（仁荷大学校古朝鮮研究所叢書1、原書はすべてハングル表記）に収められた筆者の小論「九州の装飾古墳」を大幅に改稿したものです。

柳沢一男

【19】図1 王塚古墳の天井画・図3 王塚古墳右側壁の円文群：国立歴史民俗博物館／図4 キトラ古墳の天井画：奈良文化財研究所（国〈文部科学省所管〉）
【20】図1 日岡古墳：うきは市教育委員会／図2 日岡古墳玄室の奥壁：熊本県立装飾古墳館
【21】図1 日岡古墳奥壁・図3 日岡古墳左側壁（奥壁より）・右側壁（中央付近）：安藤洋児／図2 奥壁の復元図：国立歴史民俗博物館／図5 玄室からみた玄門側：熊本県立装飾古墳館
【22】図1 釜尾古墳・図2 玄室奥壁と石屋形：熊本市教育委員会／図3 玄門の袖石と天井石：熊本県立装飾古墳館／図4 玄門立柱石壁画・図6 石屋形袖石と蓋石下面壁画・図8 石屋形奥壁画：国立歴史民俗博物館
【23】図1 双脚輪状文（1・3 釜尾古墳・4 王塚古墳：国立歴史民俗博物館／6 田代太田古墳：佐賀県立博物館）／図2 弘化谷古墳・図5 弘化谷古墳の壁画：福岡県広川町教育委員会／図3 横山古墳・図4横山古墳の復元石室：熊本県立装飾古墳館
【24】図1 松林山古墳出土スイジガイ製腕輪：ColBase（https://colbase.nich.go.jp）／図2 井辺八幡山古墳出土双脚輪状文形埴輪：同志社大学歴史資料館（和歌山市所蔵）／図3 音乗谷古墳出土双脚輪状文形埴輪：奈良文化財研究所／図4 天王塚古墳の玄室奥壁部：和歌山県立紀伊風土記の丘
【25】図5 釜尾古墳の石屋形蓋石下面の図文・図7 王塚古墳の石屋形天井石の図文：国立歴史民俗博物館
【26】図1 岩戸山古墳・図2 大型武人像頭部・図3 靫形石製品：八女市教育委員会
【27】図1 田代太田古墳・図2 墳丘図・図3・4 石室図・図5 中室から玄室みる：鳥栖市教育委員会／図6 玄門袖石壁画の復元画・図7 奥壁の復元画・図8 中室右側壁のゴンドラ船：佐賀県立博物館
【28】図1 五郎山古墳・図3 横穴式石室の玄室奥壁：筑紫野市歴史博物館／図5 奥壁腰石壁画の復元画：国立歴史民俗博物館
【29】図1 竹原古墳の入口・図2 整備された墳丘・図3 石室・図4奥壁：宮若市教育委員会／図6 玄室前面右袖石壁画・図7 奥壁腰石の壁画：国立歴史民俗博物館
【30】図1 珍敷塚古墳の覆屋・図3 奥壁の腰石・図5 鳥船塚古墳の奥壁：うきは市教育委員会／図4 腰石壁画の復元図：国立歴史民俗博物館
【31】図2 石貫ナギノ8号横穴墓の石屋形・図4 石貫ナギノ8号横穴墓の入口部：玉名市教育委員会／図5・6 大村横穴墓群・図8 大村15b号横穴墓の入り口部：人吉城歴史館
【32】図1 砥上観音塚古墳の横穴式石室：筑前町教育委員会／図2 貴船平下裏山装飾横穴墓の羨門：大分県立埋蔵文化財センター／図3 長戸鬼塚古墳：長崎県教育委員会／図5 鬼屋窪古墳・図6 イルカ漁の線刻画：壱岐市教育委員会
【33】図1 蓮ヶ池53号横穴墓・図2 右側壁の壁画：宮崎市教育委員会
【34】図1 伊美鬼塚古墳・図3 右側壁の鳥の線刻：国東市教育委員会／図4 穴ケ葉山1号墳・図5 左側壁の線刻画：福岡県上毛町教育委員会
【35】図1 東殿塚古墳：梅原章一撮影／図2 円筒埴輪に線刻された葬船：天理市教育委員会／図3-1・2 平手町遺跡の方形周溝墓：名古屋市教育委員会／図4 弁慶ヶ穴古墳：山鹿市教育委員会／図5 馬を載せた船の図文：熊本県立装飾古墳館
【カバー】〔表〕王塚古墳袖石の壁画と灯明台の図文・〔袖〕竹原古墳奥壁腰石の壁画・五郎山古墳奥壁上部の壁画：日下八光氏復元図、国立歴史民俗博物館／〔裏〕田代太田古墳の奥壁画：日下八光氏復元図、佐賀県立博物館

＊上記以外は著者
＊図版は著者作成および各報告書より（一部改変）

写真提供（所蔵）

【02】図3（上）千足古墳の石障：岡山市教育員会（撮影：井上直夫・栗山雅夫〔奈良文化財研究所〕）・図3（下）大坊古墳の石屋形：熊本県立装飾古墳館

【03】図1 小田良古墳の石障・図2鴨籠古墳の石棺（レプリカ）：熊本県立装飾古墳館／図3 王塚古墳の横穴式石室：国立歴史民俗博物館（レプリカ）

【04】図1 安福寺の石棺：柏原市立歴史資料館／図2 山頂古墳の復元竪穴式石槨：福井市立郷土歴史博物館／図5 鶴山丸山古墳・図6 鶴山丸山古墳の刳抜き式石棺：備前市埋蔵文化財管理センター

【05】図1 纒向石塚古墳：桜井市教育委員会／図2 纒向石塚古墳の弧文円板：奈良県立橿原考古学研究所附属博物館／図6 楯築墳丘墓の弧帯文石：岡山大学考古学研究室／図7 加美遺跡の直弧文板：大阪市文化財協会／図8 紫金山古墳出土の貝輪：京都大学考古学研究室所蔵（シリーズ「遺跡を学ぶ」081『前期古墳解明への道標　紫金山古墳』より）／図9 黒塚古墳の竪穴式石槨・図10 黒塚古墳の三角縁神獣鏡（4号鏡）：奈良県立橿原考古学研究所

【06】図1 水泥南古墳・図2 水泥南古墳の石棺：御所市教育委員会／図4 免鳥長山古墳の石棺蓋：福井市教育委員会／図5 石櫃山古墳2号石棺：大牟田市

【07】図2 小鼠蔵古墳群の遠景・図6 大鼠蔵古墳群の遠景：八代市教育委員会／図3 小鼠蔵1号墳の石室・図7 大鼠蔵尾張宮古墳の横穴式石室：熊本県立装飾古墳館

【08】図1 長砂連古墳・図2 長砂連古墳の石室：上天草市教育委員会／図4 長砂連古墳右側障の直弧文・図5 大鼠蔵東麓1号墳の箱型石棺材・図7 広浦古墳の図文（レプリカ）：熊本県立装飾古墳館／図9 向野田古墳・図10 向野田古墳の刳抜き式石棺：宇土市教育委員会

【09】図1 ヤンボシ塚古墳の現況と石室入口・図3 左側障の円文：宇土市教育委員会／図5 小田良古墳：宇城市教育委員会・図6 小田良古墳の左側障の図文・図8 小田良古墳の奥障の図文と拡大図・図9 大戸鼻南古墳の同心円文：熊本県立装飾古墳館

【10】図1 井寺古墳：熊本県嘉島町教育委員会／図3 井寺古墳奥障の図文装飾（レプリカ）・図4 羨門立柱石・図5鴨籠古墳の石棺（レプリカ）・図6 千金甲1号墳の石室内部・図9 左側障の図文装飾：熊本県立装飾古墳館

【11】図1 国越古墳：宇城市教育委員会／図4 塚坊主古墳の墳丘と石室・図6 石屋形の図文装飾・図7 石室イメージ画：熊本県和水町

【12】図1 石人山古墳・図2 横口式家形石棺・図4 石人山古墳の石人像：福岡県広川町教育委員会／図5 千足古墳：岡山市教育委員会／図6 仕切石前面の直弧文・図7 千足古墳石室：岡山市教育委員会（撮影：井上直夫・栗山雅夫〔奈良文化財研究所〕）

【13】図1 浦山古墳の家形石棺・図2 石棺の内部・図4 石棺側壁の図文：久留米市教育委員会／図5 西隈古墳・図7 横穴式石室内部と横口式家形石棺：佐賀市教育委員会

【14】図1 立切54号地下式横穴墓の玄室左壁・図2 玄室天井：宮崎県高原町教育委員会／図4 本庄14号地下式横穴墓の奥壁：宮崎県国富町教育委員会

【15】図2 王塚古墳：王塚装飾古墳館

【16】図1 王塚古墳玄室前面（レプリカ）・図2 王塚古墳袖石の壁画・図3-2 竹原古墳・図3-3 五郎山古墳・図3-4 王塚古墳：国立歴史民俗博物館／図3-1 日岡古墳左壁前壁側：うきは市教育委員会／図3-5 弁慶ケ穴古墳：熊本県立装飾古墳館

【17】図1 王塚古墳の玄室（レプリカ）・図2 灯明台石の図文・図3 壁画に見られる図文の種類：国立歴史民俗博物館

【18】図1～7 王塚古墳玄室内の壁画と図文：国立歴史民俗博物館／図4 藤ノ木古墳出土大刀復元品：奈良県立橿原考古学研究所附属博物館

著者紹介

柳沢一男（やなぎさわ・かずお）

1947年群馬県生まれ

國學院大學文学部史学科卒業

宮崎大学名誉教授

主な著作　シリーズ「遺跡を学ぶ」010『描かれた黄泉の世界　王塚古墳』、同094『筑紫君磐井と「磐井の乱」　岩戸山古墳』（以上、新泉社）、「日本における横穴式石室受容の一側面」『清溪史学』16・17合併号（韓国）、「複室構造横穴式石室の形成過程」『新世紀の考古学』纂修堂、「九州古墳時代の展開」『新版古代の日本3』角川書店、「古墳の変質」『古代を考える　古墳』吉川弘文館、「九州の装飾古墳」『四〜五世紀東北アジアの高句麗系壁画古墳の理解』（仁荷大学校古朝鮮研究所叢書1）周留城社（韓国）ほか

装飾古墳ガイドブック　九州の装飾古墳

2022年2月15日　第1版第1刷発行

著　者＝柳沢一男

発　行＝新 泉 社
東京都文京区湯島1－2－5　聖堂前ビル
TEL 03（5296）9620 ／ FAX 03（5296）9621

印　刷／三秀舎　　製　本／榎本製本

装　幀／コバヤシタケシ

組　版／菊地幸子

ISBN978-4-7877-2113-6　C1021

新泉社

シリーズ「遺跡を学ぶ」10

描かれた黄泉の世界　王塚古墳

柳沢一男

全国で約六〇〇基発見されている装飾古墳のなかで、図文の複雑さと華麗さとにおいて比類のない九州北部・筑豊地方の王塚古墳。石室を埋めつくす図文は何を意味するのか、壁画制作の背景に何があるのか。広く朝鮮・中国におよぶ壁画古墳研究から追究する。

A5判96頁　定価1500円+税

シリーズ「遺跡を学ぶ」94

筑紫君磐井と「磐井の乱」　岩戸山古墳

柳沢一男

古墳時代最大の内乱「磐井（いわい）の乱」の当事者、筑紫君磐井の墓である岩戸山古墳は、武人・力士・馬などをかたどった多くの石製品で飾られていることでも有名だ。北部九州から朝鮮半島の古墳も視野に入れ、継体王権と磐井の関係、磐井の乱の実像にせまる。

A5判96頁　定価1500円+税

シリーズ「遺跡を学ぶ」134

装飾古墳と海の交流　虎塚古墳・十五郎穴横穴墓群

稲田健一

白く塗った石室壁面に赤い円文や三角文を描いた装飾古墳、台地の斜面に連なる横穴墓群、太平洋に面した崖にならぶ石棺墓——古墳時代後期、茨城県ひたちなか市の那珂川流域にこれらの墓を造営したのはだれなのか、そして装飾古墳の本場、九州との関係は。

A5判96頁　定価1600円+税

シリーズ「遺跡を学ぶ」別冊04

ビジュアル版　古墳時代ガイドブック

若狭　徹

三世紀中頃から三五〇年にわたって、日本列島に多数の前方後円墳が造られた。世界でも稀にみる巨大墳墓はなぜ造られ、いかなる社会的役割を負っていたのか。ヤマトと地方の王の関係、生産システムやムラの実態、東アジアとの交流などをビジュアルに解説する。

A5判96頁　定価1500円+税